단국대학교
일본연구소 학술총서④

아사이 료이(浅井了意) 문학의 성립과 성격

저자 김 영 호

제이앤씨
Publishing Company

머리말

    학부생 시절 일본에서 어학연수를 하면서 우연히 텔레비전을 보았을 때의 일이다. 지금도 그렇지만 유난히 심령사진, 심령장소, 유령 이야기 등의 괴이한 소재를 다룬 방송이 많았던 것으로 기억하고 있다. 그때 일본은 정말로 귀신과 요괴가 많은 나라라는 것을 실감하며 무서워서 벌벌 떨면서도 흥미진진하게 시청하였던 기억이 난다.

    그 후 우연히 서점에서 이런저런 책을 뒤적이고 있던 때의 일이었다. 그때 마주한 내용은 근세괴이소설의 원류로 평가받고 있는 『오토기보코(伽婢子)』로서, 중국의 『전등신화』를 비롯한 조선의 『금오신화』에서 큰 영향을 받았다는 점 등, 에도시대의 일본문학이 조선의 문학과 종으로 횡으로 깊은 관련성을 맺고 있다는 점이었다. 이것이 인연이 되어 한국외국어대학교 대학원과 가나자와대학교(金沢大学) 석사논문으로 『오토기보코』에 관하여 집필하게 되었다.

    한편, 박사과정 시절 문부과학성의 지원을 받아 연구비 수혜공모가 있었다. 당시는 마침 『오토기보코』 이외의 새로운 테마를 찾기 위해 고심하던 중이었는데, 그때 우연히 생각난 테마가 『삼강행실도(三綱行實圖)』이다. 물론 좋은 테마를 찾아 훌륭한 논문을 써야 한다는 생각도 있었지만, 한편으로는 이 테마라면 자료조사를 한다는 명목으로 한국에도 다녀올 수 있고 그 동안 못해 본 일본 각지를 여행해 보는 것도 가능할 것이라는 순수하지 못한(?) 생각도 들었기 때문이다. 그리고 이것이 인연이 되어 3년 연속으로 연구비에 선정이 되어 적지 않은 금액을 수혜 받았고, 이것으로 한국과 일본의 각 소장기관을 다니며 그야말로 전국을 여행하는 기회를 얻게 되었다.

그러나 이와 같은 순수하지 못한 의도와는 반대로, 일본의 도서관 및 각 기관에 소장된 한국의 자료들을 접할 때면, 수많은 우여곡절을 겪은 우리 조상의 흔적이 눈에 서리는 듯하여 저절로 머리가 숙여졌다. 그리고 조사를 진행해 나갈 때마다, 새로운 사실을 알게 되었을 때 이루 말할 수 없는 기쁨을 느끼게 되었다.

그리고 보면 필자가 아사이 료이(浅井了意)라는 작자를 만나게 된 것은 지금까지 언급한 수많은 우연이 겹치고 겹쳤기 때문이다. 필자와 약 350년 전의 일본인인 아사이 료이와의 만남을 통하여, 필자는 그의 문학에 대한 여러가지 수수께끼를 풀어주었으니 그는 필자의 신세를 지기도 했겠지만, 필자 또한 그의 문학을 테마로 박사학위를 취득하고 나아가 본서가 태어났으니 필자도 그의 신세를 많이 진 셈이다. 결국 둘 사이의 만남은 우연이 우연을 낳아 결국 필연으로 이어진 것 같다.

본서는 필자가 가나자와(金沢) 대학교에 제출한 박사학위 논문 중

아사이 료이와 관계된 1장, 2장과 〈초출일람〉에 제시한 기발표 논고를 중심으로 이를 가필, 수정하여 집필한 것이다. 21세기를 살아가는 우리들에게 있어 일본에 관한 고전 인문학 연구는 과연 어떤 의의를 가지는 것일까. 그 중에서 필자가 주된 테마로 삼고 있는 작가인 아사이 료이는 17세기의 인물인데, 그의 작품에 관하여 연구하는 것은 현재의 우리들이 일본에 관하여 이해하는 데 있어 어떠한 의미를 지니는 것일까. 석박사과정시절, 그리고 유학에서 귀국 후 교육과 연구에 매진하면서 필자는 이와 같은 점에 대해 끊임없이 고민하였고, 본서는 이러한 고민에 대한 작은 결실이라 할 수 있다.

마지막으로 부족한 저서가 탄생하기 까지 아내 정지은과 귀염둥이 김수민의 헌신적인 뒷바라지에 감사를 드립니다. 또한, 지금의 필자가 있도록 아낌없는 격려와 지도를 해 주신 한국외국어대학교의 문명재 교수님과 조치(上智)대학교의 기고시 오사무(木越治) 교수님, 그리고 졸저의 출판을 위해 물심양면으로 협조를 해 주신 단국대학교 일본연구소의 정형교수님께 감사의 말씀을 드립니다.
이 분들의 은혜에 백만분의 일이라도 보답이 되기를 바라는 마음에 본서를 바칩니다..

목 차

서 장

서장

1. 연구의 배경

   일본의 문학은 고대로부터 중국문학과 밀접한 관련성을 가지고 커다란 영향을 받으면서 성립하고 발전하였다는 것은 잘 알려진 사실이다. 그러나 고대의 일본문학과 한국문학과의 관련성의 경우 수많은 한국의 자료들이 산실(散失)되어 현재 남아있는 자료 또한 상당히 적기 때문에 그 영향관계를 증명하는 것은 상당히 어려운 일이다.

   일본의 문학이 본격적으로 한국문학과의 교섭이 이루어진 것은 임진왜란(1592~1598)을 계기로 수많은 조선의 서적이 일본으로 전해지게 되면서이다. 그런데 여기에서 주목할 만한 것은 일본으로 건너간 것은 조선의 서적만이 아니라, 조선에서 유통되고 있던 중국의 서적, 조선에서 편찬된 서적까지 일본으로 전해졌다는 점이다. 그리고 이와 같은 서적들을 통하여 유입된 방대한 양의 지식들이 일본어로 번역

또는 번안되면서 이것이 가나조시(仮名草子)의 성립에 커다란 원동력이 되었다.

가나조시는『일본고전문학대사전(日本古典文学大辞典)』(岩波書店)에 의하면, "한문으로 쓰여진 학문적인 서적이 아니라 가나로 쓰여져 통속적이며 쉽고 오락적인 읽을거리(漢文で書かれた学間の書物に対し仮名で書かれた通俗平易な娯楽的読み物)"란 뜻이다. 이 명칭이 게이초(慶長, 1596~1615)부터 덴나(天和, 1681~1684)에 이르기까지 약 80년간, 특히 덴나2년(1682)에『호색일대남(好色一代男)』이 등장하기 전까지 나왔던 교의문답(教義問答), 수필, 오락, 군기(軍記), 실용, 괴담 등의 다양한 분야에 이르는 작품들을 일컫는 의미로 사용된 것은 아래에 인용한 바와 같이 미즈타니 후토(水谷不倒, 1897)의 정의가 시초라 할 수 있다.

> 간분(1661~1673)시대에 읽혀진 서적(草子)류는 학식이 있는 사람들이 일반인들의 지식을 계발시키기 위한 목적으로 한서(漢書), 경문(経文), 뿐만 아니라 고문(古文)등을 번안하거나, 또는 그 문장을 그대로 가나(仮名)로 된 읽기 쉬운 문장으로 다시금 고쳐 소개한 것이다. 그것을 통상적으로 가나조시라 부른다.[1]

이 견해는 아사쿠라 무세(朝倉無声, 1906), 후지오카 사쿠타로(藤岡作太郎, 1917), 에바라 다이조(穎原退蔵, 1933)등에게 계승되었으며, 현재에 이르러서는 구보타 준(久保田淳, 2004)에게 이어져 다음

---

1) 寛文時代に行はれたる草子類は、学識ある人々が一般の知識を啓発せんとの目的にて、漢書、経文、さては古文等の案を翻し、または其の詞を其の儘、仮名の読み易き文章に更めて紹介したるにあり。それを通例かな草子と呼べり。

과 같이 서술하고 있다.

근세 초기부터 덴나2년(1682)에 사이카쿠(西鶴)의 『호색일대남』이
등장하기까지의 한 시기에 태어나 행해진 산문류의 총칭[2]

이를 통해 보면 알 수 있듯이 가나조시의 정의 및 개념에 관해서는
대부분의 연구자가 일치된 의견을 보이고 있다. 그러나 구체적으로
어떤 작품이 가나조시라 불릴 수 있는가와 같은 가나조시의 영역에
관해서는 의견이 분분하다. 예를들면, 후지 아키오(冨士昭雄, 1973)는
'소설'과 '비소설'을 기준으로 구별하였고, 다나카 노보루(田中伸,
1985)는 '문예성'과 '비문예성'을 기준으로 가나조시를 구별하였다. 그
러나, 어떤 것이 소설이고 비소설인지, 어떤 것이 문예성을 지닌 작품
이고 그렇지 않은지에 관한 기준이 모호하기 때문에, 가나조시의 영역
에 대한 해답은 오늘날에 있어서도 확실히 정착되어 있지는 않다.[3]
미즈타 준(水田潤, 1981)은 에도시대 초기에 문예/비문예적인 성
격의 작품들이 뒤엉켜 새로운 문예시대를 향한 에너지원으로 작용하
였던 가나조시의 이와 같은 장르적 특성에 대하여 '미분화의 문예(未
分化の文芸)'로 정의하고 있으며, 이는 가나조시의 특성을 가장 적합
하게 정의한 표현이라 생각된다.

---

2) 近世初頭から天和二年(一六八二)に西鶴の『好色一代男』が登場するまでの一時
   期に生まれ、行なわれた散文類の総称
3) 미즈타 준(水田潤, 1989)은 가자조시의 영역의 문제점으로 ①문예와 비문예의
   구별 기준, ②소설과 비소설의 구별기준, ③필사본는 가나조시인가, ④오토기
   조시(御伽草子)와의 구별, ⑤단순한 번역에 지나지 않는 것을 넣어도 좋을 것
   인가, ⑥1682년 이후에 출판되어도 가나조시의 특질을 지니고 있는 작품을 넣
   어야 할 것인가, ⑦'니시무라본(西村本)'을 넣어야 할 것인가 등의 문제를 제기
   하고 있다.

이러한 '미분화의 문예'의 시대에서 아사이 료이(浅井了意)는 『간닌키(堪忍記)』(1659), 『효행 이야기(孝行物語)』(1660), 『혼초조칸(本朝女鑑)』(1661), 『야마토 이십사효(大倭二十四孝)』(1665), 『삼강행실도(三綱行実図)』(간행년도 미상)와 같은 교화(教化)·교훈물, 『이세모노가타리 조카이(伊勢物語抒海)』(1655), 『겐지 구모가쿠레쇼(源氏雲隠抄)』(1677)와 같은 고전주석물, 『동해도명소기(東海道名所記)』(1659), 『에도명소기(江戸名所記)』(1662)와 같은 명소기물, 『미이데라 이야기(三井寺物語)』(1660), 『가쓰라기 이야기(葛城物語)』(간행년도 미상)와 같은 설화집, 『쇼군키(将軍記)』(1664), 『호조 9대기(北条九代記)』(1675)와 같은 통속적인 역사서 등, 가나조시의 시대를 통틀어 가장 많은 작품을 남긴 작자이며, 그가 남긴 수많은 작품들은 가나조시의 각 장르를 대표하는 작품으로 높게 평가받고 있다.

그 중 본서의 제1장에서 다룰 아사이 료이의 『삼강행실도』의 경우, 『이소호 모노가타리(伊曾保物語)』(1596~1644연간 간행)와 함께 가나조시 번역물의 대표작이다. 『삼강행실도』는 원래 조선에서 출판된 것이긴 하지만, 그 내용은 조선과 중국의 이야기를 담고 있으며, 이것은 중국의 교화서(教化書)가 조선을 경유하여 편집된 후 일본으로 소개된 경우이다.

그런데 이 『삼강행실도』가 일본으로 전해진 후 1장 4절에서 언급하는 바와 같이 여러가지 형태로 인용, 편찬, 번역되어 도쿠가와 막부(德川幕府)의 교화정책을 위해 상당히 중요한 역할을 담당하였다는 사실은 일본근세문학의 성립과 조선문학과의 관련성이라는 차원에서 상당히 중요한 의미를 지닌다.

다음으로『오토기보코(伽婢子)』(1666)는『이누하리코(狗張子)』(1692)와 함께 괴이물(怪異物)로 분류되어 있으며, 위에서 서술한 각 방면의 가나조시로서의 성격이 모두 집대성 된 료의의 작품 중 최대의 걸작이다. 예를들면,『일본고전문학대사전』에서의 해설에서는 "근세에 괴이소설이라는 한 분야를 확립(近世に怪異小説という一分野を確立)"시켰다고 평가하고 있으며, 다치카와 기요시(太刀川清, 1979)는 "근세 괴이소설에게 결정적인 방향성을 부여(近世の怪異小説に決定的な方向を与え)"하였다고 하고 있고, 에모토 히로시(江本裕, 1980)는 "근세 괴이소설은 이『오토기보코』에 의해 그 형태를 확립하여 방향성이 결정되었다(近世怪異小説はこの『伽婢子』によってその型を確立、方向が決定付けられた)"라 지적하였다. 이와 같은 의견으로부터 알 수 있듯이『오토기보코』는 근세괴이소설의 방향을 제시하여 그 원류가 되는 작품으로서 일본문학사를 거론할 때 빠트릴 수 없는 중요한 작품으로 높은 평가를 받고 있다.

『오토기보코』가 당시의 문학계에 미친 파급력은 상당히 크다. 예를 들면, 작자미상의『속오토기보코(続伽婢子)』(1671), 니시무라 이치로에몬(西村市郎右衛門)의『신오토기보코(新御伽婢子)』(1683), 미야코노 니시키(都の錦)의『고젠오토기보코(御前伽婢子)』(1702), 류시도(柳糸堂)의『슈이오토기보코(拾遺御伽婢子)』(1704)등과 같은『오토기보코』의 이름을 빌린 많은 추종작들이 나타났다. 또한 하야시 기탄(林義端)은 료이의 유고작인『이누하리코』를 출판하고, 그의 작품 형상방법을 모방하여『다마쿠시게(玉櫛笥)』(1695)와『다마하하키(玉箒子)』(1696)를 출판하였다.

『오토기보코』에 수록된 68화 중 『전등신화(剪燈新話)』를 번안한 것은 16화이지만, 료이는 중국에서 간행된 『전등신화』를 직접 읽은 것이 아니다. 조선에서 간행된 『전등신화』의 주석서인 『전등신화구해(剪燈新話句解)』의 게이안(慶安) 원년(1648)판 화각본(和刻本)을 읽었으며, 『금오신화(金鰲新話)』로부터의 번안작 2화도 료이는 조선에서 출판되어 임진왜란을 통해 일본으로 전해진 『금오신화』의 화각본을 읽었다.

이와 같은 예를 통해서 알 수 있듯이 아사이 료이의 작품은 그 시야를 동아시아 한자문화권으로 확대해 보면, 중국이나 조선문학과 종으로 또는 횡으로 연결되어 유기적인 관계를 형성하고 있다는 점에서 상당히 중요한 의미를 지닐 수 있다고 볼 수 있다.

따라서, 필자는 본서에서 『삼강행실도』와 『오토기보코』를 중심으로 하여 시점을 일본 국내로 한정하여 일본의 역사, 문화, 문학사적 배경 속에서 료이의 문학이 가지는 의의에 대하여 평가하는 것이 아니라 비교의 대상을 조선문학과 중국문학, 때로는 베트남의 문학까지 넓혀 동아시아 한자문화권 속에 나타난 료이의 문학을 고찰해 나가고자 한다.

이것이야말로 국제화시대라 일컬어지는 이 시대에 외국인 연구자의 한 사람으로서 필자에게 주어진 일본문학연구의 소명이라 생각한다.

2. 본서의 구성

그럼 본서의 구성에 관하여 간략하게 언급하면 다음과 같다.

제1장에서 다루는 화역본『삼강행실도』의 경우, 앞서 소개한 미즈타 준의 의견처럼 원작의 단순한 번역에 지나지 않으며, 문예적 의의를 찾아내는 것은 상당히 어려운 것으로 생각되어 왔다. 그러나 단순한 번역에 지나지 않는다고 평가받고 있는 작품의 경우에도, 필자는 원작과의 치밀한 비교를 통하여 얼마든지 새로운 문예성을 찾아낼 수 있는 가능성은 있다고 생각하며, 본서의 제1장은 이러한 문제의식으로부터 출발한 것이다.

제1절에서는 조선과 일본에서의『삼강행실도』의 출판과 그 계통을 정리하기로 하며 그 중 선조개역본『삼강행실도』에 관하여는 필자가 한국과 일본의 각 소장기관을 방문하여 직접 서지학적인 조사를 한 것을 바탕으로 작성하였다. 제2절부터는 본격적인『삼강행실도』의 논을 전개하게 되는데, 일단 지금까지 미해결과제로 남아있던 화각본과 화역본『삼강행실도』의 저본을 밝히고자 한다. 그리고 이를 바탕으로 료이의 화역본과 원작과의 비교를 통해 화역본의 특질을 고찰할 것이며, 그가 추구한 효자, 충신, 열녀관은 어떠한 것인가에 관하여 언급하고자 한다. 나아가 일본에서의『삼강행실도』의 수용의 양상에 관하여 몇가지 새롭게 밝혀낸 사실들에 관하여 보고하고자 한다.

이어서 본서의 제2장에서는『오토기보코』에 대하여 고찰하고자 한다.『오토기보코』의 경우, 그동안 중국의『전등신화』나『오조소설(五朝小說)』과의 비교, 또는 조선의『금오신화』와의 비교를 통한 번안양상의 특질에 대한 논의가 진행되어 왔다. 그러나, 베트남의 한문 소설 『전기만록』까지 넣어 보다 넓은 시야에서 고찰하고자 하는 시도는 이학주(1999), 박애화(2009) 외에는 거의 진행되지 않은 것이 사실이다.

일단 제1절에서는 제2절 이후를 위해 한국, 일본, 베트남에서의 『전등신화』의 수용양상에 관하여 정리하면서 약간의 사견을 더하기로 한다. 제2절부터는 본격적인 『오토기보코』의 논을 전개하며, 권3의 제3화「보탄토로(牡丹灯籠)」, 권6의 제3화「기생 미야기노(遊女宮木野)」, 권12의 제2화「유령이 편지를 부모에게 전하다(幽霊書を父母につかはす)」, 권4의 제1화「지옥을 보고 다시 살아나다(地獄を見て蘇)」의 순으로 논하고자 한다.

한편 제2장의 3절과 5절의 경우, 〈초출일람〉에 제시한 기발표 논고에서는 조선의 『금오신화』와 베트남의 『전기만록』도 함께 상세히 비교고찰하였으나 본서에서는 『금오신화』와 『전기만록』에 관한 언급은 가능한 한 생략하기로 하고 『전등신화』와 『오토기보코』와의 관련성에만 집중하여 논을 전개해 나가고자 한다.

제1장
일본에서의 『삼강행실도』의 수용과 아사이 료이의 번역

조선과 일본의 『삼강행실도』의 출판

1. 머리말

조선시대 초기는 정치적으로는 유교사상에 입각한 중앙집권체제가 확립되었으나 일반민중에게는 아직까지도 고려시대부터 계속된 불교와 도교 및 민간신앙이 뿌리깊게 남아 있었던 시기였다. 따라서 일반서민을 유교사상으로 교화시킬 필요가 있었으며, 유교경전을 중심으로 하여 역사서, 중국문학, 훈민정음언해서, 천문, 의학 등의 각종 교훈, 계몽서적들이 다수 간행되었다. 그 중『삼강행실도』는 후술하는 바와 같이 일반서민을 유교사상으로 교화시키기 위하여 간행된 서적들 중 가장 중요한 역할을 담당하였다.

『삼강행실도』란, 유교에서 인간이 중요시 해야 할 군신(君臣), 부자(父子), 부부(夫婦)의 도(道), 즉 '삼강(三綱)'에 관하여 모범이 되는 인물의 '행실(行實)'을 '그림(圖)'을 통하여 설명한 실천사례집이다. 『조선왕조실록』 4대 세종16년(1434) 4월 27일조를 보면, 본서가 태어난 배경에 관하여 다음과 같이 기록되어 있다.[1]

이에 유신에게 명하여 고금의 충신, 효자, 열녀들 중 탁월하고 본받아야 할 인물들을 모아, 그 사실에 따라 기재하고, 그와 함께 시와 찬을 기록하여 편집하도록 하였다. <u>오히려 어리석은 이들과 부녀자들이 쉽게 이해하지 못할 것을 염려하여, 그림을 더하고 이름하여 『삼강행실』이라 하고, 인쇄하여 멀리 퍼트리도록 하였다. 거리의 아이들과 항간의 부녀자들도 모두 쉽게 깨우치기를 바라노니 책을 펴서 읽는 가운데 느껴 감동하는 바가 있으면, 이끌고 도와주며 열어 지도하는 데 있어 도움됨이 조금이나마 없지 않을 것이다.</u>[2]

인용문의 밑줄친 곳을 보면, 『삼강행실도』는 글을 깨우치지 못한 '어리석은 이들'과 '거리의 아이들과 항간의 부녀자들'이 한문으로 쓰여 있는 내용을 쉽게 알 수 있도록 그림을 삽입하여 출판하였으며, 그것을 통하여 '느끼고 감동'하여 유교적인 도덕윤리를 함양하는데 조금이라도 도움이 되도록 하고 있다는 것을 알 수 있다.

일본의 서민들에게 『삼강행실도』가 퍼지게 된 배경도 조선의 경우와 마찬가지라 볼 수 있다. 천하통일을 이룩한 도쿠가와 막부(德川幕

---

1) 이하, 『조선왕조실록』의 용례는 한국국사편찬위원회의 홈페이지에서 공개되어 있는 태백산본의 검색결과를 이용하였다. 또한, 번역문은 동 홈페이지의 번역을 참고로 하여 필자가 나름대로 수정한 부분이 있음을 알려둔다.
2) 爰命儒臣、編輯古今忠臣孝子烈女之卓然可法者、隨事記載、幷著詩贊、尙慮愚夫愚婦未易通曉、付以圖形、名曰『三綱行實』、鋟梓廣布。庶幾街童巷婦、皆得易知披閱諷誦之間、有所感發、則其於誘掖開導之方、不無小補。

府)는 중앙집권체제를 확립하기 위해 유교를 관학(官學)으로 정하고, 서민에 대한 교화정책에 힘썼는데, 이 때 조선에서 전래되어 온『삼강행실도』는 그 모범이 되는 서적이었으며, 따라서 당시 일본의 실정에 꼭 필요한 서적이었다. 이로 인해 간에이(寛永) 7년(1630)에는 화각본(和刻本)이 도쿠가와 막부에게 헌상되었으며, 일본에서는 한글로 된 번역부분이 필요 없으므로 이것이 삭제되고, 그 대신 훈점(訓点)과 오쿠리가나(送り仮名)가 붙여졌다.

또한, 도쿠다 스스무(德田進, 1963)가 "일본인의 환영의 양상과 서적상인의 착안의 훌륭함과 기획의 양상을 엿볼 수 있다(邦人の歓迎ぶりと書籍商の着眼のよさや企画ぶりを窺わせる)"고 지적한 바와 같이, 일반 서민에게도 크게 환영받아 아사이 료이가 직접 쓴 원고[3]를 바탕으로 인쇄한 화역본(和譯本)이 태어나게 되었다. 이것도 결국, 많은 일반 서민들이 읽기를 원한다는 수요가 있었고, 출판사에서는 이러한 상황을 재빨리 파악하여 료이에게 번역을 부탁하여 출판하였기 때문이다.

지금까지『삼강행실도』에 관해서는 성종대(1490년)부터 고종대(1882년)에 이르기까지 조선어 번역본의 변천을 중심으로 한 조선어사적인 관점 및 미술사적인 관점에서 연구가 주로 이루어져 왔으며, 특히 조선어학적인 관점에서는 상당히 언어학적인 가치가 높은 자료로 평가되어 왔다.

---

3) 호조 히데오(北条秀雄, 1974)는 아사이 료이가 직접 쓴 원고를 바탕으로 인쇄한 것으로『삼강행실도』외에도『동해도명소기(東海道名所記)』,『가나메 이시(かなめ石)』,『에도명소기(江戸名所記)』,『기리시탄 하캬쿠론덴(鬼利至端破却論伝)』,『교스즈메(京雀)』,『권신염불집(勧信念仏集)』,『부모은중경 와단쇼(父母恩重経和談抄)』,『이누하리코(狗張子)』,『우키요 이야기(浮世物語)』가 있다고 지적하고 있다.

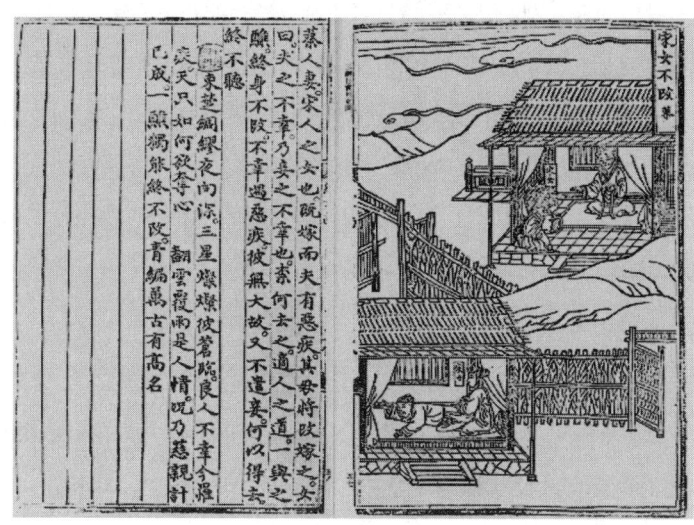

① 초간본 『삼강행실도』(인용본은 김원용해제(1982), 호암미술관소장, 15C후반 간행)

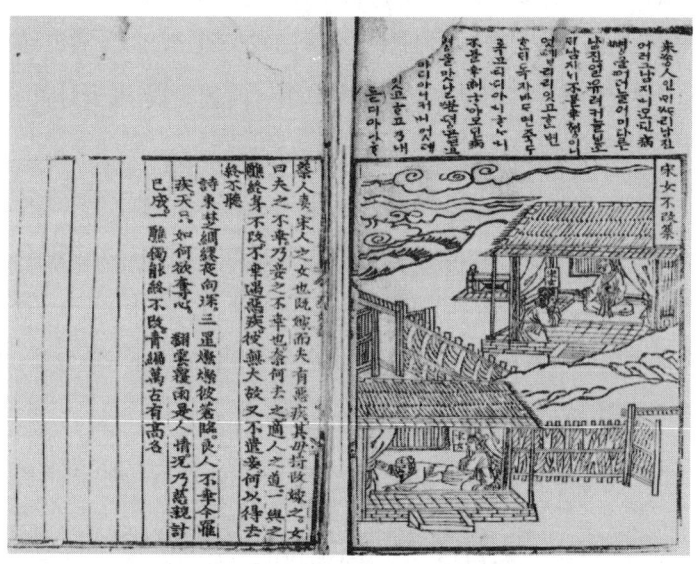

② 언해초간본 『삼강행실도』(인용본은 동경대학교법제사자료실 소장본, 1580년경 간행)

아사이 료이(淺井了意) 문학의 성립과 성격

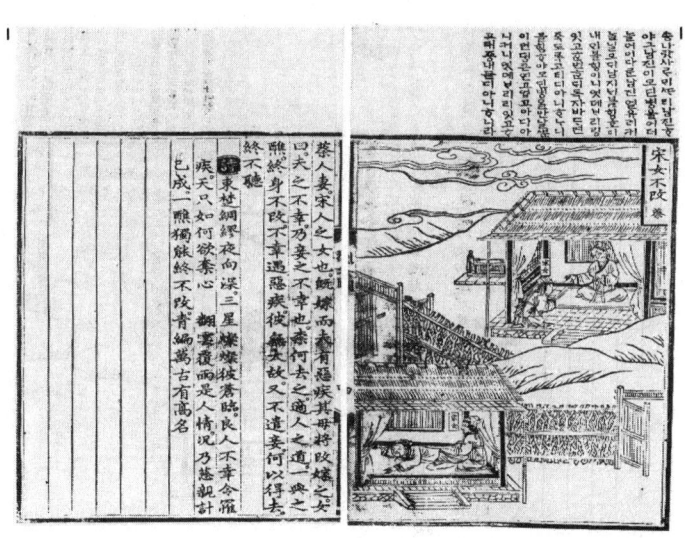

③ 선조개역본 『삼강행실도』(인용본은 동경대학교 종합도서관 소장본(1579년 간행)

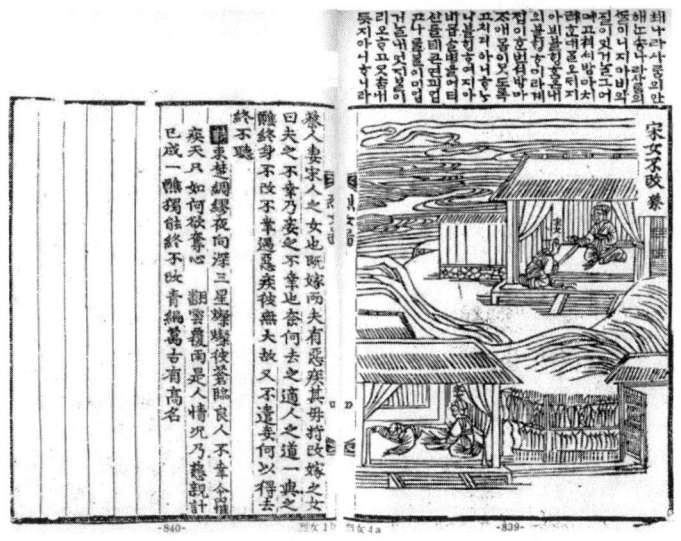

④ 영조개역본 『삼강행실도』(인용본은 서울대학교 규장각 소장본(1726년 간행)

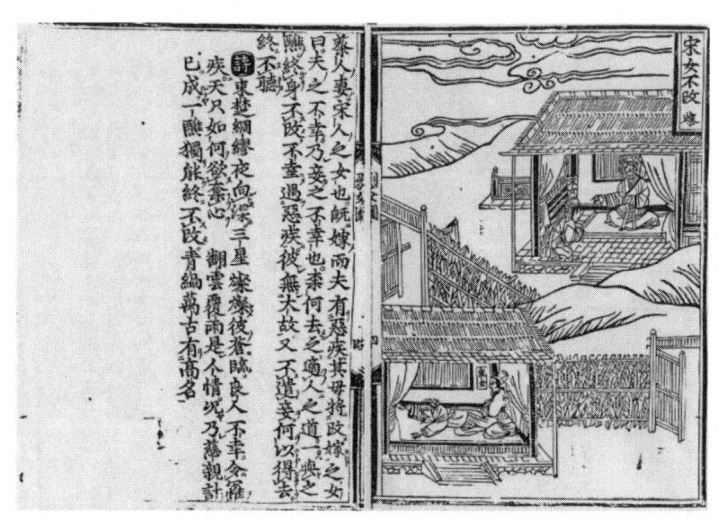

⑤ 화각본 『삼강행실도』(인용본은 국립중앙도서관 소장본)

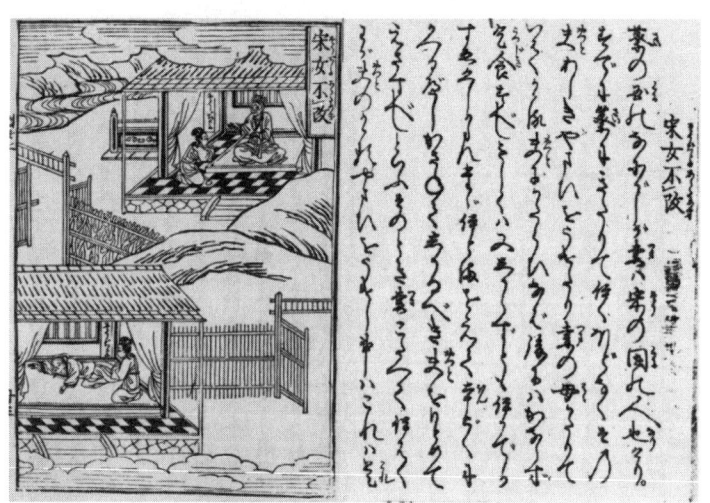

⑥ 화역본 『삼강행실도』(인용본은 히젠 마쓰다이라문고(肥前松平文庫) 소장본으로 삽화와 본문의 위치는 필자가 조절하였다)

〈그림1〉『삼강행실도』의 출판

이에 비해 일본에서의 화역본『삼강행실도』에 관한 연구의 경우 거의 주목받지 못했다고 할 수 있다. 하지만 이것은『삼강행실도』만의 문제는 아니며, 당시에 유행한 교화서가 원작의 단순한 재출판 또는 충실한 번역이나 인용에 지나지 않는 것이 많기 때문에 일단 출전이 밝혀지고 나면 더 이상 연구가 진행되기 어렵기 때문이다.

이러한 문제의식을 바탕으로 필자가 연구한 결과 화각본과 화역본의 저본의 문제, 화역본에 나타난 료이의 창작성과 그 의도, 일본에서의『삼강행실도』수용에 관한 전체적인 양상 등에 대하여 그동안 미상이거나 잘못 알려진 사항들이 많이 있다는 점을 알게 되었다. 따라서 제1절에서는 위에서 제시한 문제를 해결하기 위한 첫 단계로 조선과 일본에서의『삼강행실도』의 출판 및 계통에 관하여 언급해보고자 한다.

2. 초간본『삼강행실도』

조선에서의『삼강행실도』에 관한 첫 기록으로서는『조선왕조실록』세종10년(1428) 10월 3일의 기록을 들 수 있다.

①임금이 일찍이 진주사람 김화가 아버지를 죽인 일을 듣고 깜짝 놀라 낯빛이 변하였다. 곧 자책하고 여러 신하를 불러 모아 효제(孝悌)를 돈독히 하고 풍속을 두텁게 할 방법에 대해 논의하였다. ②판부사(判府事) 변계량(卞季良)이 아뢰기를 "바라옵건데『효행록(孝行錄)』과 같은 서적을 널리 반포하여 항간의 백성들로 하여금 항상 찾

아 읽고 외우게 하여 이들에게 점차로 효제와 예의(禮義)의 장에 들어가도록 하시옵소서"라 하였다. ③이에 임금이 직제학(直提學) 설순(偰循)에게 이르기를 "이에 세상의 풍속이 박악(薄惡)하여 자식으로서 자식의 노릇을 하지 않은 이가 있으니, 『효행록』을 간행하여 어리석은 백성을 깨우쳐 주려고 생각한다. 이는 비록 폐단을 없애는 급무(急務)가 아니지만, 실로 교화하는데 가장 먼저 해야 할 것이다. 예전에 편찬한 『이십사효』에 20여명의 효자를 더하고, 전조(前朝)와 삼국시대의 인물 중에서 효행이 특이(特異)한 이도 또한 모두 모아 편찬하여 한 책으로 하도록 하여라. 집현전(集賢殿)에서 이를 주관하라"[4]

인용문 ①을 보면, 조선시대 제4대왕 세종은 진주에서 일어난 김화가 그 아버지를 살해한 사건을 듣고, 군신을 불러 '효제'를 '돈독히' 하고, '풍속'을 '두텁게' 할 방법에 관하여 의논한다. ②를 보면, 당시의 판부사(判府事) 변계량(卞季良)이 『효행록(孝行錄)』을 출판함으로서 일반 서민들이 이를 간단히 읽을 수 있도록 할 것을 제안한다. 이에 세종은 ③에서 당시의 직제학(直提學) 설순(偰循)에게 예부터 전해내려 온 『이십사효(二十四孝)』에 20여명의 효자담을 추가하여, 고려시대 및 고구려, 백제, 신라를 포함한 삼국시대의 효자담을 모아 한권으로 만들어 새로운 『효행록』을 간행하고 이를 통하여 '어리석은 백성'을 깨우치게 하도록 지시하고 있다. 인물을 선정함에 있어 중국

---

4) 上嘗聞晉州人金禾弑父之事、瞿然失色。乃至自責、遂召群臣、議所以敦孝悌、厚風俗之方。判府事卞季良曰「請廣布『孝行錄』等書、使閭巷小民尋常讀誦、使之駸駸然入於孝悌禮義之場」。至是、上謂直提學偰循曰、「今俗薄惡、至有子不子者。思欲刊行『孝行錄』、以曉愚民。此雖非救弊之急務、然實是教化所先。宜因舊撰『二十四孝』、又增二十餘孝、前朝及三國時孝行特異者、亦皆裒集、撰成一書。集賢殿其主之」。

인 뿐만 아니라 조선의 고금의 인물도 포함시키도록 한 것은 무엇보다도 그 독자를 일반서민으로 상정하였기 때문에 서민들에게 익숙하지 않은 중국의 인물만을 소개하는 것 보다는 조선의 친숙한 인물도 함께 소개하는 것이 그 교육효과가 높을 것이라 생각했기 때문이라 할 수 있다.

다음으로 2년 후 세종16년(1434) 4월 27일의 기록을 인용해 보면 다음과 같다.

> 임금이 말씀하시기를 "①삼강은 인간의 도리중 으뜸가는 법이니 군신, 부자, 부부의 도를 마땅히 먼저 알아야 할 것이다. ②이에 내가 유신에게 명하여 고금의 일들을 편집하고, 그와 함께 그림을 붙여 『삼강행실』이라 이름지어 인쇄하게 하여 서울과 외방에 널리 펴고, ③학식이 있는 자를 선택하여 항상 가르치고 지도하며, 이끌고 장려 권면하여 어리석은 이와 아녀자들로 하여금 모두 깨달아 그 도리를 다하고자 하도록 한다"고 하셨다.5)

위 인용문을 보면, 세종은 『삼강행실도』의 출판이 얼마나 중요하며 큰 의의를 가지고 있는가에 대해 설명하고 있다. 우선, ①에서 '삼강(三綱)'이란 인간으로서 지켜야 할 가장 중요한 '법(法)'이라 이야기하고 있다. 이 부분에 대한 원문은 '경(經)'으로 되어 있는데, 『대한화사전(大漢和辭典)』을 보면, '經'에 대하여 'ツネ(항상), ノリ(법), ミチ(길)'등의 의미로 기술되어 있으므로, 여기에서는 '가장 중요한

---

5) 上曰、「三綱人道之大經。君臣父子夫婦之所當先知者也。肆予命儒臣編集古今、并付圖形、名曰『三綱行實』。俾鋟于梓、廣布中外、思欲擇其有學識者、常加訓導、誘掖獎勸、使愚夫愚婦皆有所知識、以盡其道。

도(道)' 또는 '가장 중요한 법(法)' 정도의 의미로 해석할 수 있을 것이다.

다음으로 ②를 보면, 『삼강행실도』라 이름을 짓게 된 이유로서 문장 뿐만 아니라 그림도 함께 넣어 설명하였기 때문며, 이를 통하여 세종은 ③에서 알 수 있듯이 '어리석은 이와 아녀자(愚夫愚婦)'가 모두 삼강을 알고, 그 도(道)를 다할 수 있을 것을 기대하였던 것이다.

이처럼 세종은 『삼강행실도』에 그림도 삽입하는 것을 통하여 높은 교육효과를 기대하였다고 볼 수 있겠는데, 이 같은 의도는 그 서문을 통하여도 확인할 수 있다.

> 이에 이 책을 지어 민간에게 널리 보급하도록 하시고, 현명하거나 어리석거나 귀하거나 천하거나 어린아이이거나 부녀자이거나 할 것 없이 모두 즐겁게 보고 배우며 듣도록 하셨다. 그 책의 그림을 펴 보아 즐기는 중에 그 모습을 생각하고, 시를 읊조리며 성품을 본받게 하면, 모두 공경하여 사모하고 감탄하며, 권장하고 격려되지 않음이 없어서 다같이 타고난 착한 마음이 일어나 그 직분에서 마땅히 해야 할 것을 다할 것입니다.[6]

이처럼 그림을 삽입하는 것을 통하여 '현명한 이와 어리석은 이, 귀한 이와 천한 이, 아이들과 부녀자' 할것 없이 그 내용을 즐겁게(樂), 읽고(觀), 듣는(聞) 중에 그 내용에 관하여 배우고(習), 그 책을 펼쳐(披) 즐기는(玩) 중에 그 책속에서 형용(形容)하고 있는 것에 대

---

6) 乃爲此書、廣布民間、使無賢愚貴賤孩童婦女。皆有以樂觀而習聞。披玩其圖以想形容、諷詠其詩以體情性、莫不歆羨嘆慕勸勉激勵、以感發其同然之善心。

해 생각하며, 이를 부럽게(羨) 생각하면서 그 행동을 사모하고(慕), 서로 권장하고 격려하며(觀勉激勵) 그렇게 함으로서 인간으로서 타고난 선한 마음(善心)을 일으키도록(感發) 하려는 세종의 의도를 엿볼 수 있다. 이 기록과 함께 앞서 인용한 인용문에서도 그림을 삽입하는 것을 통하여 높은 교육효과를 기대하고 있다는 사실이 몇번이나 강조되어 있는 것을 보면, 세종대왕이 일반서민에 대한 교화를 위해 얼마나 고심하였는지를 엿볼 수 있는 대목이다.

이와 같은 경위를 거쳐 태어난 것이 효자, 충신, 열녀를 110명씩[7], 총 330명을 수록한 초간본 『삼강행실도』[8]이다. 하지만 아무리 일반서민이 이해하기 쉽도록 그림을 넣어 설명하고 있다고는 하여도, 〈그림1〉의 ①에서 본 바와 같이 한문만으로 쓰여 있기 때문에 앞서 인용한 세종16년(1434) 4월 27일 기록의 ③처럼 반드시 한문을 해석할 수 있는 이가 가르쳐 주지 않는다면, 일반서민이 스스로 그 내용을 이해하는 것은 곤란하였다는 것이 문제가 되었다. 그러나 『삼강행실도』가 간행된 것은 한글이 창제되기 9년 전인 1434년이므로, 이것은 아직 한글이 창제되지 않은 시점에서 세종대왕이 생각한 최선의 방법이었을 것이다.

초간본 『삼강행실도』의 소재와 서지사항에 관하여는 송일기·이태호(2001)의 논고에 자세히 수록되어 있으므로 그 일부를 인용해보기로 한다.

---

7) 효자편 8의 앞 「三綱行實圖總目」에는 「孝子一百一十」이라 되어 있으나 실제로는 111화가 수록되어 있다.
8) 본고에서의 『삼강행실도』의 여러 판본에 대한 명칭은 시부 쇼헤이(志部昭平, 1990, 1992)의 분류를 참고하였다.

판종별계통분류		출판연도	소재지
효자편	원간본	세종16년(1434)	류탁일 고려대학교 만송문고[貴296B]
	중간본	16C초	세종대왕기념사업회
충신편	원간본		
	중간본	15C후	서울대학교 규장각 (古貴172.1-SE63s)
열녀편	원간본		
	중간본	15C후	호암미술관

위 논고에 사견을 더해 보면, 효자편은 제103화 「효신여묘(孝新廬墓)」에는 그림과 본문이 없으며, 충신편은 제59화 「한기원훈(韓琦元勳)」등 5개의 이야기에 그림과 본문이 없다. 열녀편은 제62화 「주주사애(住住死崖)」등 3화에 그림과 본문이 없어 어떤 내용인지는 알 수 없다. 자세한 사항은 제4절에서 설명하겠지만, 일본에서 간행된 『신속열녀전(新続列女伝)』은 초간본 『삼강행실도』의 열녀편으로부터 55화를 인용하여 수록한 것으로, 초간본 『삼강행실도』「열녀편」의 결화(缺話) 3화의 본문이 수록되어 있다. 따라서 현존본 『삼강행실도』에는 이들의 본문과 그림이 없으나, 원래는 본문과 그림이 있었을 가능성이 높았으리라 추측된다.

3. 언해초간본 『삼강행실도』

초간본 『삼강행실도』는 한문만으로 기술되어 있었기 때문에 일반 서민이 그것을 읽고 이해하는 것은 상당히 곤란한 일이었다. 따라서 한글이 창제된지 1년후가 되는 세종26년(1444) 2월 20일의 『조선왕조실록』의 기록을 보면, 『삼강행실도』의 한글번역의 필요성에 관하여 세종대왕이 신하들과 의논을 한 기록을 볼 수 있다.

그러나 당시 집현전 부제학이었던 최만리가 중심이 되어 『삼강행실도』를 한글로 번역하는 작업에 대해 반대하였다. 그 이유는 몽고, 서하, 여진, 일본, 서번이 오랑캐로 불리는 이유는 바로 성현의 문자인 한자를 사용하지 않기 때문이며, 이 같은 사실을 들어 예부터 중국을 섬겨 한결같이 중국의 제도를 준수하여 온(我朝自祖宗以來、至誠事大、一遵華制) 조선이 한글을 창제하여 독자적인 문자를 가지게 된 것은 결국 조선이 자기 스스로 오랑캐라는 것을 선언하게 되었다는 것(捨中國而自同於夷狄)이 되기 때문이다. 그리고는 다음과 같은 내용이 이어진다.

〈중략〉 또한 정창손이 말하기를 ①『삼강행실』을 반포한 후에 충신, 효자, 열녀들이 나온 것을 볼 수 없었습니다. 이는 사람이 행하고 행하지 않는 것은 그 사람의 자질(資質)에 달려 있기 때문입니다. 어찌 꼭 언문으로 번역한 후에야 사람들이 이를 본받을 수 있을 것입니까?라 하였으니 〈중략〉 ②예전에 임금이 정창손에게 이르기를 "내가 만일 언문으로 『삼강행실』을 번역하여 민간에 반포하면, 어리석은 이와 부녀자들이 모두 쉽게 깨달아서 충신, 효자, 열녀가 반드시 무리로 나올 것이다"라 하셨다.[9)]

---

9) 〈中略〉又鄭昌孫曰「頒布『三綱行實』之後、未見有忠臣孝子烈女輩出。人之行不行、只在人之資質如何耳。何必以諺文譯之、而後人皆效之。〈中略〉上教昌孫曰「予若以諺文譯『三綱行實』、頒諸民間、則愚夫愚婦、皆得易曉、忠臣孝子烈女、必輩出矣。」

따라서 위 인용문의 ①을 보면,『삼강행실도』를 한글로 번역하더라도 인간으로서의 근본적인 자질이 그릇된 사람에게는 그 효과를 기대할 수 없으며, 인용은 생략하였으나 한글은 유교에서의 '리(理)'를 이해하기 위한 문자가 아니기 때문이라 주장하고 있다.

이러한 반대의견에 대해 세종대왕은 ①의 원인으로『삼강행실도』가 한문으로만 쓰여있어 서민들이 직접 읽을 수 없었기 때문이라 지적하고, ②에서 '어리석은 이와 부녀자(愚夫愚婦)'를 교화시키기 위해서는『삼강행실도』의 한글번역작업이 얼마나 필요한 것인가에 대해 자신을 가지고 역설하고 있다.

한편,『삼강행실도』를 한글로 번역함에 있어 한가지 문제가 있었다. 그것은,『삼강행실도』가 효자, 충신, 열녀를 110명씩 총 330명을 수록하였기 때문에 인물이 너무 많다는 점이었다. 따라서 그 숫자를 줄여서 출판해야 한다는 의견이 제기되었다. 그 경위에 관하여『조선왕조실록』성종20년(1489) 6월 1일의 기록을 인용하면 다음과 같다.

①세종대왕 시절에『삼강행실』을 여러 중외(中外)에 반포하시어 사람들로 하여금 선한 마음을 일으키도록 하셨습니다. 하지만 오히려 관부(官府)에서도 이 책이 없는데 하물며 민간에는 있겠습니까? ②신이 생각하기에『삼강행실도』는 그림을 앞에 두고 기사를 뒤에 기록하였습니다. 만일 이를 통하여 가르친다면, 풍속을 바꿀수 있으며 인심을 고칠 수 있을 것입니다. ③하지만 이 책은 한만(汗漫)하여 어리석은 백성들이 두루 보기 어려우니, 그 가운데에서 절행(節行)이 특이(特異)한 자를 골라 초략(抄略)하여 인쇄하고, 여러 시골에 반사하여 여염(閭閻)의 백성들로 하여금 두루 알게 하면 거의 풍속을 교

화하는데 도움이 있을 것입니다.[10]

 위 인용문은 당시 경기도 관찰사를 지내던 박숭질(朴崇質)의 제안을 인용한 것으로 ①을 보면, 세종대왕 시절에 간행된 『삼강행실도』가 이제는 지방의 관청에서도 찾아볼 수 없게 되었는데, 하물며 일반서민들이 그 책을 읽을 수가 있겠는가 라는 것을 문제점으로 지적하고 있다. 그리고 ②에서는 『삼강행실도』가 그림이 삽입되어 있었으므로 서민의 교화에 커다란 역할을 하였다는 것을 강조하면서, ③에서는 초간본 『삼강행실도』에 수록되어 있는 인물이 너무 방대하여 '어리석은 백성'이 간단히 읽을 수 없기 때문에, 그 중 '절행'이 '특별'한 이를 골라 편찬하여 각 지방에 나누어 주고 이를 통하여 서민이 보다 쉽게 『삼강행실도』를 읽을 수 있도록 하게 할 것을 권하고 있다.

 박숭질의 간언이 있은 후 얼마 지나지 않아 『조선왕조실록』 성종 20년(1489) 6월 18일의 기록을 보면, 초간본 『삼강행실도』의 110명을 언해본 『삼강행실도』의 35명으로 줄인 경위에 대한 기록을 찾아볼 수 있다.

 　①시강원보덕(侍講院輔德) 허침(許琛)과 이조정랑(吏曹正郎) 정석 견(鄭錫堅)에게 명하여 『삼강행실』을 산정(刪定)하도록 하셨다. 허침 등이 아뢰기를 ②"신 등이 『삼강행실』 안에서 사람들이 쉽게 깨달으 며, 보고 느낄 만한 것을 골라 35인을 얻었으니 모두 105인이 됩니다.

---

10) 世宗朝以『三綱行實』頒諸中外、使人興起善心。然官府尙未有此書。況民間
　　乎。臣意以爲『三綱行實』之書、圖形於前、記實於後。若敎之以此、則風
　　俗可變、人心可改。但此書汗漫、愚民未易編覽。其中擇節行特異者、抄
　　略刊印、頒諸村野、使閭閻小氓、無不周知。庶有補於風化矣。

③하지만 그 기록한 사실은 모두 간략하여 줄일 만한 말이 없습니다. 또한 조종조(祖宗朝)에서 만들어진 책을 더하거나 줄일 수 없습니다."11)

먼저, ①을 보면 성종은 허침(許琛)과 정석견(鄭錫堅)에게 『삼강행실도』를 '산정(刪定)'하도록 명령하였다. 산정할 때의 기준이 된 것으로는, ②에서 나타나 있듯이 사람들로 하여금 깨우치기 쉬워 감명을 줄 수 있는 내용일 것이며, 그 중에서 효자, 충신, 열녀를 35명씩 선정하니 총105명이 되었다는 것이다. 다음으로 ③을 보면, 초간본의 내용 자체가 간략한 내용이기 때문에 그 내용을 더하거나 삭제할 말이 없다고 기록되어 있다. 이와 같은 경위를 거쳐 태어난 것이 〈그림1〉의 ②에서 제시한 바와 같이 한문으로 된 본문이 있고 본문과 그림 위에 한글로 된 번역문이 붙은 성종언해초간본『삼강행실도』인 것이다.

4. 선조개역본 『삼강행실도』

언어란 시간과 함께 변한다. 표의문자인 한문은 시대가 변하여 언어가 변하더라도 그 문장은 간단히 변하지 않는데 비해, 표음문자인 한글은 언어가 변함에 따라 표기도 민감하게 반응하여 쉽게 변화한다.

---

11) 命侍講院輔德許琛、吏曹正郎鄭錫堅刪定『三綱行實』。琛等啓曰「臣等於『三綱行實』內、擇人所易曉可以觀感者、各得三十五、摠一百五人。其所記事、實皆簡約、無可刪之辭。且祖宗已成之書、似不宜增損」。

『삼강행실도』는 당시의 일반서민들이 직접 읽고 그 내용을 이해하여 삼강의 윤리를 함양시키는 것이 목적이었기 때문에 한글의 표기 및 문법은 반드시 당시의 조선어의 현상을 반영해야 할 필요가 있었다. 따라서 한문의 내용은 변하지 않더라도 한글의 번역부분의 경우 시대에 따라 당시 서민이 읽고 이해할 수 있도록 표기되어야 할 필요성이 생긴 것이다.

이러한 사정을 반영하여 성종21년(1490)에는 〈그림1〉의 ③에서 소개한 바와 같이 선조개역본『삼강행실도』가 태어나게 되었다. 선조개역본『삼강행실도』에 대하여는 시부 쇼헤이(志部昭平, 1992)가 조선어학적인 관점에서 각종 이본을 분류하여 그 이정표를 제시하였고, 장향실(2004)이 A종⑤의 존재를 지적하였다. 그 후 필자는 특히 임진왜란 이전판본 5종 11권에 대하여 서지학적인 관점에서 다시 조사를 하여[12] 초판본(初版本)과 복각본(覆刻本)의 관계 및 출판순서를 추정하고 그 계통에 대한 전모를 밝혀냈다. 또한 D종⑨처럼 시부 쇼헤이의 조사 이래로 소장기관이 바뀌게 되어 청구기호가 바뀐 것에 대해서도 새로운 정보를 실었으며, 임진왜란 이전본 계통은 아니지만, 새로이 존재를 확인한 것에 대해서는 〈주 13〉에 소개하였다. 그럼, 임진왜란 이전의 선조개역본의 종류와 소재에 대하여 필자의 조사결과를 소개하면 다음과 같다.[13]

---

12) ⑤와 ⑨에 관하여는 필자가 직접 조사를 하지 못하였다. ⑤의 경우 장향실 (2004)의 연구결과를 이용하였으며, ⑨의 경우 소장기관으로부터 열람을 허락 받지 못하였기 때문에 도서관 사서에게 부탁하여 필요한 부분의 서지사항을 대신 조사하는 것으로 하였다.

13) 시부(1990, 1992)의 조사에서 누락된 것중 필자가 새로이 그 존재와 계통을 확 인한 것을 소개해 보면, 한국 국립중앙도서관 소장본[한古朝57-가36]과 원주 고판화박물관 소장본은 제Ⅰ종본 계통의 1882년 간행본이며, 일본 고마자와대

A종 : 1579년경 간행

　　① 일본 동경대학교 종합도서관 소장본 [A00-5994]

　　② 일본 동경대학교 법학부 법제사자료실 소장본 [乙7-764]

　　③ 일본 와세다대학교 중앙도서관 소장본 [口9-1076]

　　④ 한국 고려대학교 중앙도서관 만송문고 소장본 [貴296D]

　　⑤ 중국 북경대학교 도서관 소장본 [口5531]

B종 : 간행년도 미상

　　⑥ 일본 마에다케(前田家) 손케이카쿠문고(尊経閣文庫) 소장본

　　⑦ 일본 국립공문서관 내각문고 소장본 [子248-5]

C종 : 간행년도 미상

　　⑧ 한국 서울대학교 규장각 소장본 [古1149-12]

D종 : 1581년경 간행

　　⑨ 한국 서울대학교 중앙도서관 소장본 [일석귀170.951SA44g]

E종 : 간행년도 미상

　　⑩ 일본 교토부립종합자료관(京都府立総合資料館) 소장본 [貴244]

　　⑪ 일본 미야기현도서관(宮城県図書館) 다테문고(伊達文庫) 소장
　　　본 [80015]

　　위에 소개한 것은 본서의 제2절에서 고찰하고자 하는 화각본의 저
본을 확인하기 위한 출발점으로서 그리고 아래에 자세히 언급하는
바와 같이 조선판 『삼강행실도』의 계통에 대하여 새로운 시각에서
제시하였다는 점에서 상당히 중요한 의의를 지닌다고 볼 수 있다.

학교(駒澤大學) 중앙도서관 가나자와 쇼자부로(金澤庄三郎) 구장본[選足636
-1], 일본 가나자와시립(金沢市立) 다마가와(玉川) 도서관 가도문고(稼堂文
庫) 소장본, 일본 시즈오카시(静岡市) 세리자와 게스케(芹沢銈介) 미술관 소
장본[1書籍-89(6089)M]과 [1書籍-92(6092)M]의 총4권은 전부 동일판본으로
서 시부(1992)가 제시하고 있는 제Ⅲ종본에 해당한다.

우선, 이 5종은 전부 간기가 없어 언제 간행되었는지 정확한 시점은 알 수 없으며, 서문에는 전부 '宣德七年(필자주 : 1432년)六月 日'로 기록되어 있는 것으로 보아 처음 출판된 1434년 간본에서 서문의 내용을 바꾸지 않고 그대로 인쇄하였다는 것을 알 수 있다. 그 중 간행년도가 추정가능한 것은 ③과 ⑨인데, 이것은 시부(1990)도 지적하고 있는 바와 같이 ③은 「己卯七月日 鄕校上」이라는 반사기(頒賜記)로 인해 확인이 가능하며, ⑨는 「萬曆九年八月日」이라는 내사기(內賜記)가 수록되어 있기 때문이다. 다음으로 ①②④⑤는 ③과 마찬가지로 그림의 선이 상당히 미려하고, 서지학적으로도 같은 특징을 가지고 있다는 점에서 A종은 초판본이며 동일판본이라고 하는 시부(1990) 및 장향실(2004)의 견해는 틀림이 없다고 생각한다.

이에 약간의 부언설명을 해 보면, ④의 경우 효자편 제31화 「유씨효고(劉氏孝姑)」의 광곽(匡郭)의 일부분이 파손되어 있는데, 다른 ①②③의 경우 이 부분이 파손되어 있지 않다. 또한 ①②③과 비교하여 보았을 때 세로의 치수가 평균 1~2mm 정도 축소되어 있는 것으로 보아[14), A종 중에서 가장 나중에 간행된 후인본(後印本)이란 것을 알 수 있다.

또한 B종부터 E종은 A종의 복각본이며, 각 페이지의 세로의 평균

---

14) 나카노 미쓰토시(中野三敏, 1995)는 "동일판본을 사용한 두가지의 전본이 있는 경우 동일부분의 광곽(匡郭)의 수치를 비교하여 큰 쪽이 먼저 인쇄된 것이며, 작은 쪽이 나중에 인쇄된 것이라 일단 판단을 내릴 수 있는데, 그 차이는 오혼(大本)의 경우 세로의 길이가 2~3mm 가까이 된다(同一板本を用いた二つの伝本があった場合、同一箇所の匡郭の寸法を較べて、大きい方が早い刷り、小さい方が後印本という一応の判断が下せるわけで、この差異は大本で縱長が二~三ミリ近くなる)"고 서술하고 있다. 이에 ①부터 ④까지 각 판본의 세로의 평균치수를 비교해 보면 다음과 같다(이하, 숫자의 단위는 cm)

치수가 A종보다 평균 6mm에서 1cm정도 축소되어 있고,[15] 수군데에 걸쳐 광곽 및 계선(界線)의 동일장소에 똑 같은 파손부분이 보이는 것으로 보아 동일판본이라 생각해도 좋으나, 필자는 난상의 한글의 표기법이 약간씩 다른 점과 매목(埋木)에 의한 보수, 보배(補配)가 존재하기 때문에 다른 종류로 분류하였다.

이에 관하여 조금더 상세히 설명해 보면, 시부(1990)는 ⑨⑩⑪을 T2로, ⑥⑦⑧을 T3으로 분류하였다. 그러나, T2와 T3의 각 페이지의 광곽의 세로의 치수를 계측하여 비교해 보니 〈주15〉에서 언급한 바와 같이 T3보다 T2가 1.1~2.5mm 정도 축소되어 있으므로 T2가 T3보다 나중에 인쇄된 후인본(後印本)이라는 것을 알 수 있다. 또한,

---

	①	②	③	④
효 자	26.36	26.33	26.31	26.20
충 신	26.44	26.43	26.32	26.25
열 녀	26.33	26.31	26.23	26.31

15) 나카노(1995)에 의하면, "복각본의 경우에는 이 수치가 더욱 커져서 6~7mm에 달한다(覆刻本の場合は、この計測差が更に大きく六~七ミリになる)"고 언급하고 있다. 여기에서 A종①과 그 복각본 B종⑥·E종⑩, 그리고 화각본의 전 페이지에 걸친 광곽(匡郭)의 세로의 평균 크기를 비교해 보면 다음 표와 같다.

	A①	B⑥	E⑩	화각본
효 자	26.36	25.58	25.34	24.64
충 신	26.44	25.78	25.53	25.05
열 녀	26.33	25.71	25.60	25.05

위 표를 보면, A종과 B종은 효자편에서 평균 7.8mm, 충신편에서 평균 6.6mm, 열녀편에서 평균 6.2mm의 차이를 보이고 있다. B종과 그 동일판인 E종을 비교해 보면 매목(埋木)과 보배(補配)를 제외하였을 경우, 효자편은 평균 2.4mm, 충신편은 평균 2.5mm, 열녀편은 평균 1.1mm정도 축소되어 있어 E종이 B종보다 나중에 간행되었다는 사실이 증명된다. E종과 그 복각본인 화각본을 비교하여 보면, 효자편은 평균 7.0mm, 충신편은 평균 4.8mm, 열녀편은 평균 5.5mm 정도 축소되어 있다.

T2의 경우 ⑨에 관하여 시부는 "일석본에 관하여는 현재 확인이 불가능하며, 이것이 동일판인지 아닌지는 의심이 남는다(一石本については現在目睹することができず、これが同版であるか否か疑義を残す)"고 하면서도 ⑩⑪과 같은 종류로 분류하고 있다. 이에 필자가 서울대학교 홈페이지에 공개되어 있는 디지털 화면을 바탕으로 검토해 본 결과, ⑩⑪은 충신편 제19화에 매목(埋木)에 의한 보수부분이 있는데 비해 ⑨는 그와 같은 점이 없는 것으로 보아 ⑩⑪은 ⑨보다 나중에 간행된 후인본이란 것을 알 수 있으며, 한글표기도 약간씩 다르기 때문에 다른 종류로 분류하였다.[16]

B종과 C종의 경우, 인쇄된 전후관계는 미상이지만, ⑧은 충신편 제5화, 제6화가 D종과 E종의 판으로 보충한 보배(補配)이기 때문에 필자는 ⑥⑦과는 다른 종류로 분류하였다. 이에 대하여 조금 더 자세히 언급해 보면, 아래 인용하는 〈그림2〉에서 C⑧의 경우 동물의 모양, 진영에서의 '만(卍)'자의 위치, 우측 하단의 그림의 모양 등을 통하여 종합적으로 검토해 본 결과 이것은 B종과 동일판은 아니며, D종이나 E종과 동일판이다. 그 외에도 충신편 제5화 「기신광초(紀信誑楚)」도 마찬가지로 D·E종과 같은 판으로 인쇄되어 있는 것을 확인할 수 있다.

이것이 의미하는 바는, C⑧은 B종과 동일판으로 인쇄된 후 무언가의 이유에 의해 충신편 제5화와 제6화가 낙장으로 떨어져 나가게 되었으나 그 후 D·E종이 인쇄되자 이것으로 낙장을 보충한 것이라는 것이다. 따라서 지금까지의 논의를 통하여 각 판본이 인쇄된 순서

---

16) 이 점에 관한 한글표기의 비교는 금후 조선어학 연구자들의 조언을 구하기로 하며 서지학적인 분석은 본장 제2절에서 자세히 고찰하였다.

를 추정해 보면 A→B·C→D→E의 순서가 된다는 것을 알 수 있다.

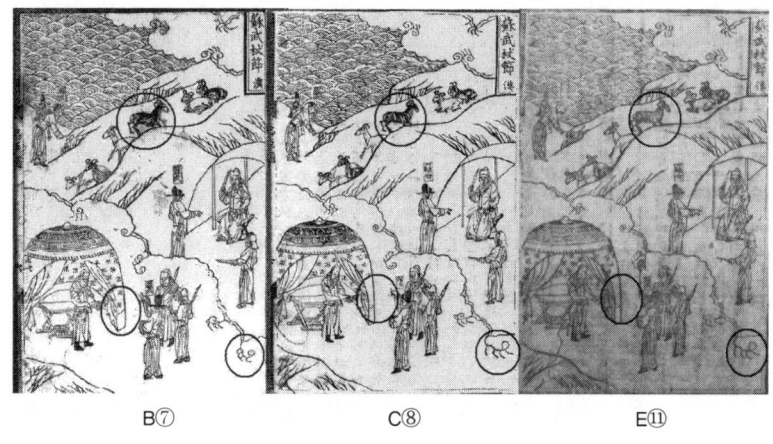

B⑦   C⑧   E⑪

〈그림2〉 충신편 제6화 「소무장절(蘇武杖節)」의 비교

5. 영조개역본 『삼강행실도』

선조개역본 『삼강행실도』가 출판된 지 약 150여년의 시간이 지난 후 당시의 조선어를 반영하여 새로운 개역본이 간행되었다. 이 영조 개역본에 관하여는 새로운 번역의 명령이나 간행에 대해 아무 기록도 남아 있지 않아 정확한 간행시기를 알 수 없으나, 시부(1992)의 조사에 의하면 고려대학교 중앙도서관 만송문고 소장본에 「歲丙午春 行平安道觀察使兼都巡察使尹憲柱謹跋」이라 쓰여 있는 것으로 보아 영조2년(1726)경에 간행된 것으로 추측하고 있으며 필자도 이에 동의하고 있다.

그럼 영조개역본의 소재와 간행년도에 관하여 소개하면 다음과 같다.

① 영조2년(1726) 간본
　・한국 성균관대학교 중앙도서관 소장본 [B9C-46]
　・한국 고려대학교 중앙도서관 만송문고 소장본 [296A]
② 영조6년(1730) 간본
　・한국 서울대학교 중앙도서관 규장각 소장본 [奎12148]
　・한국 고려대학교 중앙도서관 소장본 [貴296G]
　・한국 이화여자대학교 중앙도서관 소장본 [고170계67]
　・일본 덴리대학교(天理大学) 부속도서관 소장본 [天282.2イ33]
③ 야마구치현립도서관(山口県立図書館) 오호테라우치(桜圃寺內) 문
　고 소장본

　위에 소개한 자료 중 ①과 ②에 관해서는 시부와 송일기・이태호의
앞 논고에 소개된 것을 참고로 하였다. ③의 경우 이토 고지(伊藤幸
司, 2007)가 오호테라우치(桜圃寺內) 문고 소장자료 중『삼강행실도』
에 관하여 소개하였으며, 그가 인용한 열녀편「최씨분매(崔氏奮罵)」
를 보니 영조개역본 계통임에 틀림없으므로 위 목록에 추가하게 되었
다. 따라서 이에 관한 계통의 분류는 금후의 과제로 삼고자 한다.
　영조개역본은 〈그림1〉의 ④를 비교해 보면 인물, 건물과 대문의
선이 상당히 조잡하며, 여백의 처리에 있어서도 다수의 곡선이 사용
되어 주인공의 위치 및 행위가 쉽사리 눈에 띄지 않는 점 등 삽화의
특징이 확연히 드러나『삼강행실도』계통 중 가장 구별하기 쉽다.

6. 기타 『삼강행실도』의 속편들

① 『속삼강행실도』

처음으로 『삼강행실도』가 간행된 지 약 80년이 지난 중종6년(1511), 중종은 새로운 『삼강행실도』의 편찬을 명령하게 된다. 이에 『조선왕조실록』 중종6년 8월 28일과 중종 7년(1512) 10월 8일의 기록을 인용해 보면 다음과 같다.

> ○『조선왕조실록』 중종6년(1511) 8월 28일
> 전하여 말씀하시기를 "근래에 풍속이 불미스러우니 『삼강행실』을 많이 인쇄하여 중외에 반포하고 항간의 백성들로 하여금 널리 알도록 하여라. ①국초 이래의 열녀와 효자 중에 실려있지 않은 이도 모아 그림을 그리고 시와 찬을 지어 간행하여 백성들로 하여금 쉽게 알도록 하라."[17]

> ○『조선왕조실록』 중종 7년(1512) 10월 8일
> 전교하여 말씀하시기를 "②근래에 삼강이 땅에 떨어져 풍속이 문란하여 백성들이 본성을 잃어버리고 순후함을 모른다. ③조종(祖宗) 때에 강상(綱常)을 굳게 세워 충신, 효자, 열녀들의 그림을 그리고 사실을 기록하여 하나의 책으로 만들어 『삼강행실』이라 하여 여러 중외에 반포하고 항간의 백성들이 보고 감동하도록 하였으니 어찌 다스림에 도움이 되지 않았겠는가? ④내가 이것을 생각하여 전과 같이 그림을 그리고 속편을 편찬하고자 한다. 어서 국(局)을 설치하도록 하라."[18]

---

17) 傳曰、「近來風俗不美。『三綱行實』多印頒布中外、使閭巷小民、無不周知、國初以來、烈女孝子之不及與者、亦令撰集圖寫、竝述詩贊、刊以行之、俾民易知。

이 기록을 보면, ②에서 중종은 최근에 삼강의 윤리가 땅에 떨어져 풍속이 혼란해지고, 사람들은 자신의 선한 본성을 잃어버린 사실에 대해 개탄하고 있다. 그리고 그 타개책으로서 ③에서 예전에 출판된 『삼강행실도』가 교화서로서의 효과가 높았다는 사실에 착안하여 ④에 나타나 있는 바와 같이 그 속편을 만들 것을 명하고 있다.

그런데 여기에서 중요한 것은 그 사례의 선정에 있어 ①의 '국초 이래(國初以來)' 즉, 조선의 사례를 중심으로 하였다는 것이다. 그 이유는 『삼강행실도』의 속편을 편찬할 때 기존에는 중국의 인물을 중심으로 서술해 왔으나 이를 조선의 인물들을 중심으로 하겠다는 새로운 편찬방침이 나타나기 때문이다.

『속삼강행실도』는 신용개(申用漑, 1463~1519)가 중심이 되어 편찬 작업이 이루어져 중종 9년(1514)에 헌상되었다. 이미 『삼강행실도』 가 존재해 있는데도 불구하고 새로이 『삼강행실도』의 편찬을 명한 것에 관하여 송일기·이태호(2001)에서는 조선시대 최악의 폭군으로 알려져 있는 제10대 연산군(1476~1506, 재위1494~1506)과, 그를 내 쫓고 왕위에 오른 제11대 중종(1488~1544, 재위1506~1544)과의 관계 를 바탕으로 "연산조의 반인륜적 행위를 부각시켜 反正의 정당성을 합리화 할 의도로 孝行을 강조하여 재위 기간 내내 '行實圖'의 간행 과 보급을 통한 대민교화에 국가정책의 우선을 두었던 것으로 보인 다"고 설명하고 있으며 이는 상당히 설득력 있는 견해라 생각된다.

---

18) 傳曰、「邇來三綱墜地、風俗淆訛、民失本性、莫知歸厚。祖宗朝務扶植綱常、忠 臣孝子烈女圖形記事、作爲一書。名之曰『三綱行實』。頒諸中外、閭巷小 民、觸目生感。豈非爲治之一助。予爲是念、欲依前圖形續撰。其速設局。

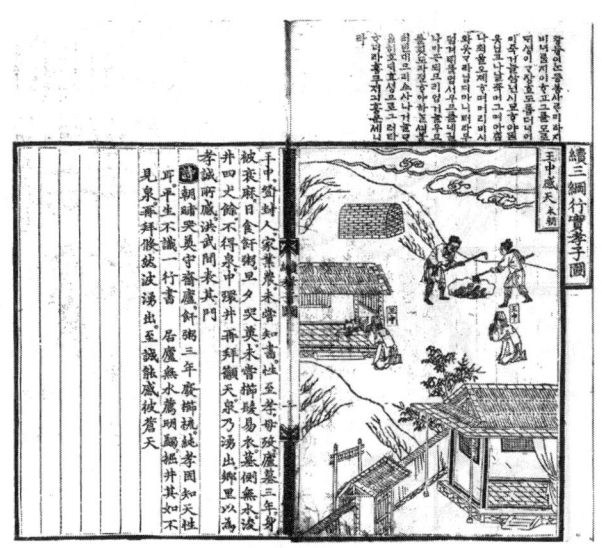

① 『속삼강행실도』인용본은 일본 동경대학교 종합도서관 소장본으로 1581년 간행

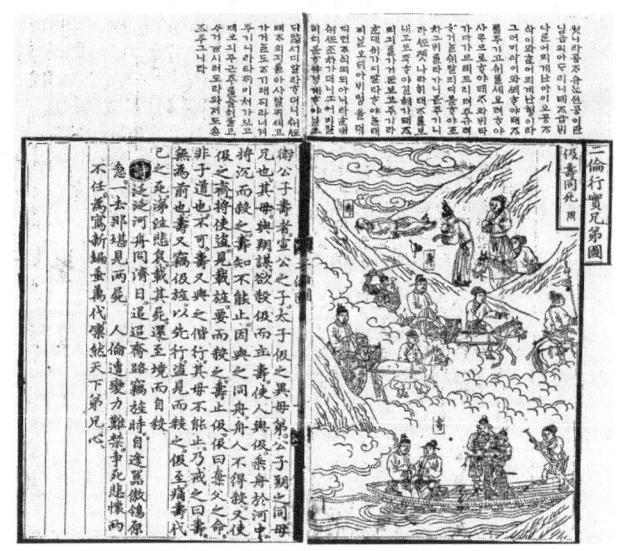

② 『이륜행실도』인용본은 일본 동경대학교 종합도서관 소장본으로 1579년 간행

아사이 료이(浅井了意) 문학의 성립과 성격

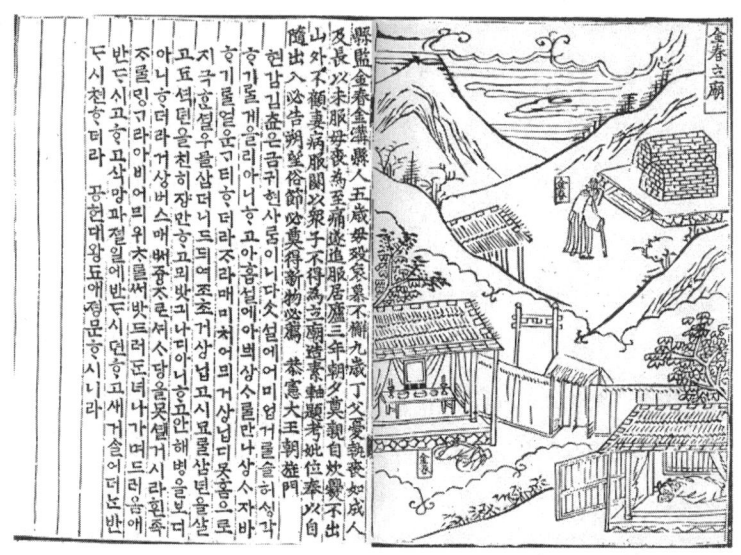

③『동국신속삼강행실도』서울대학교 규장각 소장본으로 1617년 간행

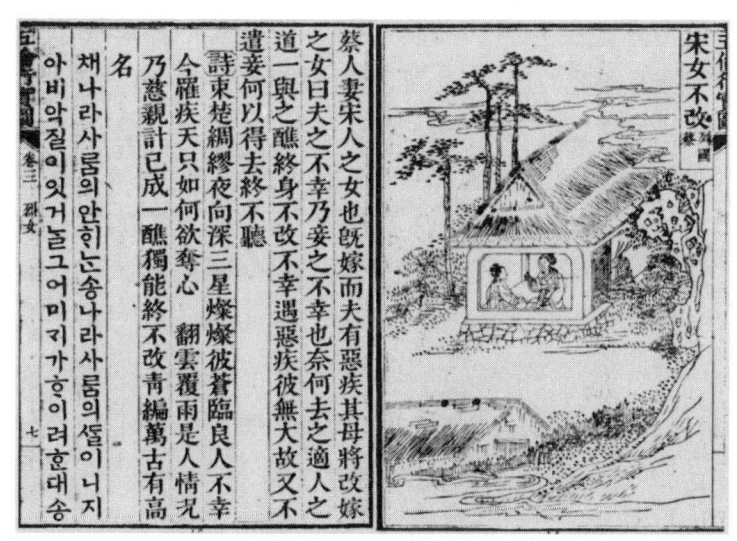

④『오륜행실도』인용본은 국립중앙도서관소장본으로 1859년 간행

〈그림3〉『삼강행실도』의 속편

초간본『삼강행실도』에서의 한국인의 숫자는 효자편 22명, 충신편 17명, 열녀편 15명으로 전체적으로보면 약 16.3%를 차지하고 있다. 언해본『삼강행실도』의 경우, 효자편 4명, 충신편 6명, 열녀편 6명으로 전체적으로 보면 약 13.9%이며, 초간본과 비교해 보면 오히려 한국인의 숫자가 약간 줄어든 것을 알 수 있다. 그에 비해『속삼강행실도』의 경우 선조개역본을 기준으로 본다면, 효자는 36명 중 한국인이 33명, 충신은 6명중 3명, 열녀는 28명중 22명으로 한국인의 숫자가 대폭 늘어난 것을 알 수 있다.

이처럼『속삼강행실도』에서 한국인의 숫자가 대폭 늘어난 것에 대해 서문을 인용해 보면 다음과 같다.

> 지금 신편에 수록되어 있는 것은 ①대개 사람들이 듣거나 또는 보아 알고 있는 일이다. 무릇 사람들이 이 책을 얻어 보게 되면 ②곧바로 평소에 알고 있던 이가 책 안에 기술되어 있는 것을 보고 반드시 말할 것이다. ③"그 사람이 이처럼 능히 책에 실렸는데 나도 이처럼 실리지 못하겠는가?" 이를 깨닫고 힘써 부러워 하며 사모하는 중에 자신도 그와 같이 되도록 노력하기를 게을리하지 않을 것이다.[19]

위 인용문을 보면, ①에서『속삼강행실도』는 조선의 인물을 중심으로 수록하였는데 이것은 곧 모두가 잘 알고 있는 인물이라는 사실을 밝히고 있으며, ②를 보면, 평소부터 잘 알고 있는 이가『속삼강행실도』와 같은 서적에 실리게 된다면, ③에 나타나 있는 바와 같이

---

19) 今新編所錄、大抵皆耳目之所逮也。將人之得是編者、忽覩平昔所見聞之人、列在卷上、必曰「彼且能是、我獨不能是耶。」感勵歆羨、不能自已。

자기자신도 그 사람처럼 되고 싶다고 부럽게 생각하여 더욱더 노력할 것이라는 의도가 담겨있다. 이를 통하여, 지금까지 중국의 사례를 주로 수록한『삼강행실도』와는 달리『속삼강행실도』에서는 한국인을 주로 수록함을 통하여 일반서민이 이야기에 대한 신빙성과 친근감을 가지게 되며, 따라서 교화서로서의 효과를 높이려 하였다는 것을 알 수 있다.

② 『이륜행실도』

『이륜행실도』란 효, 충, 열의 사례를 모은『삼강행실도』이외의 덕목, 즉 '장유유서(長幼有序)'와 같은 형제, '붕우유신(朋友有信)'과 같은 친구관계 등의 모범이 되는 인물을『삼강행실도』의 형식에 따라 수록한 것이다. 수록되어 있는 인물은 모두 중국인이며, 형제 25명, 종족(宗族) 7명, 붕우(朋友) 11명, 사생(師生) 5명의 총 48명이다.

『이륜행실도』의 특징으로는, 지금까지『삼강행실도』와 같은 서적들은 중앙정부에서 인쇄하여 각 지방에 반사하는 형식을 지녔는데 비해『이륜행실도』의 경우 당시의 경상도 관찰사 김안국(金安國, 1478~1543)이 임지에서 간행하여 조정에 보고한 것이 계기가 되어 그것을 중앙정부가 인쇄하여 다시금 지방으로 반사하는 형식이 되었다는 점이다.

『이륜행실도』의 간행에 이르기까지의 일련의 기록 중 대표적인 것으로 중종13년(1518) 4월 1일의 기록을 인용해 보면 다음과 같다.

① 동지중추부사(同知中樞府事) 김안국이 아뢰었다. "신이 경상도 관찰사가 되었을 때 그 도(道)의 인심과 풍속을 보니 퇴폐하기 형언할 수 없었습니다. 〈중략〉 ②『이륜행실도』는 제가 전에 승지(承旨)로 있었을 때 간행을 청하였습니다. '삼강(三綱)'이 중요하다는 것은 비록 어리석은 이라 할 지라도 모두 알고 있습니다. 하지만 붕우(朋友), 형제(兄弟)의 윤리에 대하여는 보통 사람들은 모르는 이가 있습니다. 이에 신이『삼강행실도』를 본따 종류별로 선정하여 간행하였습니다."[20]

상기 인용문을 보면 ①에서는 김안국이 경상도 관찰사로 재직해 있을 때 평소부터 그 지역의 인심과 풍속이 어지러워 있다는 사실에 대해 개탄하고 있었다. ②에서는 그 타개책으로서 삼강의 윤리는 모두가 잘 알고 있으나 붕우(朋友)와 형제(兄弟)의 윤리에 관해서는 아직 알지 못하는 이가 많기 때문에『이륜행실도』를 간행하였다고 보고한 것이다. 이 이야기를 들은 중종은

경이 그 지방에 있으면서 학교와 풍속을 변화시키는 일에 전념한다는 말을 듣고 짐은 이를 가상히 여겼다. 또한 아울러 이러한 책을 엮어 백성들을 가르친다 하는데 이 책은 모두 풍교(風敎)에 관계되는 것이므로 찬집청(撰集廳)에 보내어 간행하여 널리 반포하게 하여라.[21]

라 하여, 김안국이 임지에서『이륜행실도』의 간행을 통하여 일반서

---

20) 同知中樞府事金安國啓曰、「臣爲慶尙道觀察使、觀其道人心、風俗、頹弊乃極。〈中略〉如『二倫行實』、臣前爲承旨時、請開刊。如三綱之重、雖愚夫愚婦、皆知之。至於朋友、兄弟之倫、凡常之人、或有不知。故臣依『三綱行實』、撰類以刊之。

21) 卿在其道、盡心於學校、轉移風俗之事。予聞之嘉美。又復撰此等書以敎之。此書皆有關於風敎、其下撰集廳、開刊廣布。

민들의 교화에 힘쓴 것을 높이 평가하고, 그것을 찬집청에서 새로이 간행하여 널리 퍼지게 하도록 명한 것이다.

③ 『동국신속삼강행실도』

1592년부터 1598년까지 7년간 계속된 임진왜란과 정유재란은 조선에게 커다란 피해를 안겨주었다. 따라서 전란으로 인해 어지러워진 민심을 바로잡기 위해 조정에서는 효, 충, 열의 새로운 사례를 고구려, 신라, 백제의 삼국시대로부터 조선에 이르기까지 '동국(東國)' 즉 한국의 인물에 한정하여 『동국신속삼강행실도』의 간행을 추진한다.

그런데 문제는 대상이 되는 효자, 충신, 열녀가 너무 많다는 점과 임진왜란이 끝난 후 조선은 심각한 물자부족현상에 직면해 있었으므로, 이들 인물에 대해 모두 그림을 그리고 시와 찬 및 조선어 번역문을 넣어 인쇄하는 작업에는 막대한 시간과 비용이 들었다. 그럼에도 불구하고 『동국신속삼강행실도』의 간행작업은 계속되어, 광해군7년(1615)에 드디어 완성의 빛을 보게 된다.

이 『동국신속삼강행실도』는 효자편 8권 705명, 충신편 1권 90명, 열녀편8권 720명에, 『삼강행실도』 중 한국의 사례만을 모은 『동국삼강행실도』, 『속삼강행실도』 중 한국의 사례만을 모은 『동국속삼강실도』의 '속부(續附)' 1권 72명도 함께 실려있어, 총 18권 1,587명을 수록하고 있다.

광해군은 이와 같이 방대한 수에 이른 본서의 간행을 통하여 임진왜란이 끝난 직후의 조선의 어지러운 사회질서를 바르게 확립하기 위해 얼마나 노력하였는가를 엿볼 수 있다. 그러나, 이와 같은 광해군의 노력과는 반대로 『동국신속삼강행실도』는 많은 비판을 받았고 교훈서로서의 역할을 충분히 하지는 못하였다. 『조선왕조실록』 광해군 5년(1613) 12월 12일의 기록을 보면, 그 인물선정의 기준에 있어 다음과 같은 불만의 소리가 나와 있는 것을 알 수 있다.

① 기자헌(其自獻)의 아버지 기응세(其應世)는 음란하고 패악한 무뢰한으로 일컬어졌으나, 효자로 편입되었고, ② 이이첨(李爾瞻)이 상중(喪中)에 낳은 아들 이익엽(李益燁)은 일찍이 탄핵을 당한 적이 있으나 이 또한 효자로 편입되었다. ③ 이이첨은 또 자신이 일찍이 유영경(柳永慶)의 모함을 받아 먼 곳에 귀양갔다는 이유로 아울러 충신의 무리에 편입시키고는 찬양하는 글을 극도로 하여 드러냈는데, 이것은 전부 문하생들을 시켜 짓게 한 것이었다. ④ 전쟁통에 부인이 적군에게 죽은 자가 비록 많았으나 이것은 본래 왜놈들이 사람 죽이기를 좋아했기 때문이며 까닭없이 칼을 맞아 죽은 이에게는 기록할 만한 절의가 없다. 하지만, 그 문족(門族)들이 그 일을 크게 만들려고 장황하게 거짓말로 보고하는 자들이 있었다. ⑤ 심한 경우는 더러 포로로 잡혀가 정절을 상실했는데도 부형과 자제들이 그 추함을 숨기고자 하여 거짓으로 보고하고 허위로 작성한 것도 있었다. ⑥ 그런데 지금 일체의 진실과 거짓, 중요함과 가벼움을 고려하지 않고 혼합하여 이 책을 만들었으므로 이 책이 간행되자 사람들이 무리지어 조소하였고 어떤 사람은 벽을 바르고 장독을 덮는 데에 쓰기도 하였다.[22]

---

22) 自獻之父應世、以淫悖無賴称。而以孝子編入。李爾瞻喪中産子益燁、曾被彈論。而亦以孝子編入。爾瞻又自以曾爲柳永慶所搆遠竄、竝編於忠臣之類、贊辭極其襃揚。皆令門下製之。亂離婦人死兵者雖多、本因倭奴嗜殺、無故被刃者、無節可錄。而因其門族、欲侈大其事、有張皇瞞報者。甚則或被俘失節、而父兄子弟欲掩其醜、有謬報而僞成者。今一切不考虛實、輕重、混爲是書。書行而人群笑之、或爲塗壁、覆瓿之資。

위 인용문을 보면, ①에서 기응세라는 인물은 음란하고 무뢰한 인물임에도 불구하고 효자로서 실려 있으며, ②를 보면 이익엽은 탄핵된 적이 있는데도 불구하고 효자로서 실려 있고, ③에서 이이첨은 단지 유배되었다는 사실만으로 충신으로 추앙받고 있는데, 그 이유는 문하생들에게 자신을 칭찬하는 문장을 쓰도록 시켰기 때문이라 하고 있다. 또한 ④를 보면 임진왜란 때에 사람을 죽이는 것을 즐겨했던 왜군에게 죽임을 당하였다는 것은 특별한 절의라 할 수 없으나 그 문족(門族)들이 사실을 왜곡하고 과장하여 보고하였으며, ⑤에서는 정절을 잃어버렸음에도 불구하고 '부형(父兄)'과 '자제(子弟)'들이 그 사실을 숨기기 위해 거짓으로 보고한 사실도 있다는 것이 기록되어 있다.

이에 ⑥을 보면『동국신속삼강행실도』가 가지고 있었던 모든 문제들이 집약되어 나타나 있는데, 그것은 이 책에 실린 사례가 진실인지 거짓인지, 중요한지 중요하지 않은지 등을 고려하지 않은 채 아무나 넣어버렸기 때문이었다. 따라서 인조 9년(1631) 11월 18일의 기록을 보면 다음과 같이 기록되어 있다.

①본조때에 국(局)을 설치하여『삼강행실도』20여권을 간행하였다. 하지만 진실과 거짓이 뒤섞이고, 사람들이 너무 많이 실려있었다는 것이 흠이었다. 그러다가 내가 즉위한 뒤에 곧 바로잡아 고치려고 하였으나 일이 많아 겨를이 없었다가 이때에 이르러 경외에서 절행(節行)이 있는 자를 찾은 것인데, ②그 중에는 잘못 실린 자도 꽤 있었고 지극한 행실이 있는데도 빠진 자도 있었다.[23]

---

23) 廢朝時設局刊行『三綱行實』二十餘卷。而眞僞混淆、人病其太多。及上卽位之後、卽欲釐正、而多事未遑。至是、搜訪節行於京外。其中頗有冒錄者。雖有至行、而亦有泯滅者云。

①에서 언급하고 있는 『삼강행실』 20여권이란 『동국신속삼강행실도』를 말하는 것인데, 이 책은 진실과 거짓이 뒤섞여 있다는 점과, 분량이 너무 많았다는 점, 그리고 ②에서 말하는 바와 같이 수록되어서는 안될 사람이 수록되기도 하고 '지극한 행실(至行)'을 지닌 이가 빠지기도 하는 사례가 있었던 것이 가장 큰 문제점이었던 것이다.

이러한 점 때문에 『동국신속삼강행실도』는 사람들로부터 많은 비판을 받았으며, 막대한 비용과 시간과 노력을 쏟아부었는데도 불구하고, 원래의 취지를 반영하지 못하는 결과를 낳게 되었다.

④ 『오륜행실도』

『오륜행실도』는 『삼강행실도』와 『이륜행실도』를 모아 한권으로 만들어 다시금 인쇄한 것이다. 이제까지 검토해 온 『삼강행실도』, 『속삼강행실도』, 『동국신속삼강행실도』의 문장은 모두 고활자본(古活字本)이었는데 비해 『오륜행실도』는 정판(整版)으로 인쇄되었으며 한글은 새로이 번역되었고 한문부분도 조금씩 고쳤다. 그리고 가장 큰 특징이라면, 지금까지의 『삼강행실도』류는 시간차가 있는 복수의 장면이 한 면에 나타나 있는 '이시동도법(異時同圖法)'으로 그려졌는데 비해, 『오륜행실도』는 한 면에 하나의 장면만 그렸다는 점이다.

『오륜행실도』의 출판경위에 대하여 『조선왕조실록』 정조21년(1797) 1월1일의 기록을 보면 다음과 같이 기록되어 있다.

　　『삼강행실도』와 『이륜행실도』 같은 서적들은 정치를 돕고 세상을 권면하는 도구로서 『소학』과 함께 버릴 수 없는 책이므로, 이것을 모아 한권으로 하여 『오륜행실도』라고 명명하였다.[24]

라고 하여, 이미 간행된 『삼강행실도』와 『이륜행실도』의 높은 교육 효과를 칭찬한 후에 그들을 한권으로하여 『오륜행실도』라 할 것을 명하고 있다.

　수원(水原) 등 10개 읍의 유생(儒生)이 응시하여 지은 시문을 직접 살펴보시고 점수를 매겨 차등있게 시상하였다. 〈중략〉 이때에 와서 친히 성적을 고사(考査)하여 등차를 매겼는데 각 문체(文體)에서 수석을 차지한 이 가운데 생원과 진사는 대과(大科)의 회시(會試)에 응시하도록 허락하고 유학(幼學)은 감시(監試)의 회시에 응시하도록 허락하였으며, 나머지 사람에게는 『어정오륜행실(御定五倫行實)』『사기영선(史記英選)』『육주약선(陸奏約選)』『규장전운(奎章全韻)』등의 책을 하사하였다.25)

이 『오륜행실도』도 『삼강행실도』와 마찬가지로 중앙의 관청에서 인쇄하여 일부는 내사기(內賜記)를 써서 신하에게 하사하고, 일부는 지방관청에게 보냈다. 위에 인용한 정조 21년 9월 12일의 기록을 보면 과거에 응시한 이들 중 성적이 우수한 사람에 대해서는 『오륜행실도』등 정부에서 간행한 서적을 하사하였다는 것을 알 수 있는데, 이들 서적을 하사받은 사람은 아마도 이를 더할 나위 없는 명예로 생각하고 이를 가보로서 소중히 간직하지 않았을까 생각된다.

---

24) 『三綱』『二倫行實』等篇、爲輔治勵世之具。與『小學』書、不可偏廢。鼇爲一編、命之曰『五倫行實』。
25) 水原等十邑儒生應製、施賞有差。〈中略〉至是親考第次、各體居首者、生進許赴大科會試。幼學許赴監試會試。餘賜『御定五倫行實』、『史記英選』、『陸奏約選』、『奎章全韻』等書。

7. 맺음말

지금까지 고찰한 『삼강행실도』의 출판에 대하여 연대순으로 정리해 보면 다음과 같다.

간행년대	제목	체제
세종16년 (1434)	초간본 『삼강행실도』	각1책. 효자편 111명, 충신편 110명, 열녀편 110명
성종21년 (1490)	언해초간본 『삼강행실도』	1책. 효자, 충신, 열녀 각 35명
중종9년 (1514)	『속삼강행실도』	1책. 효자편 36명, 충신편 5명 (선조개역본은 충신편 6명), 열녀편 28명, 총 69명
중종13년 (1518)	『이륜행실도』	1책(미야기현 도서관본을 기준). 형제 25명, 종족7명, 붕우 11명, 사생 5명으로 총48명
선조12년 (1579)	선조개역본 『삼강행실도』	1책. 효자, 충신, 열녀 각 35명
광해군9년 (1617)	『동국신속 삼강행실도』	18권 18책. 효자8권 705명, 충신 1권 90명, 열녀8권 720명, 속부 1권 72명, 총 1,587명
간에이(寬永) 7년(1630) 헌상	화각본 『삼강행실도』	3책. 효자, 충신, 열녀 각 35명
무간기	화역본 『삼강행실도』	9책(시마바라 마쓰다이라 문고본을 기준). 효자, 충신, 열녀 각 35명
영조2년 (1726)	영조개역본 『삼강행실도』	1책. 효자, 충신, 열녀 각 35명
정조21년 (1797)	『오륜행실도』	5권 5책(한국국립중앙도서관본을 기준). 『삼강행실도』와 『이륜행실도』의 합각(合刻)

앞서 인용한 『조선왕조실록』 세종26년(1444) 2월 20일의 기록을 보면, 『삼강행실도』의 번역작업에 반대하는 의견이 많았음에도 불구하고, 세종대왕은 '일반 서민'들을 교화시키기 위해서는 『삼강행실도』의 한글번역작업이 얼마나 필요하였던 것인가에 대해 역설하고 있다. 그 후 3회에 걸쳐 개역작업이 이루어지고, 그 속편들이 속속 간행된 것을 보면, 시부(1992)가 "이씨조선의 교화정표 정책의 기본이 되는 서적으로서 교화류 중에서도 특히 중요시되고 가장 커다란 역할을 한 서적이라 보아도 좋을 것이다"[26]라 한 것처럼, 본서의 간행은 조선왕조 뿐만 아니라 도쿠가와 막부(德川幕府)의 서민에 대한 교화정책에 있어 가장 효과적인 수단이었으며, 그 의의는 상당히 중요하였다고 할 수 있을 것이다.

---

[26] 李氏朝鮮の教化旌表政策の基本となるものとして、教化類のなかでもとりわけ重要視され最も大きな役割を果してきたものと言ってもよい。

화각본의 시훈자(施訓者)와 저본(底本)

1. 머리말

현재 일본의 각 기관에 소장되어 있는 『삼강행실도』가 언제 일본으로 전해졌는가에 대해서는 확실한 기록이 없다. 이에 대해 나카무라 유키히코(中村幸彦, 1982)는

> 임진왜란 이전에 조선에게 주자학을 배운 오우치 요시타카(大內義隆, 1551몰)의 『일본국왕의인(日本國王之印)』이라는 날인이 있으며, 마나세 쇼린(曲直瀬正琳)의 양안원(養安院)에 전해진 『속삼강행실도(續三綱行實圖)』가 동양문고(東洋文庫)에 현존하고 있다는 사실은 유명하다. 따라서 그 정편(正編)이 전래 또는 존재하고 있다는 지식은 일찍부터 일부 일본인 사이에는 있었다.[1]

---

1) 朝鮮の役より以前、朝鮮に朱子学を求めた大內義隆(天文二十年歿)の『日本国王之印』の捺印があり、曲直瀬正琳の養安院に伝った『続三綱行実図』が、東洋文

라고 하여, 일본에서는 일찍부터 『삼강행실도』의 존재에 대하여 알고 있었을 가능성이 높았던 것으로 추정하고 있을 뿐이다. 이에, 임진왜란을 거쳐 조선의 인쇄물이 대량으로 일본에 전해졌다는 사실을 생각해 보면, 각 기관에 소장되어 있는 『삼강행실도』는 아마도 임진왜란을 통하여 일본으로 전해졌다고 추정하는 수 밖에 없다.

일본에서의 『삼강행실도』에 관한 첫 기록으로는 필자의 좁은 식견으로는 1630년이다. 나고야시(名古屋市) 호사문고(蓬左文庫)가 감수 (1999)한 『오와리 도쿠가와가문 장서목록(尾張德川家蔵書目録)』의 제1권에는 『온쇼쟈쿠모쿠로쿠(御書籍目録)』라는 서적이 영인되어 있다. 그 해제에 의하면, "오와리 도쿠가와가문 초대 요시나오의 서적 수집목록(尾張德川家初代義直の收書目録)"이라 하고 있으며, "현존하는 장서목록 중 가장 오래된 것으로서 아마도 간에이(寛永) 연간 (1642~44)에 그 이전의 목록을 서사한 후 그에 새로운 수집서를 더하는 형식으로 계속 이어진 것이라 보여진다"[2]라 하고 있다. 본서의 간에이 7년(1630)의 기록을 보면,

| 삼강행실 | 3책 | 가이안 헌상 | 화판 |
| 삼강행실 | 3책 | 도춘 헌상 | 화판[3] |

庫に現存することは有名である。よってその正編の伝来、または存在の知識は、早くから一部日本人間にはあった。

2) 現存する蔵書目録中最古のもので、おそらく寛永年間(一六二四~四四)に、それ以前の目録を書寫し、それに新たな收集書を加えるという形で書き継がれたものと思われる。

3) 三綱行實　　三冊　　快庵上ル　　和板
　　三綱行實　　三冊　　道春上ル　　和板

이라 쓰여 있는 바와 같이 1630년에 화각본(和刻本)이 헌상되었다는 기록이 있다. 여기에서 가이안은 누구인지 알려져 있지 않으나, 도춘(道春)은 하야시 라잔(林羅山, 1583~1657)을 지칭한다.[4]

그런데 여기에서 필자가 제기하고자 하는 문제는 『삼강행실도』를 가이안과 라잔이 헌상만 하였는가, 아니면 라잔은 시훈(施訓)에까지 직접적인 관여를 하였는가라는 것이다. 그러나 유감스럽게도 가이안은 누구인지 확인된 바 없으므로, 본절에서는 라잔의 시훈과의 비교를 통하여 화각본의 시훈자의 문제를 검토해 보며, 이와 함께 지금까지 미상이었던 그 저본에 대하여도 서지학적인 분석을 통한 고찰결과를 보고하고자 한다.

일본 근세문학에서 '화각본'의 존재는 상당히 애매한 위치에 놓여 있는 것은 사실이다. 즉, 근세문학의 성립과 전개에 중요한 역할을 하였음에도 불구하고 일본문학에서의 논의의 대상에서 제외되어 왔으며, 그렇다고 해서 중국문학이나 조선문학의 범주에도 들어가지 않기 때문이다. 따라서 본절에서의 논의는 『삼강행실도』를 예로 화각본에 대한 논의의 기틀을 마련하였다는 점에서 큰 의의가 있다고 할 수 있을 것이다.

---

4) 『나고야시 호사문고 한적분류목록(名古屋市蓬左文庫漢籍分類目録)』(1975)에 실려 있는 『삼강행실도』에 대한 기록을 보면 다음과 같이 기술되어 있다. "삼강행실도 3권 3책 조선·설순 편찬. 일본 간에이(寛永) 중기 간행. 흑구본(黒口本). 선덕(宣徳) 7년간행. 조선 권채 서문. 활자인쇄본. 끝부분에 양내고(陽內庫)의 도장 있음. <u>간에이 7년 하야시 라잔이 헌상함</u>(三綱行実図三巻 三冊 朝鮮·偰循撰 日本寛永中刊黒口本 翻刊明宣徳七年朝鮮権採序活字印本 有尾陽內庫印記 寛永七年林道春献本)". 이처럼 호사문고 소장본 화각본 『삼강행실도』를 헌상한 이는 하야시 라잔이라 기록되어 있는데, 이것은 『온쇼자쿠모쿠로쿠』의 기록을 참조한 것으로 보여진다.

2. 화각본의 시훈자(施訓者) 문제에 대한 재검토

화각본『삼강행실도』를 헌상한 이는 누구인지 밝혀졌으나 시훈자가 누군가에 관한 확실한 증거는 없다. 그렇지만, 필자는 적어도 라잔은 화각본『삼강행실도』의 시훈자는 아니라고 생각한다. 그 근거로서 라잔이『삼강행실도』중 열녀편을 충실히 번역한『데이조 와지키(貞女和字記)』[5]라는 자료가 있는데 이것의 번역내용과 화각본『삼강행실도』의 훈점을 비교해 보니 차이점이 상당히 많이 보였으며, 도저히 동일인에 의한 것으로 판단할 수 없기 때문이다.

예를 들면, 조선간본 열녀편 제31화「최씨분매(崔氏奮罵)」의 후반부를 인용하여 보면 다음과 같다.

①세번째 아이 습은 이제 갓 6세가 되었다. 죽은 어미 옆에서 울고 있었다. 포대기에 싸여있는 아기는 기어가 어미의 젖을 빨았다. 피가 흘러 떨어져 홍건하였고 피가 입으로 들어가니 얼마있지 않아 이 아기도 죽었다. 그 후 10년이 지나 도관찰사인 장하(張夏)가 이를 듣고, 정려문을 세웠다. 그리고는 ②습의 과역(課役)을 면제시켜 주었다.[6]

---

5) 『데이조 와지키(貞女和字記)』는 권두 서명 아래쪽에「민부경 법인 하야시도순 편찬(民部卿法印林道春撰)」이라 쓰여있는 것으로 보아 라잔이 번역한 것임에 틀림없다. 한편 나카무라 유키히코(中村幸彦, 1982)는『데이조 와지키』와『게조슈(化女集)』가 "완전히 같은 내용으로 보아도 좋기(全く同じ內容と言ってよい)" 때문에 "이것(필자주:『게조슈』)도 라잔의 저술(これも羅山の著述)" "또는 그 일부로 보아도 좋다(又はその一部と認めてよい)"라 지적하였다. 필자도 이 의견에 동의하므로, 본서에서도『데이조 와지키』와『게조슈』모두 라잔이 일본어로 옮긴 것으로 하도록 한다.

6) 第三兒習、甫六歲。啼號屍側。褓襁兒猶匍匐就乳。血淋漓入口。尋亦斃焉。後十年己巳。都觀察使張夏以聞。乃命旌門。蠲習吏役。

위 인용문은 왜구가 침략했을 때, 열부 최씨가 정절을 지키기 위해 자신의 아이를 강가에 내버려 두고 자신은 강물에 몸을 던졌다는 이야기이다. 밑줄친 부분을 중심으로 보면, ①에서 최씨의 세번째 아들의 이름은 정습(鄭習)이며, ②를 보면 왕이 정습의 과역(課役)을 면제시켜주었다는 내용이 나온다. 여기에서 문제가 되는 것은 ②에서 '습의 과역을 면제시켜 주었다'로서, 이와 관련하여 라잔의 다른 번역작인 『데이조 와지키』와 『게조슈(化女集)』의 해당부분을 인용해 보면 다음과 같다.

이에 명하여 정려문을 세우고 그 자식 습의 이역을 면제시켰다 (『데이조 와지키』[7])

이에 명하여 정려문을 세우고 그 자식 정습의 이역을 면제시켰다 (『게조슈』[8])

위에서 인용한 『데이조 와지키』와 『게조슈』의 두 작품은 모두 표현은 약간 다를지 몰라도 내용상의 본질적인 차이는 없다. 그리고 두 작품 모두 자식의 이름을 '습(習)'으로 하여 그의 '이역(吏役)'을 면제하였다는 내용으로 하여 일관된 내용으로 그리고 올바르게 일본어로 옮긴 것을 알 수 있다.

그러나 왼쪽에 인용한 〈그림1〉의 화각본 『삼강행

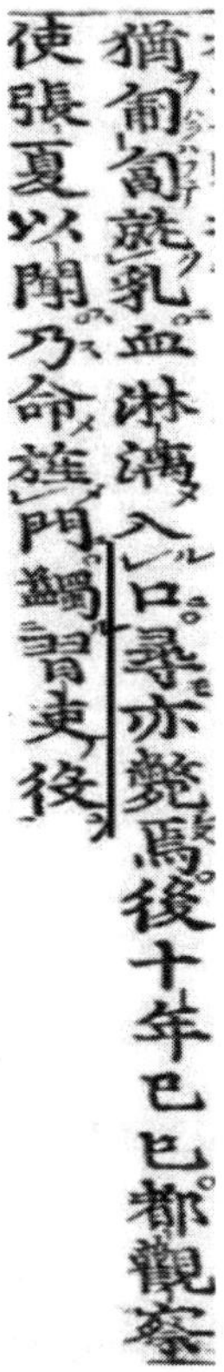
猶銜乳血淋漓入口尋亦斃焉後十年己巳都觀察
使張夏以聞乃命旌門蠲習吏役

〈그림1〉 화각본 『삼강행실도』 열녀편 제31화 「최씨분매」

7) すなはち命して、門旌して、その子習か吏役をのそかれぬ。
8) すなはち命して、旌して、その子鄭習か吏役をのそかれぬ。

실도』의 밑줄친 부분을 살펴보면 이 부분에 대하여 "습리의 과역을 면제시켰다(習吏ノ役ヲ鐲ル)"라 해석하도록 지시하고 있는데, 여기에서 '습리(習吏)'란 무엇을 지칭하는 것인지 의미를 알 수 없는 부자연스러운 훈점이다. 이와 같은 화각본『삼강행실도』의 훈점의 오류에 관하여는 제3절에서 자세히 언급하겠지만, 〈그림1〉을 통하여 살펴보면 화각본『삼강행실도』의 시훈자는 이 부분의 내용에 대하여 정확하게 이해하지 못하고 적당히 훈점과 오쿠리가나(送り仮名)를 넣은 것이라 보여진다.9)

이와 같은 예를 통해 보더라도『데이조 와지키』와 화각본『삼강행실도』는 동일인물에 의한 것이라 볼 수 없으며, 화각본『삼강행실도』는 라잔이 시훈을 행한 것은 아니라는 결론에 다다르게 된다. 따라서 다른 누군가가 시훈을 행한 것을 가이안과 라잔이 헌상하였거나 게이안이 시훈작업을 행한 것을 라잔과 함께 헌상한 것이라 보는 것이 옳다고 보여진다.

3. 화각본의 저본을 둘러싼 문제

화각본 『삼강행실도』의 저본에 관하여 나카무라(1982)는 다음과 같이 언급하고 있다.

---

9) 료이의 화역본에서도 이 부분은 "천자도 상당히 불쌍히 생각하시어 문을 세우고 습리의 과역을 면제시키셨다(天子も不敏のえい慮あさからず、門をあらはして、習吏の役をゆるされたり)"고 하여 화각본『삼강행실도』의 오류부분을 그대로 답습하고 있다.

간행년도가 있는 것은 본 적이 없지만, 오쿠리가나와 가에리텐이 붙은 극대본(極大本) 3책으로 된 화각본이 나왔다. 만지(万治)2년에 필사된 소위 『만지서적목록』에도 보이기 때문에 그 이전에 간행된 것은 분명하다. 하지만 이 화각본의 저본이 어떤 종류의 것인지 아직 불분명한 것은 유감스런 일이다.[10)

자세한 것은 본서 제4절에서 언급하겠지만, 나카무라씨가 참조한 것은 영조개역본으로서, 이것은 제1절에서 언급한 바와 같이 삽화가 상당히 특징적이다. 따라서 나카무라씨는 화각본이 어느 계통을 저본으로 하였는지 의문을 가졌던 것으로 생각된다. 다음으로 나리사와 마사루(成沢勝, 1998)도

본란에 제시하는 삼강행실도(가노문고 제2문 4071)은 에도(江戸) 간본이며, 역시 이시동도법(異時同図法)에 의한 그림부분과 훈점을 붙인 한문부분으로 구성되어 있다. 조선의 어느 계통에 속하는 텍스트인지는 아직 밝혀지지 않았으나, 화상(판화)는 극히 세밀하며, 조각에도 숙련함이 엿보인다.[11)

고 서술하여 일본문학 연구자들에게 있어서는 여전히 미상으로 남아 있었다.

---

10) 刊年のあるものを見ないが、送仮名返点付で極大本三冊の和刻本が出た。万治二年写のいわゆる『万治書籍目録』にも見えるからそれ以前の刊は明らかである。ただしこの和刻の底本が、どの種のものかまだ不明なのは残念である。
11) 本欄に示す『三綱行実図』(狩野文庫第2門4071)は江戸刊本で、やはり異時同図法による絵解き部分と訓点を施す漢文部分から成っている。朝鮮のどの系統に属するテキストかはいまだ解明されていないが、画像(版画)は精緻で、彫りにも熟練が見られる。

그런데 조선어학적인 관점에서는 조금 더 진전된 견해가 보인다. 그 중 대표적인 것으로 시부 쇼헤이(志部昭平, 1992)는 "일본에 전해진 삼강행실도는 에도시대 초기에 훈점을 붙여 출판되었는데, 이것은 분명히 ≪제1종본≫을 저본으로 한 것이다."[12]라 지적하고 있다.

그가 언급한 '제1종본'이란 선조개역본 중 1579년경의 판본 및 그 계통을 잇는 것을 말하며, 분명 제1절의 〈그림1〉에서 소개한 『삼강행실도』의 삽화들을 비교해 보면, 화각본『삼강행실도』의 삽화는 선조개역본과 가장 닮아 있기 때문에, 시부 쇼헤이의 의견은 틀림이 없다. 그러나 그의 연구는 조선어학적인 관점에서 조선판『삼강행실도』의 소재와 서지사항을 소개하는데 중심을 두고 있었기 때문에 화각본『삼강행실도』의 저본에 관해서는 더 이상 자세히 고찰하지 않고 있다.

이에 필자는 선조개역본『삼강행실도』중에서 임진왜란 이전에 간행된 현존 5종 11권과 화각본『삼강행실도』를 비교해 본다면 화각본『삼강행실도』의 저본에 대해 보다 구체적으로 알 수 있을 것이라 판단하여 조사를 진행하였다. 이에 제1절에서 고찰한 5종 11권을 참조하면서 이하 고찰을 진행해 나가고자 한다.

---

12) 日本に伝えられた三綱行実は江戸時代初期に訓点を施して開刊されるが、これは明らかに≪第一種本≫を底本としたものである。

4. 삽화의 비교

그럼 먼저, 효자편 제27화 「여조순모(盧操順母)」의 삽화를 예로 들어 비교해 보기로한다.

A①동경대학교종합도서관본

B⑦일본내각문고본

C⑧서울대학교규장각본

D⑨서울대학교중앙도서관본

E⑩교토부립종합자료관본

화각본

제1절에서 지적한 바와 같이 A종은 초판본(初版本)이며, B종부터 E종은 A종의 복각본(覆刻本)이다. 그리고 표시한 부분의 풀뿌리의 모양을 비교해 보면, B종부터 E종은 검게 칠한 부분이 있는 것을 확

인할 수 있는데, 이것은 원래의 판목에 나무를 덧 끼워 넣어 수정한 매목(埋木)이다. 따라서 화각본은 이 매목의 부분까지 충실히 따라 복각본을 만들었다는 것을 확인할 수 있으며, A종을 저본으로 한 것이 아니라는 것은 명확하다.

이와 동일한 예로서, 효자편 제11화 「동영대전(董永貸錢)」의 삽화에 관하여 검토해 보기로 한다.

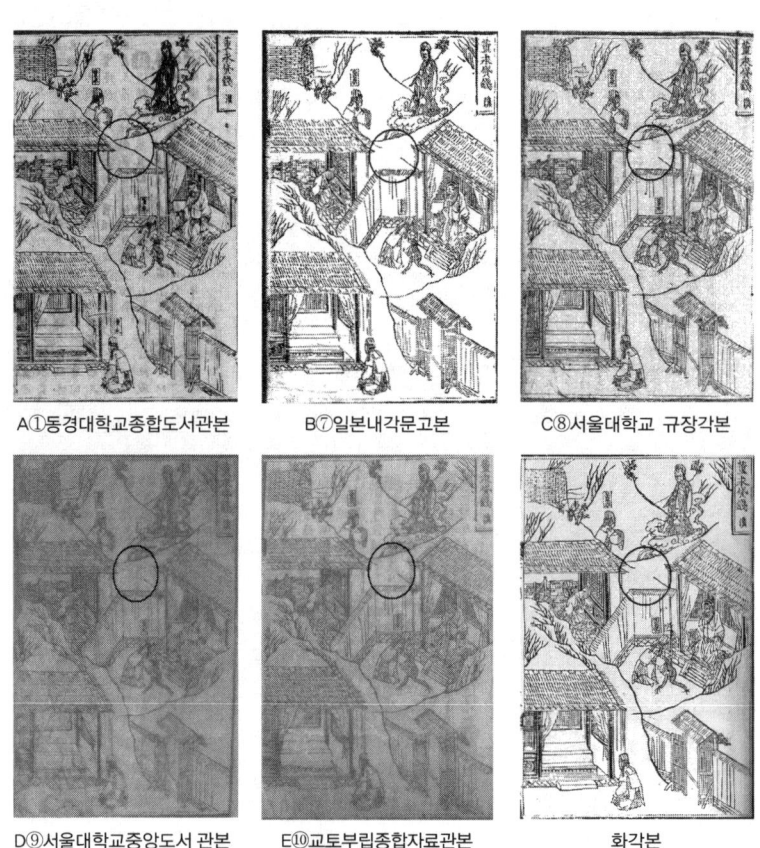

A①동경대학교종합도서관본   B⑦일본내각문고본   C⑧서울대학교 규장각본

D⑨서울대학교중앙도서 관본   E⑩교토부립종합자료관본   화각본

나카노 미쓰토시(中野三敏, 1995)는 두개 또는 그 이상의 판본에서 그것이 동일한 판으로 인쇄되었는지의 여부를 구별하는 방법으로서 다음과 같이 언급하고 있다.

광곽(匡郭)과 계선(界線)의 동일장소의 결손의 유무를 확인하는 것이 훨씬 간편하며, 게다가 알기 쉽다. 물론 수 페이지에 걸쳐 완전히 동일한 장소에 동일한 결손이 있다면 그것은 그 두권이 동일한 판이라는 확실한 증거이다.[13]

위에 인용한 나카노의 지적을 염두에 두면서 「여조순모」와 「동영대전」의 삽화 부분을 살펴보면, B종부터 E종은 매목 뿐만 아니라 동일장소에 동일한 파손이 보이기 때문에 동일판에 의해 인쇄된 것이란 것을 쉽게 알 수 있다. 따라서, 이 경우에도 화각본은 A종이 아닌, B종부터 E종의 것을 저본으로 하여 계선(界線)이 파손되어 있는 부분까지 충실히 따라 복각본을 만들었다는 것이 증명된다.

그렇다면, 다음으로 충신편 제19화 「유갑연생(劉鞈捐生)」을 예로 화각본의 저본에 대하여 보다 구체적으로 지적하여 보기로 한다.

---

13) 匡郭や界線の同一場所の欠損の有無を調べる方が遥かに簡便で、しかもわかり易い。無論、数箇所にわたって全く同じ場所に同じ欠損があるようなら、それは、その二本が同板であることの動かぬ証拠である。

A①동경대학교중앙도서관본   B⑦일본내각문고본   C⑧서울대학교 규장각본

D⑨서울대학교중앙도서관본   E⑪미야기현 도서관본   화각본

　지금까지 검토한 바로는 B종부터 E종까지는 전부 동일판으로 보였
으나, 이번 예를 보면 모든 페이지가 동일판은 아니라는 것과, 화각
본이 어떤 것을 저본을 하였는지 쉽게 알 수 있다. 즉, 위 그림의 처
마의 형태를 비교하여 보면, A종부터 D종은 검게 칠해져 있지 않은
데 비해 E종만이 검게 칠해져 있다.

　이 부분을 확대하여 좀 더 자세히 검토하여 보면, 처마의 윤곽과
검은 부분의 유곽이 확실히 구별되어 있으며, 게다가 검은 부분에는

세로방향으로 많은 나뭇결이 보이는 것으로 보아 이 부분은 원래의 판목과는 다른 종류의 나무를 사용한 매목이라는 것을 쉽게 알 수 있다. 이로 인해 화각본은 E종을 저본으로 하여 그

E⑪미야기현 도서관본 처마부분의 확대도

매목의 부분까지 충실히 따라 복각본을 만들었던 것이다.

5. 이체자(異體字)의 비교

화각본이 E종을 저본으로 하였다는 사실은 삽화 뿐만 아니라 이체자(異體字)를 비교해 보아도 쉽게 알 수 있다.

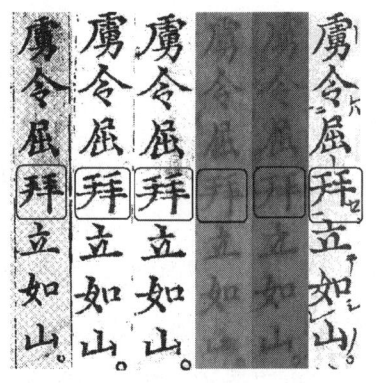

A① B⑦ C⑧ D⑨ E⑩ 화각본
충신편 제20화 「부찰식립(傅察植立)」

A① B⑦ C⑧ D⑨ E⑩ 화각본
충신편 제17화 「연분쾌사(演芬快死)」

예를 들면 충신편 제20화 「부찰식립(傅察植立)」의 「虜令屈拜立如山」에서 '拜'의 글자의 용법을 비교해 보면, A종부터 D종까지는 정자를 사용하고 있는 데 비해 E종만이 가로가 한획 모자란 이체자를 사용하고 있다는 점이 확인된다.

다음으로, 충신편 제17화 「연분쾌사(演芬快死)」에서의 '在'의 이용법을 비교해 보아도 A종부터 D종의 경우, '在'가 정자로 쓰여 있는데 비해, E종만이 가로의 선이 한획 모자란 글자를 사용하고 있다. 필자가 실제의 판본을 통하여 이 부분을 자세히 살펴보니, E종의 '在'는 이체자이기 보다는 활자의 일부분이 파손된 것으로 보여지는데, 화각본은 E종에서 문자가 파손된 부분까지 충실히 옮겨 복각본을 만들었다는 점에서도 화각본의 저본이 E종이라는 점을 확인할 수 있다.

6. 맺음말

본 절에서는 화각본의 훈점에 대하여, 라잔이 『삼강행실도』의 열녀편을 일본어로 옮긴 『데이조 와지키』 및 『게조슈』와 비교해 본 결과 그 내용의 차이가 크게 나타나는 것으로 보아 이것은 도저히 동일 인물에 의한 것이 아니라는 결론을 내렸다. 따라서 화각본을 헌상한 이는 라잔이 맞지만 그가 시훈을 행하지 않았으며, 결국 화각본은 가이안 또는 다른 누군가가 시훈을 행한 것을 라잔이 바친 것이라 추정하였다.

다음으로, 화각본의 저본의 경우 지금까지는 선조개역본일 것이라는 식으로 막연히 생각되어 왔으나 계선의 파손부분 및 매목에 의한 보수부분의 비교, 이체자의 비교 등을 통하여 화각본이 저본으로 한 것은 선조개역본 중 E종의 교토부립종합자료관 소장본과 동일한 판본으로 간행된 것이라는 것을 밝혀냈다.

이로 인해 『삼강행실도』의 일본유입에 관한 일부분의 수수께끼가 풀리게 되었으며, 이를 통하여 다음의 제3절에서 논의하고자 하는 료이의 번역태도를 규명하기 위한 토대가 만들어졌다고 생각한다.

화역본에 나타난 오역과 개변(改變)의 양상

1. 머리말

아사이 료이의 화역본(和譯本) 『삼강행실도』에 나타난 번역태도에 관하여 고찰하기 위해서는 원작과의 비교는 필수불가결하다. 그러기 위해서는 우선 아사이 료이가 무엇을 저본으로 하였는지를 밝혀야 할 것이다.

그러나, 지금까지 화역본 『삼강행실도』의 저본에 관한 연구를 보면 그 기초적인 연구 조차 미진한 것을 알 수 있다. 일단, 요코야마 시게루(横山重, 1979)의 견해를 소개하면 다음과 같다.

『삼강행실도』는 선덕9년(1434)에 동활자로 출판된 책이 있는데, 료이는 그것을 저본으로 했는지 혹은 간에이(寛永)경 일본에서 가에

리텐(返り点)을 붙여서 간행된 책이 있으니 화각본을 저본으로 했을 지도 모른다.[1]

이와 같이 그는 료이가 『삼강행실도』를 일본어로 옮길 때 조선간본을 저본으로 하였는지 화각본을 저본으로 하였는지 명확히 밝히지 못하고 있다. 다음으로 오쿠보 준코(大久保順子, 2002)에 의한 『가나조시집성(仮名草子集成)』 제32권 『삼강행실도』의 해제를 살펴보더라도 "료이가 저본으로 한 원본은 조선간본인지 화각본인지에 관한 점에 있어서는 아직 명확하지 않다"[2]고 지적하고, "료이의 번역문과 화각본의 가에리텐(返り点), 오쿠리가나(送り仮名)에 따른 한자읽기와의 비교를 앞으로 행할 필요가 있다"[3]고 하여 앞으로의 연구에 대한 방향을 제시하였다.

이러한 문제점을 바탕으로 하여 본절에서는 조선간본과 화각본, 그리고 화역본의 내용을 비교하여 화역본의 저본을 밝히고, 이를 바탕으로 하여 화역본 『삼강행실도』의 특질에 관하여 고찰하고자 한다. 한편, 조선간본의 경우, 앞절에서 화각본의 저본이 E종이라 밝혀졌으므로 교토부립종합자료관 소장본을 저본으로 한다.

---

1) 『三綱行実』は、宣徳9年(1434)に銅活字で出版された本があるが、了意はそれによったか、あるいは、寛永ごろ、日本で返点をつけて刊行した本があるから、和刻本によったかもしれない。
2) 了意の拠った原本は、朝鮮刊本か和刻本かという点では、まだ不明である。
3) 了意の訳文と、和刻本の返点・送りがなに従った読みとの比較を、今後行う必要がある。

2. 료이의 개변과 화각본①
-충신편 중권 제7화「유갑연생(劉頜捐生)」-

그럼 충신편 중권 제7화「유갑연생(劉頜捐生)」을 예로 화역본의 저본과 아사이 료이의 번역태도, 그리고 그 배경으로서의 화각본과의 관계에 관하여 검토해 보기로 한다.

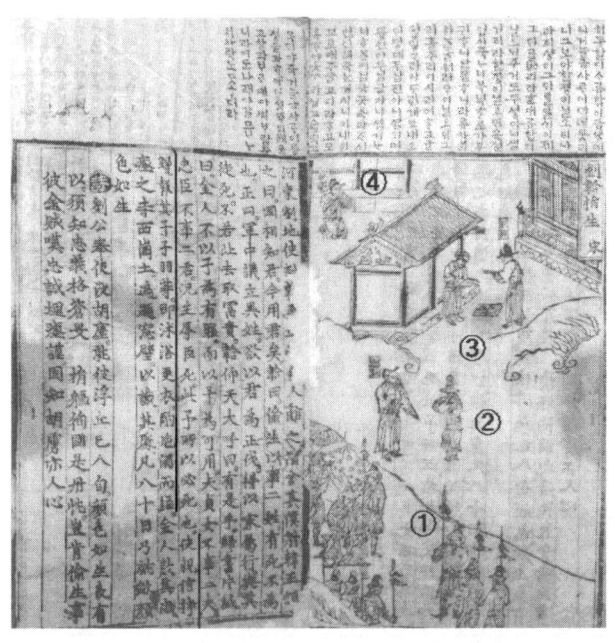

〈그림1〉 충신편 중권 제7화「유갑연생(劉頜捐生)」의 앞(우)과 뒤(좌)

위에 인용한 〈그림1〉의 삽화를 보면, 시간차가 있는 복수의 장면이 한 면에 나타나 있는 이시동도법(異時同圖法)으로 그려져 있으며, 사건은 아래에서 위의 순서대로 전개되고 있다. 그럼 먼저, 이 이야기의 내용에 대해 그림을 따라 설명해 보면 다음과 같다.

① 유갑이 사자(使者)로서 금나라의 진영에 간다.
② 금이 유갑을 신하로 쓰고자 하나 유갑이 거절한다.
③ 유갑은 편지를 써서 가족에게 보낸다.
④ 유갑은 목욕재계하고, 옷을 갈아입고, 술을 마신 후 목매달아 죽는다.

본고에서 문제삼고자 하는 것은 〈그림1〉의 본문에서 선을 그은 부분에 해당하는 부분에 대한 화역본의 내용이며, 삽화에서는 ③과 ④에 해당하는 장면이다. 그럼, 원문을 인용해 보고 그 내용에 관하여 구체적으로 검토해 보기로 한다.

①하동의 할지사 유갑이 금나라 진영에 이르렀다. 금나라 사람이 유갑을 절에 머무르게 하였다. ②복야(僕射)의 벼슬을 지내던 한정(韓正)이 유갑에게 말하기를 "국상(國相)이 당신을 알고 있으니 당신을 쓸 것입니다." 유갑이 말하기를 "살기를 도모하여 두 임금을 섬기는 것은 죽어서도 하지 않을 것이다." 한정이 말하기를 "군중(軍中)에서 이성(異姓)을 세우기를 논하여 당신으로 하여금 저의 자리를 대신하도록 할 것이니 가족들을 데리고 갈 수 있을 것입니다. 부디 헛되이 죽기 보다는 북쪽으로 가서 부귀를 취하는 것이 나을 것입니다." 유갑이 하늘을 우러러 크게 소리쳐 말하기를 "어찌 이런 일이 있을 수 있는 것인가?" ③그리고는 방으로 돌아가 편지를 쓰기를 "금나라 사람이 나로 하여금 죄가 있다 하지 않고 등용시키고자 한다. 대저 정녀(貞女)는 두 남편을 섬기지 아니하고, 충신은 두 임금을 섬기지 아니한다. 하물며 임금님이 욕보임을 당하면 그 신하는 죽어야 마땅하

니, 이것은 내가 반드시 죽어야하는 이유인 것이다." ④이에 친히 믿을 수 있는 이를 시켜 편지를 가지고 돌아가 그 아들 자우(子羽) 등에게 알리도록 하였다. 그리고 나서 목욕재계하고 옷을 갈아입고 술잔에 술을 따라 마신 후 목매달아 죽었다. 금나라 사람이 그 충성에 감탄하여, 유갑을 절 서쪽 언덕 위에 묻고, 창벽(窓壁)에 널리 써서 그곳을 표하였다. 무릇 80여일만에 염(歛)을 하였는데 얼굴 빛이 살았을 적과 같았다.[4]

본문의 ①부터 ④까지의 번호는 위의 삽화에서 번호를 붙인 부분에 해당하는 장면이다. 상기 인용문에서 필자가 주목하고자 하는 것은 ④에서 목욕재계하고 옷을 갈아입고 술을 마신 후에 목을 매달아 죽는 것이 누구인가에 관한 것이다. 이는 물론 유언을 남기고 죽었다는 전체적인 문맥으로부터, 그리고 그림의 ④를 보아서도 알 수 있는 바와 같이 주인공인 유갑이란 것은 분명한 사실이다. 또한, 이 부분에 대한 조선어 번역문을 보더라도,

하동할디스류합이금영에니거늘금사ᄅ미더레듯더니그보야한졍이닐오디나라지샹이그듸롤알식이제그듸롤쓰리라흔대류합이닐으듸주거도두셩아니셤기리라한졍이닐오듸슉졀업시죽ᄂ니북녁ᄒ로가부

---

4) 河東割地使劉韐、至金營。金人館之僧舍。其僕射韓正謂之曰、「國相知君。今用君矣」。韐曰、「儌生以事二姓。有死不爲也。」正曰、「軍中議立異姓。欲以君爲正伐。得以家屬行。與其徒死。不若北去取富貴。」韐仰天大呼曰、「有是乎」。歸書片紙曰、「金人不以予爲有罪。而以予爲可用。夫貞女不事二夫。忠臣不事二君。況主辱臣死。此予所以必死也。使親信持歸。報其子子羽等。卽沐浴更衣。酌卮酒而縊。金人歎其忠。瘞之寺西崗土。遍題窓壁以識其處。凡八十日乃就歛。顏色如生。(위 인용문에서 세번째줄의 '伐'은 '代'의 잘못이다.)

귀ᄒ니만몯ᄒ니라❶류합이하ᄂᆯᆯ올워러ᄆ이닐오ᄃᆡ그리홀주리이시리
여ᄒ고글월빙ᄀ라아ᄃ릭게보내오ᄃᆡ덩녜두남진아니셤기며튱신이두
님금아니셤기ᄂᆞ니ᄒᆞᄆᆞᆯ며님금곳욕마ᄌᆞ시면신해죽ᄂᆞ거시니이내이모
로매주글고디라ᄒ고 ❷모욕ᄒ야옷ᄀ라닙고술먹고목ᄆᆡ야죽거늘금사
ᄅᆞ미튱셩을과ᄒ야멸셧녁뫼해묻고창과ᄇᆞᆯ매다써ᄇᆞ람두나라여ᄃᆞ나
래야갈므니ᄂᆞ치사랏ᄂᆞᆫᄃᆞᆺᄒ더라

와 같이 되어 있으며, ❶에서 유갑을 주어로 한 문장이 ❷까지 계속
되고 있는 것으로 보아 조선어 번역문에서도 ❷의 행위를 한 주체는
주인공인 유갑인 것은 분명하다.

그러나, 이 부분에 대해 료이는 다음과 같이 일본어로 옮겨놓고 있다.

"바라옵기는 금나라 사람의 명령에 따라 부귀를 추구하시지요. 허
무하게 죽어버린다면 이것 또한 무슨 이득이 있겠습니까"라 하였다.
ⓐ유갑이 이를 듣고 하늘을 우러러 크게 소리쳐 말하기를 "금나라
사람이 나에게 말하기를 귀서(歸書)⁵⁾가 있어, 나보고 '죄가 있다'고 이
야기하지 않고, 나를 '천하에 등용하고자 한다'고 이야기하는구나. 대
저 정절을 지키는 여인은 두 남편을 섬기지 아니하고, 충신은 두 임
금을 섬기지 아니하는데, 하물며 주군이 욕보임을 당하면 그 신하는
죽지 않을쏘냐. 이에 나는 반드시 죽어야 할 터이다"라 이야기하고
고향에 하인을 보내어, "나는 이미 임금을 위해 죽겠습니다"라 전하
도록 하였다. ⓑ유갑의 아들 유우(劉羽)를 비롯한 일가족 모두 ⓒ깨끗
한 옷으로 갈아입고, 술을 마신 후 모두 목을 매달아 죽어버렸다. ⓓ

---

5) 이 부분에 대한 원작은 '방으로 돌아가 편지를 쓰기를(歸書片紙曰)'이므로, 료
이는 이 부분에 대한 원작의 내용을 충분히 이해하지 못한 채 일본어로 옮긴
것으로 보인다.

유갑도 마찬가지로 절 안에서 스스로 목매달아 죽어버렸다. 금나라 사람은 그 충절의 지극함에 감탄하여, 유갑의 시체를 절 왼쪽의 언덕에 가매장하고 그 행적을 자세히 절 안의 벽에 써 놓았다. 그로부터 80일이 지난 후, 장례의 의식을 행하여 성대히 장사를 지내니 유갑의 안색은 완전히 살았을 적과도 같았고 전혀 변하지 않았으니, 사람들은 모두 대단하다고 생각하였다고 한다.[6]

약간 인용이 길어졌으나, 후에 거론할 「부찰식립(傅察植立)」과도 연결되는 내용이므로 본문의 대부분을 인용하였다. 여기에서 문제가 되고 있는 원작 ④와 이에 해당하는 료이의 번역문 ⑧와 ⓒ를 비교해 보면, 료이는 '유갑의 아들 유우(劉羽)를 비롯한 일가족 모두 깨끗한 옷으로 갈아입고, 술을 마신 후 모두 목을 매달아 죽어버렸다.'라하여 ⓒ의 행위를 한 것은 주인공인 유갑이 아니라 유갑의 아들인 유우와 남은 일가족 모두로 설정하였다.

즉, 원작의 경우, ③에서 주인공 유갑이 유언을 남긴 후, ④에서 목욕재계하고 술을 마신 후 목매달아 죽는 행위가 계속되는 데 비해,

---

6) 「ねがはくは金人のめいにしたがふて、富貴をもとめ給へ。いたづらに死しては又、いづれの徳分かあるべき」と。 劉かふこれを聞て天にあふぎ、大によばはりていはく、「金人、われをかたらふに帰書あり。我をもつて『罪あり』とせずして、われをもつて『天下にもちゆべし』といふ。それ貞女は二夫にまみえず、忠臣は二君につかへず。いはんや主君はぢしめられて、その臣下死せざらんや。これ、わがかならず死すべきところなり」といふて、故郷へつかひをつかはして、「我すでに君のために死す」と云やりければ、劉かふが子の劉羽を初めとして、一家の人々みな、浄衣を着し、酒をすめて後、こと／＼くくびれ死せり。りうかふもまた、寺の内にして、みづからくびれてむなしくなれりけり。金人その忠節のいたれる事をかんじて、りうかうがむなしきかばねを寺のにしにあたれる岡に殯して、この有さまをばつぶさに寺の内なる壁にかきしるして、それより八十日をへてのち、さうれいのぎしきをいとなみて、あつくはうふりたりけるに、劉かふががんしよく、ひとへにいけるときのごとく、すこしもかはらざりければ、人みなきどくのおもひをなしけるとなり。

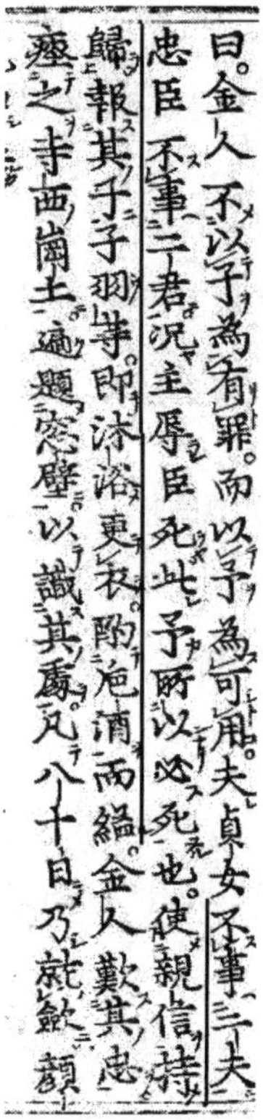
曰。金人不以子為有罪。而以子為可用。夫貞女不事二夫
忠臣不事二君。況主辱臣死。此予所以必死也。使親信持
歸報其子子羽等。即沐浴更衣。酌危酒而縊。金人歎其忠
瘞之寺西崗上。遍題窓壁以識其處。凡八十日乃就斂顏

〈그림2〉 화각본 「유갑연생」의 일부분

료이는 Ⓒ의 '깨끗한 옷으로 갈아입고, 술을 마신 후 모두 목을 매달아 죽어버렸다'의 주어를 Ⓑ의 '유갑의 아들 유우를 비롯한 일가족 모두'로 바꾸어 버린 것이다. 게다가 아들의 이름이 원작에서는 유자우(劉子羽)인데 비해, 료이의 화역본에서는 유우(劉羽)로 바뀌어 있다.

그렇다면 료이는 왜 이와 같이 내용을 바꾼 것일까? 이에 대한 해답으로 〈그림2〉에 인용한 화각본의 해당내용을 확인해 보기로 한다. 이를 보면, 화각본에서는 선을 그은 부분에 대해 다음과 같이 해석하도록 지시하고 있다. 그 내용을 직역하면 다음과 같다.

친히 믿을 수 있는 이로 하여금 편지를 가지고 돌아가도록 하셨다. 그 아들에게 전하였다 유우등. 즉 목욕재계하고 옷을 갈아입고 술을 마시고 목매달아 죽었다.

원래의 내용대로라면 '報其子子羽等'을 해석함에 있어, '其子'와 '子羽'를 동격으로 하여 '其子子羽等' 전체가 동사인 '報'에 걸리도록 해석해야 하며, 따라서 유갑의 아들의 이름은 류자우(劉子羽)가 된다. 그러나, 화각본을 보면, 구두점은 조선간본의 것을 그대로 이용하고 있으나, '報其子'에서 문장을 끊어 '報'에 걸리도록 하고 있으며, '子羽等'에 관해서는 어떻게 해석해야 할 지 지시를 내리고 있지 않다.

따라서 료이가 위와 같은 내용으로 일본어로 옮긴 원인이 확실해진다. 즉, 료이가 『삼강행실도』를 일본어로 옮길 때 사용한 저본은 화각본이라는 결론이 나오며, 화각본의 훈독에 충실히 따르다 보니 '報其子'에서 문장을 끝내고, '子羽等'을 새로운 주어로 하여 '卽沐浴更衣。酌巵酒而縊'에 이어지도록 하는 것으로 해석하여 이것을 일본어로 옮긴 것이다.

따라서 화역본에 나타나는 오역 및 개변의 배경에는 화각본이 존재하고 있었다는 사실을 알 수 있다. 그러나 이와 같이 화각본의 훈독대로 충실히 따르게 된다면 새로운 문제가 나타나게 되는데, 그것은 유갑에 대하여 아무런 정보도 기술하지 않게 되어 버린다는 것이다. 따라서 료이는 ⑩와 같이 유갑도 절안에서 스스로 목숨을 끊어 죽어버렸다고 하는 원작에는 없는 새로운 내용을 첨가하여 전체의 내용이 모순되지 않도록 궁리하였던 것이다. 료이는 화역본에서 화각본의 잘못된 부분까지 충실히 번역한 것으로 인해 오역이 생겨났으나 새로운 문장을 첨가하는 것을 통하여 전체적인 내용이 일관성을 지니도록 하였던 것이다.

3. 료이의 개변과 화각본②
-충신편 중권 제8화 「부찰식립(傅察植立)」-

앞에서 언급한 것과 동일한 방법으로 충신편 중권 제8화 「부찰식립(傅察植立)」에 대하여 살펴보기로 한다. 이 이야기는 금나라 장군

'알리불(斡离不)'이란 인명에 대하여 화각본에서는 '알리(斡离)'를 인명으로 하고, '불(不)'을 부정사(否定詞)로서 훈독을 붙인 것으로 인해 료이의 화역본에서도 '알리불'이라는 인명이 나올 때마다 내용이 반대로 되어 오역이 생기거나 때로는 료이가 번역하지 않게 되는 예이다.

그럼, 먼저 〈그림3〉을 보면서, 그 내용에 관하여 확인해 보도록 한다.

① 부찰이 사자로서 연산(燕山)으로 갈 때, 어떤 이가 전란이 일어났으므로 가지 말라고 충고한다.
② 부찰은 금(金)에게 잡히고, 금나라 장군 알리불(斡离不)에게 절하지 않는다.
③ 부찰은 부하에게 자신이 죽을 것을 부모에게 전하도록 한다.

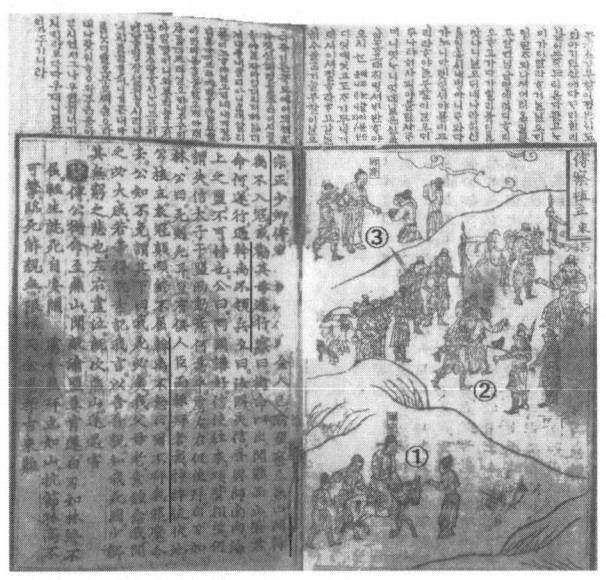

〈그림3〉 충신편 중권 제8화 「부찰식립」

아사이 료이(浅井了意) 문학의 성립과 성격

여기에서 필자가 주목하고자 하는 부분은 〈그림3〉의 본문에서 선을 그은 곳에 해당하며, 삽화에서는 ②에 해당하는 장면이다. 그럼, 이에 해당하는 원작의 내용은 어떤지 구체적으로 검토해 보도록 한다. 한편, 본고의 텍스트로 사용하고 있는 교토부립종합자료관 소장본은 그림을 보면 알 수 있듯이 첫 행의 5글자 정도가 판독이 불가능하며, 동일판인 미야기현 도서관 소장본은 이 부분이 낙장이다. 따라서 판독이 불가능한 부분은 이들과 가장 가까운 계통에 있는 서울대학교 중앙도서관본으로 보충하였다.

> 종정소경(宗正小卿) 부찰(傅察)이 접반사(接伴使)가 되었다. 이때 금나라에서 맹약을 어겼다. 부찰이 연산(燕山)으로 갈 때 ①알리불(斡离不)이 침략해 왔다는 이야기를 듣고 어떤 이가 가지 말것을 권하였다. 부찰이 말하기를 "명을 받아 갔는데 난리를 듣고 멈춘다면 임금의 명은 어찌 되겠는가?" 드디어 가다가 ②알리불을 만났다. 군사를 이끌고 와서 말하기를 "너희 나라는 신의를 잃어버렸기에 내가 군사를 이끌고 남쪽으로 향하는 것이다. 해상(海上)의 맹약은 믿을 수 없다"고 하였다. 공(公)이 말하기를 "두 나라의 사이가 좋아 사신이 계속 왕래하였는데, 어찌 신의를 잃어버렸다 하느냐? 태자가 맹약을 배반하여 군사를 일으킨 것은 무엇을 위한 것인가?"라 하였다. 오랑캐가 좌우에 서서 재촉하여 절하도록 하자 흰 칼날이 숲과도 같았다. 공이 말하기를 "죽었으면 죽었지 어찌 함께 신하가 되어 절을 할 수 있겠는가?" 어떤 이가 억지로 붙잡아 땅에 절하도록 하자 공은 꼿꼿하게 일어서 의관이 부서져도 굴하지 않았다. ③알리불이 화를 내며 말하기를 "네가 나에게 절하지 않겠는가?"라 하고 물리쳐 꺼지도록 하였다. 공이 피할 수 없음을 알고, 아랫사람에게 말하기를 "나는

분명 죽을 것이니라. 나의 부모님은 나이드시고 본래 나를 생각하고 사랑하시니, 나의 죽음을 들으시면 크게 슬퍼하실 것이다. 너희들은 도망갈 수 있으면 행여 내 말을 기록해 두었다가 나의 부모님께 전해 드리거라. 내가 나라를 위해 죽었다는 것을 아시면 무궁한 슬픔이 조금이라도 풀릴 것이니라."라고 하니 좌우가 모두 울었다. 부찰은 연산에 도착하고 나서 드디어 살해되었다.[7]

위 인용문을 보면 ①부터 ③까지 알리불(斡离不)이 등장하는 장면에 대한 화역본의 내용이 문제가 된다. 그럼 이 부분에 대한 조선어 번역문을 인용해 보고 함께 확인해 보도록 한다.

종졍쇼경부찰이졉반시도외아기연산애다ᄃ라❶한리블이도죽드리온다듣고ᄂ미가디말라ᄒ거늘닐오ᄃ명만ᄌ와나셔여러온일듣고말면님금명에엇디ᄒ리오ᄒ고가다가할리블이톨맛나니닐오ᄃ네나라히신올일흘시내병마니ᄅ와다가노니아랫밍셔야몯미드리라ᄒ야늘부찰이닐오ᄃ두나라히사괴야블린사ᄅ미니엇ᄂ니엇뎨닐은신을일홈고Ⓐ태직밍셔빗반ᄒ야오시ᄂ(할주 : 태ᄌᄂ할리블을니ᄅ니라)ᄠᅳ디엇뎨잇고도ᄌ기두녁겨틔셔이셔졀ᄒ라ᄒ고갈놀히수플ᄀᆫ거늘부찰이닐오ᄃ죽기든죽됴예어듸션ᄒᆞᆫ가짓신해졀홀주리이시리오ᄒ야늘자바업더리

---

7) 宗正小卿傳察、爲接伴使。時金人已渝盟。察至燕山。聞斡离不入寇、或勸其母遽行。察曰、「御命以出、聞難而止。若君命何。」遂行。遇斡离不領兵至曰、「汝國失信。吾興帥南向。海上之盟、不可恃也。」公曰、「兩國講好。信使往來、項背相望。何謂失信。太子干盟而動。意何爲乎。」虜左右促使拜。白刃如林。公曰、「死則死耳。豈有俱人臣而輒拜者。」或抑捽使伏地。公植立。衣冠顛頓、終不屈。斡离不怒曰「爾不拜我邪。」麾令去。公知不免、謂其下曰、「我死必矣。我父母老。素鍾念我。聞之必大戚。若等得脫、幸記我言、以告吾親。知我死國、少解其無窮之悲也。」左右盡泣。旣次燕山、遂遇害。

터해넓더져내죵내굴티아니ᄒᆞᆫ대❷할리블이노ᄒᆞ야닐오ᄃᆡ네내게졀아
니ᄒᆞᆯ다더브러에라ᄒᆞ야ᄂᆞᆯ부찰이면티몬ᄒᆞᆯ줄알오졔아래사ᄅᆞᆷ더브러닐
오ᄃᆡ내주구미아일덩커니와부뫼늘그시고나ᄅᆞᆯᄉᆞ랑ᄒᆞ시ᄂᆞ니드르시면
당당이ᄀᆞ장셜워ᄒᆞ시리니너희ᄃᆞᆯ히힝혀니거든내마ᄅᆞᆯ닛디말오부모ᄭᅴ
솔오라내나랏위ᄒᆞ야주근줄아ᄅᆞ시면져그나우연히너기시리라모다
다우더니연산이가주기니라

상기 인용문의 ❶❷ 및 Ⓐ의 내용에 관하여 정리해 보면 다음과
같다. ❶은 그림①과 같은 장면으로서, 알리불이 침략해 왔기 때문에
어떤이가 "가지 않는 것이 좋다"고 충고하고 있는 장면이다. 다음으
로 ❷를 보면, 그림에서는 ②에, 원문에서는 ③에 해당하는 부분인
데, 부찰이 알리불에게 절하지 않기 때문에 알리불이 화를 내고 있는
장면이다. 다음으로 Ⓐ는 '태자(太子)'라는 단어에 대한 할주(割注)로
서, 당시의 조선인에게 친숙하지 않은 중국의 역사적인 인물이 등장
하였기 때문에, '태자는 알리불을 일컫는다'라는 내용의 설명을 넣을
필요가 있었던 것으로 보여진다.
그럼 위의 설명을 참고로 하면서, 문제가 되고 있는 료이의 화역본
의 내용에 대하여 검토해 보도록 한다.

종정소경 부찰이라는 이는 송나라 사람이다. 정강(靖康) 2년(1127
년)에 이미 접반사(接伴使)가 되었다. 이 해에 금나라가 군사를 이끌
어 수도를 함락하려 하였다. 그러나 아직 수도에서는 이 일에 대하여
아는 이가 없었다. 부찰은 임금의 명을 받아 연산(燕山)이라는 곳으
로 향하였다. 어떤 이가 길에서 부찰에게 이르기를 "Ⓐ공은 아직까지
듣지 못하셨습니까? 금나라 사람이 이미 반역을 하여 군사를 이끌고,

길에는 관문을 설치하여 왕래하는 길이 끊겼습니다. 따라서 수도로 다시 돌아가시기를 부탁드립니다"라 하였다. 부찰이 이 이야기를 듣고 말하기를 "내가 황공하게도 임금님의 칙명을 받들어 연산에 가게 되었는데, '길거리에 적이 있어 사람들로 하여금 다니지 못하도록 한다'란 말을 듣고 '이제 돌아간다'고 할 수 있겠는가?"라 하고 앞으로 나아가니 그 사람의 말대로 틀림없이 ⑧금나라 장군 간리(幹离)라고 하는 이가 관문을 설치해 놓고 사람들을 지나가지 못하도록 하고 있었다. 부찰이 이에 다다르자 말을 재촉하여 얼른 지나가려 하였다. 알리가 나와 부찰을 막으며 물어보기를 "자네는 누구인가? 여기를 지나 어디에 가려고 하는가?"라고 하였다. 〈중략〉 나는 송나라 임금님의 충신이다. 어찌 임금님에게 거역하는 자에게 절을 할 수 있겠느냐?"라 하였다. 금나라의 병사들은 부찰을 억지로 절하게 하려 하였으나 부찰은 그 몸을 굽히지 않았다. 갓은 벗겨져 땅에 떨어지고, 의복은 찢겨져도 결국 절하지 않았다. ©간리(幹离)가 이것을 보고 조금도 화를 내지 않고 말하기를 "너는 나에게 절을 안하겠느냐?"라 하고 옆으로 제쳐 물러나게 하였다. 부찰이 마음속으로 '이젠 도망갈 수 없는 몸이구나. 나의 부모님도 이미 나이드셨으니, 내가 이곳에서 죽었다는 이야기를 들으신다면 분명 크게 슬퍼하시고 한탄하실 것이다'라 생각하고, 자신이 데리고 있는 부하에게 말하기를 "너희들이 만일 도망쳐서 고향으로 돌아갈 수 있다면, 나의 부모님에게 전해주거라. 내가 죽었다는 이야기를 들으신다면, 조금이라도 슬픔을 위로할 수 있을 것이니라"라 하고 유품을 전해주자 듣는 이들은 모두 눈물을 흘렸다. ⑩간리(幹离)가 그 충절의 마음씨에 감탄하여 관문을 열고 지나가도록 하자 부찰이 크게 기뻐하였다. 연산에는 도착하였으나, ⑧금나라의 대군이 앞에 겹겹이 둘려있었으므로 결국 고향에 도착하지 못하고 돌아오는 길에 죽임을 당했다.[8]

상기 인용문을 살펴보면, '幹'이란 글자를 '斡'로 잘못 옮겨 놓았는데, 이와 같은 예는 단순한 착오로 보여지므로 이와 같은 문제는 차치하고, 필자는 작품의 해석과 관련되는 본질적인 문제에 관하여 언급해 나가도록 한다. 그럼, 밑줄 친 부분에서 료이의 화역본에 나타난 문제점에 관하여 표로 정리해 보면 다음과 같다.

---

8) 宗正少卿傳察と云人は宋の人。靖康二ねんすでに接伴使たり。このとし金人、いくさをもよほして京師をおちいらんことをくはたてけり。されどもいまだ都にはこの事さらにしる人なし。傳察、みかどの命をかうふりて、燕山といふところにおもむきけり。ある人、道にて傳察にかたりていはく、「公いまだ、きこしめさずや。金人すでにむほんをおこし、つはものをもよほして道々には関をすへて往還の通路たえたり。これよりよろしく都にかへり給ふべし」といふ。傳察、これを聞ていはく「われ、かたじけなくもみかどの勅命をかうふりて、燕山にまかりむかふところに、『道に敵ありて、人を通さず』と聞て『これより、かへる』といふことや有べき」とて、すみゆくほどに、人のかたりしにたがはず。金の将軍幹离といふもの関をすへてとをさず。傳察、こゝに行いたりて、駒をはやめてとをらんとす。幹离、出むかふて傳察ををしとめていはく、「汝はなにものぞ。爰をとをりて、いつかたにかゆかんとする」と。〈中略〉我はこれ、宋のみかどの忠臣なり。あに、みかどにそむくものに対して拝礼すべきや」といふ。金の兵ども、傳察ををしうつふかすといへども、さらに其身をまげず。冠はぬげて地におち、装束はやぶるゝにいたれども、つゐに拝せず。幹离、これを見てすこしもいかれることなくしていはく、「汝われに拝礼すまじきや」とて、かたはらにひきのけしむ。ふさつ、心におもひけるは、「迚のがるべき身にてもなし。わか親すでに、とし老たり。われ爰にして、むなしくなりたりと聞給はゞ、さだめて大に悲しみ、なげき給ふべし」とて、我めしつれたる郎等にかたりていはく、「汝ら、もしのがれて故郷に帰らば、わが親にかたるべし。わか死したるところをだに聞しめさば、せめてはすこしの御なげきを思ひなぐさみ給ふ事もこそあれ」とて、かたみのものをつかはしければ、きく人みな涙をぞをとしける。幹离、その忠節の心ざしをかんじて関をひらきてとをしければ、傳察大によろこび、燕山には行けれども、金の大敵まへにかさなりければ、つゐに都には帰りえず、道にてうたれ侍りけり。

원문	원문의 내용	료이의 번역
聞斡离不 入寇	①알리불이 쳐들어 왔다는 이야기를 듣고	④금나라 사람이 이미 반역을 하여
遇斡离不 領兵至	②알리불을 만났다. 군사를 이끌고 와 서 말하기를	⑧금나라 장군 간리(斡离)라고 하 는 이가 관문을 설치해 놓고 사 람들을 지나가지 못하도록 하고 있었다.
斡离不怒 曰「爾不拜 我邪。」 麾令去。	③알리불이 화를 내 며 말하기를 "네가 나에게 절하지 않 겠는가?"라 하고 물 리쳐 꺼지도록 하 였다.	ⓒ간리(斡离)가 이것을 보고 조금도 화를 내지 않고 말하기를 "너는 나에게 절을 안하겠느냐?"라 하고 옆으로 제쳐 물러나게 하였다.
		⑩간리(斡离)가 그 충절의 마음씨에 감탄하여 관문을 열고 지나가도록 하자 부찰이 크게 기뻐하였다.
		⑤금나라의 대군이 앞에 겹겹이 둘 려있었으므로 결국 고향에는 도 착하지 못하고 돌아오는 길에 죽 임을 당했다

위의 표에서 정리한 것과 다음의 〈그림4〉를 참조하면서 하나씩 살
펴보면 다음과 같다. 먼저, ④를 보면 「聞斡离不入寇」의 내용에 대
하여 원래는 '알리불이 쳐들어 왔다는 이야기를 듣고'로 해석해야 하
나 료이는 '알리불'에 관하여는 일본어로 옮기지 않고 '금나라가 이미
반역을 하여'로 처리하고 있다. 그 이유는 〈그림4〉의 ①을 보면 알
수 있듯이 화각본에서는 적장 '알리불'에서 고유명사의 일부분으로
이용된 '不'을 부정사로 이해하였기 때문에, '알리가 쳐들어오지 않았
다는 이야기를 듣고'로 해석하도록 지침을 내리고 있기 때문이다. 그

러나, 문제는 그 다음에 이어지는 내용을 보면 알리불이 쳐들어와 어떤이가 가지 말도록 충고하고 있는 장면이 계속되기 때문에, 이 훈독법대로 원문을 해석하면 내용전개가 모순이 되어 버린다. 따라서 료이는 Ⓐ와 같이 적장인 알리불을 '금나라 사람'이라는 식으로 적당히 처리하고, 나머지 부분을 전체적인 내용에 맞추어 새로운 문장을 만들어 넣은 것으로 보여진다.

다음으로, Ⓑ의 경우를 살펴 보면, 원문은 '遇斡离不領兵至曰'으로 되어 있어 '알리불을 만났다. 군사를 이끌고 와서 말하기를'로 하여 군대를 이끌고 있는 알리불을 부찰이 만난 장면으로 이해해야 하는 부분이다. 그러나, 〈그림4〉의 ②에서 제시한 화각본의 훈점을 살펴보면, '알리를 만났다. 군사를 이끌지 않고 이르러 말하기를'로 해석하도록 지침을 내리고 있어 부찰이 만난 것은 군사를 이끌고 있지

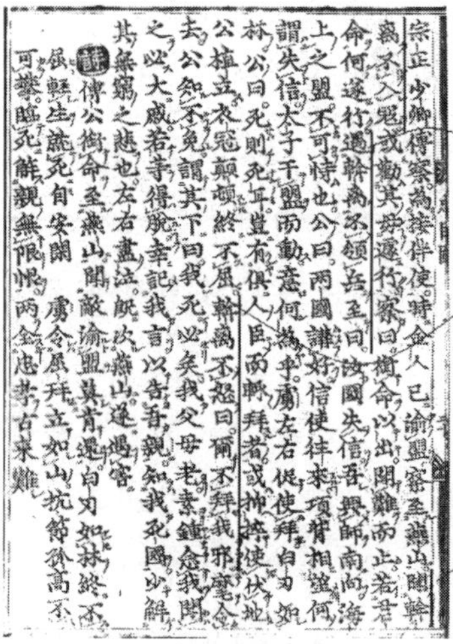

〈그림4〉 화각본
「부찰식립(傅察植立)」의 본문

않은 알리인 내용이 되어 버리기 때문에, 이것도 전체적인 내용과 모순이 되어버린다. 따라서 여기에서 료이는 알리불이 병사를 이끌고 왔다는 부분은 일본어로 옮기지 않고, Ⓑ처럼 간리(斡离)가 '관문을 설치해 놓고 사람들을 지나가지 못하도록 하고 있었다'라 하여 전체적인 문맥에 맞추어 내용을 재설정하였음을 알 수 있다.

다음으로 고찰하는 ⓒⒹⒺ의 내용은 본 이야기를 해석하는데 있어 가장 중요한 부분이다. 먼저 ⓒ의 경우를 보면, 원작의 ③에서 부찰(傅察)이 알리불에게 절하지 않는다는 전체적인 문맥으로부터, 또한 〈그림3〉에서 ②의 장면을 보더라도 '알리불이 화를 내며 말하기를, "너는 나에게 절하지 않느냐?"로 해석하여 알리불이 화를 내고 있는 장면으로 이해해야 하며, 이것은 조선어역 ❷의 경우를 보더라도 마찬가지이다.

그러나 이 부분에 해당하는 화역본의 내용 ⓒ를 보면, "간리(幹离)가 이것을 보고 조금도 화를 내지 않"는다는 반대의 의미로 해석하고 있는데, 그 다음에 이어지는 내용은 "너는 나에게 절을 안하겠느냐?"라고 간리가 화를 내고 있어 앞뒤의 내용이 서로 모순되며, 전체적인 내용과도 일치하지 않는 부자연스러운 장면이 되어 있다.

그렇다면 왜 료이는 간리가 화를 내지 않는다는 내용으로 원작의 내용을 바꾸었는가가 문제가 될 수 있을 것이다. 이에 위의 〈그림4〉에 인용한 화각본을 살펴보면 이 부분의 '不'을 부정사로 취급하여 '알리가 화를 내지 않고 말하기를, "너는 나에게 절하지 않느냐'로 해석하도록 훈점이 붙여져 있어 원래의 내용과는 반대의 내용이 되어 있다는 것을 알 수 있다.

그 결과 료이의 번역문 ⓒ에서도 '간리가 이것을 보고 조금도 화를 내지 않고 말하기를 "너는 나에게 절을 안하겠느냐?"라 하고'라는 오역이 발생하였던 것이다. 그러나, 문제는 화각본의 오류까지도 충실히 따른 결과 오역이 발생하였더라도 료이는 그 문장을 그대로 방치한 것이 아니라 새로운 내용을 첨가하여 내용의 앞뒤를 맞추었다는 점이다.

따라서 료이는 ⓒ의 문장에 대하여 간리가 부찰의 충절에 감동하여 '조금도 화를 내지 않'은 것으로 재설정하였으며, ⓓ에서 간리가 부찰을 용서하였다는 내용을 새로 추가하게 된 것이다. 또한, 원작을 보면 문맥상 부찰이 알리불에게 죽임을 당하였다고 추정할 수는 있으나 정확히 누구에게 죽임을 당하였는지는 애매하게 처리되어 있었다. 한편, 조선어 번역문을 보면 '연산이가주기니라'라 되어 부찰을 죽인 것은 알리불이라 명확히 지정하고 있다. 그러나 료이는 ⓔ에서 부찰은 간리가 죽인 것이 아니며, 일단 연산에 도착하였다가 고향으로 돌아오는 도중에 살해되었다는 것으로 내용을 전환하여 확실히 밝힘으로서 이야기의 전체적인 내용이 모순이 되는 점이 없도록 하였던 것이다.

4. 료이의 개변과 화각본③
  -효자편 중권 제3화 「왕부폐시(王裒廢詩)」-

이 이야기는 부모님이 돌아가셔도 왕부는 오로지 부모를 생각하여 슬퍼하며, 결국에는 『시경(詩經)』「육아편(蓼莪篇)」[9]까지도 읽지 않았다는 내용이다. 그럼 화역본의 서두부분을 일부분 인용해 보면 다음과 같다.

---

9) 『시경』「소아(小雅)」의 한 편으로 부모가 돌아가셔도 그 은혜를 생각하며, 자식으로서 부모에게 효도를 다하지 못했음을 슬퍼하는 내용이 실려있다.

①위나라의 왕부의 자(字)는 위항(偉亢)이라 한다. 성양(城陽)이라는 곳의 사람이다. 아버지의 이름은 왕의(王儀)라 한다. 이 사람은 능력이 있어 위나라 안동장군(安東将軍) 사마소(司馬昭)라는 이를 따라 사마(司馬)의 관직을 맡았다. 그때 동관(東関)에서 모반을 일으킨 일이 발생하여 전투에서 군사가 패하였다. 사마소가 물었다. "이 전투는 어찌하여 패하였는가?"라 하였다. 왕의가 대답하였다. "그 책임을 새삼 물어보신다면, ②원나라 군사들의 소행입니다"라 하였다. 사마소가 크게 노하여 "이렇게 말한다는 것은 죄를 우리 군사들에게 덮어 씌우려 하는 것인가?"라 하고, 곧 왕의를 끌어내어 목을 베어 죽여버렸다.[10]

상기의 인용문에서 주목하고자 하는 것은 ①에서 왕부(王裒)의 자(字)가 원래는 위원(偉元)으로 되어야 함에도 불구하고, 료이의 화역본에는 '위항(偉亢)'으로 되어 있다는 점이다. 이 부분은 후리가나(振り仮名)도 'ゐかう'라 되어 있는 것으로 보아 료이는 처음부터 '偉元'이 아니라 '偉亢'이라 생각하여 일본어로 옮긴 것을 알 수 있다. 이 문제에 관해서는 이미 하나다 후지오(花田富二夫, 2003)의 선행연구가 있으므로 그의 의견을 소개하고, 그의 문제점과 함께 필자의 의견을 제시하도록 한다.

---

10) 魏の王裒は、字は偉亢となつく。城陽と云所の人なり。父の名は、王儀とぞいひける。この人、器量ありて、魏の安東将軍司馬昭と云人にしたがふて、司馬の職をつかさどれり。其ところ、東関にむほんの事有て、いくさすでにやぶれたり。司馬昭、とふていはく、「このいくさは、いか成故にやぶれたるや」と。王儀こたへていはく、「そのとがをあらためて責べしとならば、元の軍兵のしわざなり」と申けるを、司馬昭大にいかりて、「かくのことくのこと葉をいだす事は、罪をわがともがらにをよぼさんとするや」といふて、すなはち王儀をひき出し、かうべをはねてころしけり。

아사이 료이(浅井了意) 문학의 성립과 성격

이상과 같이 왕부의 자는 각 서적에서 위원으로 하고 있다. 이것도 자주 이용되어졌다고 생각되는 「일기고사대전(日記故事大全)」 권1에서도 '왕부〈자는 위원왕―의지자영―릉―인〉'으로 하고 있다. 동권 3의 경우에도 마찬가지이다. 「랑야대취(琅琊代醉)」 권17의 「왕포혜소(王褒嵇紹)」에서는 자(字)는 쓰여 있지 않으나, 「군신고사(君臣故事)」 권2에는 '왕부의 자는 위원이다'라 하고 있다. 고주석 『몽구(蒙求)』에는 '원위(元偉)'라 쓰는 것도 있는 것 같으나, 위항은 보이지 않는다. 결과적으로 위원이 정통이라 보여진다. 즉, 『효행 이야기(孝行物語)』의 작자는 『삼강행실도』의 오류를 알지 못한 채, 그것을 그대로 답습했다고 할 수 있다. 그것은 아마도 화역본 『삼강행실도』의 번역자가 원문 「삼강행실도」의 첫번째 줄의 「위원」에서 '원'의 글자를 오독했기 때문이라 생각된다.[11]

하나다는 위와 같이 지적한 후 『효행 이야기(孝行物語)』와 『삼강행실도』에서 2번이나 '元'의 글자를 '亢'이라 오독하고 있다는 점을 들어, 이것은 료이의 '너무나도 강한 신념에 의한 것일까(余りにも強い思い込みによったのであろうか)'라 지적하고 있다. 하나다의 의견대로, 료이는 '元'의 글자를 '亢'이라 오독하고 있다는 점은 틀림이 없지만, 문제는 ①의 '元'에 대해서는 2번이나 '亢'이라 오독할 정도로 '강한 신념'을 가지고 있었는데 비해 ②의 '元'의 경우 료이는 올바르

---

11) 以上のように王裒の字は各書偉元である。これもよく利用されたと思われる「日記故事大全」巻一でも、「王裒〈字は偉元王―儀之子営―陵―人〉」とある。同巻三も同様である。「琅琊代醉」巻十七「王褒嵇紹」には字は記してないが、「君臣故事」巻二は「王裒字は偉元」とする。古注蒙求では「元偉」という書き方もあったようだが偉亢は見当たらない。総じて偉元の方が正統と思われる。即ち、『孝行物語』の作者は『三綱行実図』の誤りに気付かず、それをそのまま踏襲したと言える。それは恐らく和訳『三綱行実図』の訳者が、原文「三綱行実図」の一行目の「偉元」の元の文字を誤読したためと思われる。

게 일본어로 옮기고 있다는 사실이다.

그럼, 〈그림5〉를 통해 화각본의 서두부분을 확인해 보면 다음과 같다. 화각본의 2번째줄은 분명히 '元'으로 밖에 읽을 수 없으나, 그에 비해 첫번째 줄의 경우 어떻게 읽어야 할 지 문제가 된다. 여기에서 〈그림6〉에 제시한 화각본에서의 '元'의 이용양상을 보면, 여러가지 이체자가 있음을 알 수 있는데, 그 중「천상불굴(天祥不屈)」의 예와 같이 '元'의 이체자로도 쓰였다는 것을 확인할 수 있다.

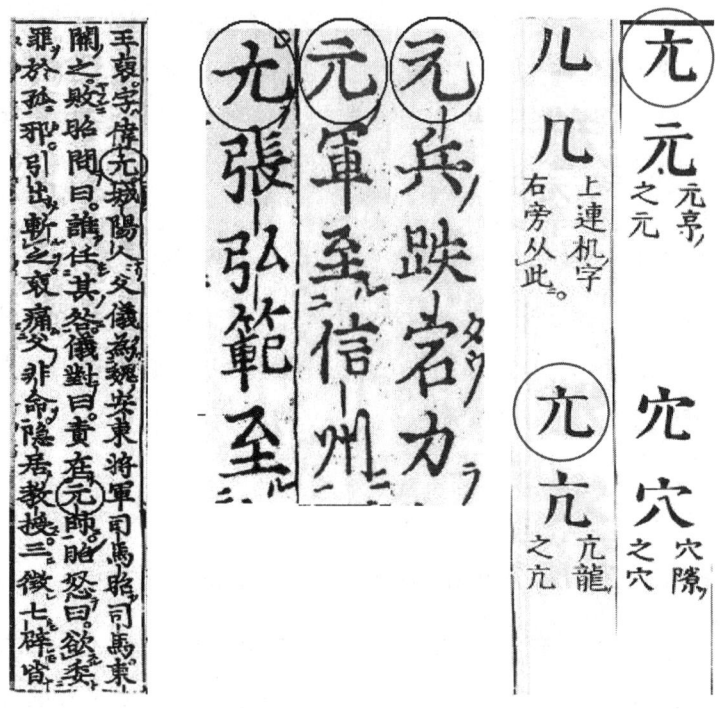

〈그림5〉화각본「왕부
폐시(王裒廢詩)」의 서
두부분

〈그림6〉화각본「元」의 이체자.
왼쪽은 충신편 제24화「천상불굴
(天祥不屈)」, 가운데와 오른쪽은 충
신편 제25화「방득여소(枋得茹蔬)」

〈그림7〉『와카이 세이카
(倭楷正訛)』의 '元'과 '兀'
의 용례

한편, 후대에 성립된 자료이긴 하지만 〈그림7〉에서 제시한 다자이 순다이(太宰春台)의 『와카이 세카(倭楷正訛)』(1753년간행)의 '元'과 '兀'의 이체자의 항목을 보면, 두 글자가 모두 동일하여 '元'의 이체자 임과 동시에 '兀'의 이체자로도 이용된 것임을 확인할 수 있다.

이를 통해 료이가 첫번째 줄의 글자를 오독한 이유를 확실히 알 수 있게 된다. 즉, 화각본에서 첫번째 줄과 두번째 줄의 글자의 형태가 다르다는 점과, 두번째 줄의 글자는 분명히 '元'으로 밖에 읽을 수 없 는 것으로 보아, 료이는 첫번째 글자를 '兀'의 이체자로 생각하였다는 것이다.

5. 료이의 오역과 개변의 양상

지금까지의 고찰을 바탕으로 이하 조선간본의 내용과 비교하면서 료이의 오역과 개변의 양상에 대하여 대표적인 것 몇가지를 살펴보 기로 한다.

① 효자편 중권 제12화 「불해봉시(不害捧屍)」

이 이야기는 불해(不害)라는 인물이 전란때 어머니를 잃어버리자 그 시체를 찾기 위해 헤매던 중 길거리의 시체를 발견하고는 들추기 를 계속하여 결국 어머니의 시체를 찾게 되었다는 내용이다. 그렇다 면 문제가 되는 부분을 인용해 보면 다음과 같다.

조선간본	화역본
은불해(殷不害)는 진군(陳郡) 사람이다. 아버지가 돌아가시자 예에 지나치게 슬퍼하였다. 동생이 다섯 있었는데 모두 나이가 어렸다. 불해는 노모를 섬기며 어린 동생들을 돌봐주고 부지런히 힘써 부족한 것이 없이 보살펴주니 간문제(簡文帝)가 그 어머니 채씨(蔡氏)에게 비단 치마저고리와 담요와 이부자리를 하사하였다. ①위(魏)나라가 강릉(江陵)을 평정할 때 어머니를 잃었는데, 이때 몹시 춥고 눈이 내려 얼어붙었다. 죽은 이가 구덩이에 가득 찼다. 12)	은불해(殷不害)는 진군(陳郡)이라는 곳의 사람이다. 부모를 모시기를 극진히 하며 효를 다했다. 아버지가 죽자 상심의 불꽃은 뼈에 사무치고, 슬픔의 눈물은 피처럼 흘렀다. 안색은 초췌해지고 피부는 수척해졌으며, 제례(祭礼)의 법도는 극진하게 지켰다. 동생이 다섯 있었는데, 모두 아직 나이가 어렸다. 그 어머니 채씨는 이미 나이들어 매사에 걱정스러웠다. 그래도 불해(不害)는 항상 노모를 봉양하여 효를 다하고 동생을 사랑하며 불쌍히 여기는 것을 자신의 자식처럼 하였다. ❶위나라 평강릉(平江陵)이란 곳에 살고 있을 때 어느날 밤 어머니의 행방을 잃어버렸다. 때는 겨울이었다. 여느 해보다 더 춥고 쌓인 눈이 아직 녹지도 않았는데 또 눈이 내리고 쌓였다. 얼음은 산처럼 쌓이고 고드름은 창을 거꾸로 세워 놓은 듯 하였다.13)

먼저 조선간본의 서두부분을 살펴보면, 불해(殷不害)의 부모에 대한 효(孝)와 동생에 대한 제(悌)로 인해 그 어머니가 간문제(簡文帝)에게 표창을 받았다는 장면으로 시작되며, ①은 위(魏)나라가 강릉

---

12) 殷不害陳郡人。居父憂過禮。有弟五人皆幼。不害事老母、養小弟。勤劇無所不至。簡文帝賜其母蔡氏錦裙襦、氈席被褥。魏平江陵失母。時甚寒雪凍。死者塡滿溝壑。

13) 殷不害は陳郡といふところの人なり。父母につかへていたつて孝あり。父すでにむなしくなれりければ、うれへの火、ほねにとをりて、悲しみの涙を血にかへたり。色かしけ、はだえつかれて、祭礼の法、つねに過たり。弟五人あり。みないまだいとけなし。その母蔡氏、よはひすでにかたふき、よろづあぢきなくみえたり。しかるに不害、しば／＼老母につかへて、かう／＼をつくし、弟をいつくしみ、あはれむ事をのれが子のことくにせり。魏の国、平江陵と云ところに、すみけるとき、ある夜、母のゆきがたをうしなへり。折ふし冬のころにて、いつのとしよりはなはだ寒じて、ふりつむ雪いまだきえざるに、又、ふる雪かさなりて、こほりは山をたみ、氷柱は鉾さかしまにたてたり。

(江陵)을 공격했을 때 그 어머니를 잃어버렸다는 내용이다.

그럼 문제가 되는 ①에 주목하면서 료이의 화역본에 대하여 검토해 보기로 한다. 료이의 해석을 보면, 먼저 어머니가 나이가 들어 매사에 걱정스러웠다는 밑줄친 부분은 원작에는 없으며, 이것은 앞으로 이어질 ❶에 대한 복선을 위해 의도적으로 추가한 것이라 생각된다. 다음으로 ①과 ❶을 좀 더 자세히 비교해 보면, 원작에서는 전란이 일어났을 때 어머니를 잃어버렸다는 내용이 화역본에서는 지명이 위나라 평강릉(平江陵)으로 바뀌어 있으며, 평강릉에 살던 때 어느 날 밤에 어머니의 행방을 잃어버렸다는 내용으로 되어 있다.

료이가 원작의 내용을 이렇게 바꾼 것에 대한 원인을 찾기 위해 화각본의 해당부분을 확인해 보면, '평강릉(平-江-陵)'에 대한 해석에서 '강릉(江陵)'을 '공격하다(平)'가 아니라 각 글자가 하이픈(-)을 통하여 연결되어 이를 하나의 단어로 취급하여 '위나라의 평강릉. 어머니를 잃어버리다(魏ノ平-江-陵。母ヲ失フ。)'로 해석하도록 훈점이 붙어 있다.

따라서 료이는 이 부분에서 화각본의 오류를 그대로 답습하여 '평강릉'을 지명으로 이해하여 해석하였던 것이다. 그렇다면 문제는 화각본의 지시에 따르면 바로 다음에 갑자기 '어머니를 잃어버리다'의 문장이 이어져 부자연스러운 내용전개가 되어 버리기 때문에 료이는 이와 같은 어색한 내용전개를 피하기 위해 '평강릉이란 곳에 살고 있을 때'를 추가하여 설정하였다고 생각된다.

② **효자편 하권 제8화「루백포호(婁伯捕虎)」**

이 이야기는 루백(婁伯)의 아버지가 사냥에 나간 후 호랑이에게
잡아먹히자 루백이 산에 들어가 호랑이를 죽인다. 그러자 죽은 아버
지가 루백의 꿈에 나타나 감사의 말을 전한다는 내용이다. 여기에서
죽은 아버지가 루백에게 나타나 이야기한 감사의 말을 인용해 보면
다음과 같다.

조선간본	화역본
개암나무 숲을 헤쳐가며 효자가 여막에 이르렀네. 천륜의 정이 깊으니 감격의 눈물은 무궁하네. 흙을 짊어지고 날마다 무덤에 쌓았다네. <u>나의 친구는 청풍명월이라네.</u> 살아서는 봉양하고 죽어서는 묘를 지키니 효에는 시작과 끝이 없다고 누가 이야기하였는가.[14]	개암나무 숲을 헤쳐가며 효자가 여막에 이르렀네. 정이 깊으니 감격의 눈물은 무궁하네. 흙을 짊어지고 날마다 무덤에 쌓았다네. <u>소리를 청풍명월에 안다네.</u> 살아서는 곧 봉양하고 죽어서는 곧 묘를 지키니 효에는 시작과 끝이 없다고 누가 이야기하였는가.[15]

상기 인용문에서 밑줄 친 부분의 원문은 '知音明月淸風'으로서 무
덤 안에 있는 아버지가 자신의 '친구(知音)'는 '청풍명월(明月淸風)'
이라 이야기하고 있는 장면으로 해석해야 하는 장면이다. 하지만, 이
부분에 해당하는 료이의 해석을 보면 원작의 한시를 충실히 훈독은
하였으나 밑줄친 부분에서 '소리를 청풍명월에 안다네'란 말은 전후
의 문장과는 의미가 통하지 않는 부자연스러운 해석이란 것을 알 수

---

14) 披榛到孝子廬。情多感淚無窮。負土日加塚上。知音明月淸風。生則養死則
守。誰謂孝無始終。

15) 榛をひらきて孝子の廬にいたる。情おほく、かん淚きはまりなし。土ををふて日々に塚の
上にくはふ。音を明月淸風にしる。生ては則はちやしなひ、死してはすなはち守
る。たれか謂孝に始終なしと。

있다.

이 부분에 대한 화각본의 해당부분을 살펴보면, 역시 '소리를 청풍명월에 안다네(音ヲ明月淸風ニ知ル)'란 식으로 해석하도록 지시하고 있어 그것이 화역본『삼강행실도』에서도 그대로 답습되어 오역으로 이어졌다는 사실을 알 수 있다.

③ 충신편 중권 제4화 「수실탈홀(秀實奪笏)」

이 이야기는 모반을 일으켜 실권을 장악한 주자(朱泚)를 수실(秀實)이 홀(笏)로 때려 모욕한 일로 인해 죽임을 당했다는 내용이다. 본고에서 문제삼고자 하는 부분은 중국의 지명인 '봉천(奉天)'에 대한 해석이다. 그럼 문제가 되는 부분을 인용해 보면 다음과 같다.

조선간본	화역본
수실(秀實)이 장리(將吏)와 함께 주자(朱泚)를 베기로 하고 아직 행동하지 않았을 때, 주자가 한민(韓旻)을 보내어 군사를 거느리고 임금의 행차를 맞이하게 하였다. 하지만 실은 봉천(奉天)을 공격하려 한 것이다.[16]	수실(秀実)이 주자(朱泚)를 매우 미워하여 장리(将吏)와 마음을 합쳐 죽이기로 도모하였다. 하지만 아직 실행시키지는 않았다. 그런 때 주자가 자신의 병사를 한민(韓旻)에게 많이 주어 황제를 맞이하도록 하였다. 수실이 이 이야기를 듣고 크게 놀라[17]

위의 인용문은 수실이 주자를 베기를 도모하고 있을 때, 주자가 한

---

16) 秀實與將吏謀誅泚。未發。泚遣韓旻、將兵迎賀。實襲奉天。

17) 秀実、ふかく朱泚をにくみて、将吏のものとこゝろをあはせて、ころさん事をはかる。されどもいまだ色をあらはすことなし。かるところに、朱泚、をのれが兵に韓旻といふものにあまたの兵をさしそへて、みかどをむかへ奉らんとす。秀実、これを聞て大におどろき、

민(韓旻)에게 명하여 임금을 맞이하는 척 하면서 사실은 수실이 있는 봉천(奉天)을 공격하게 하였다는 내용이다. 따라서 조선간본의 밑줄 친 부분처럼 '실은 봉천을 공격하려 한 것이다'는 내용으로 해석해야 할 부분이다.

그러나 이 부분에 대한 료이의 해석을 살펴보면, '봉천(奉天)'이란 지명을 잘못 해석하여 '황제를 맞이한다'는 내용으로 바꾸고, '공격 (襲)'이란 글자는 해석하지 않았다. 이와 똑같은 오역은 후반부에서 도 반복되어, 시(詩)에서 '한민의 군사가 봉천을 공격하는 것을 막 게 하였다(爲遏旻軍襲奉天)'라 해석해야 할 부분을 료이는 '따라서 한민의 군사가 습격하여 하늘을 받드는 것을 그만두게 하였다(爲に 旻軍をそひて天に奉ずるを遏む)'란 식으로 해석하여 의미가 불분명 한 문장이 되어 있다.

그럼 료이가 이와 같이 일본어로 옮긴 이유를 찾기 위해 밑줄친 부 분에 해당하는 화각본을 확인해 보면, '사실은 습격하여 하늘을 받들 었다(実ハ襲テ天ニ奉ス)'라 해석하도록 잘못된 훈점이 찍혀있으며, 시에서도 '따라서 한민의 군사가 습격하여 하늘을 받드는 것을 그만 두게 하였다(為メニ旻軍襲テ天ニ奉スルヲ遏ム)'라 되어 있어 지명인 '봉천(奉天)'에 대하여 '하늘을 받들다'로 해석하도록 지시하고 있다. 따라서 료이도 화각본의 오류를 그대로 답습한 나머지 잘못된 오역 이 계속된 것이라 볼 수 있다.

④ 충신편 중권 제9화 「방예서금(邦乂書襟)」

이 이야기의 내용은 금나라가 침략했을 때 마지막까지 금나라의

신하가 되는 것을 거부한 방예(邦乂)의 이야기이다. 그럼 문제가 되
는 부분을 인용해 보기로 한다.

조선간본	화역본
오랑캐가 우리의 배를 가지고 건너 와서 건너 마가도(馬家渡)를 빼앗고 영(營)의 남문(南門) 밖에 진입하였다. 두충(杜充)은 도망가고 지부(知府) 진방광(陳邦光)은 나가서 항복하였다. ①통판(通判) 양방예(楊邦乂)는 물에 빠지려 하였으나, 부로(父老)들이 구제하여 목숨을 건졌다. 이미 오랑캐의 진영에 도달하자 자리에 누워 일어나지 않았다.18)	여기에 마가도(馬家渡)라는 큰 강이 있다. 성 안에 있는 것보다 요새라 생각하여 배를 띄워놓고 있었는데, 금나라 병사들이 이를 빼앗아 타고 강 건너편 물가로 올라가자 성의 병사들은 도망갈 곳도 없고 달아날 방법도 없었다. 성 남쪽의 문에 잠시 진을 치고 있을 때 지부(知府) 진방광(陣邦光)과 통판(通判) 양방예(楊邦乂) 두 사람은 두충(杜充)이 믿고 있었던 장군이었으나 진방광은 항복하여 목숨을 건졌다. 방예는 ①자신의 부모가 도망치다가 물에 빠지려 하는 것을 구하려다가, ②수많은 적이 뒤에서 달려들어 어쩔수 없이 포로가 되어 금나라의 진영에 이르게 되었다. 진영에 이르고 나서는 엎드려 일어나지 않았다.19)

위 인용문을 보면, 금나라가 침략했을 때 두충(杜充)은 도망치고
진방광(陳邦光)은 항복하였으며, 방예(邦乂)는 물에 빠져 자살하려
하였으나 부로(父老)들이 구제하였으므로 자살을 하지 못하고, 결국

---

18) 虜取我舟以濟。奪馬家渡、進營南門外。充遁。知府陳邦光出降。通判楊邦
乂、欲赴水。父老救免。既至虜營。僵臥不起。
19) 爰に馬家渡と云大河あり。城の內よりえうがいのためにとて、舟をうかへてきたりし
を、金のつはものども、これにとりのりて川のむかふの岸にあがりければ、城のつはも
のども落ゆくべきかたなくのがるべき道なし。城の南の門にしばらく陳をぞとりたりけ
る。知府陣邦光、通判楊邦乂の二人は、これ杜充が頼きりたる将軍なりけるところ
に、陳邦光はかうさんして命をたすかる。邦乂はわが父母のにげまどひて水におほ
れんとしけるをたすけんとするあひだに、敵大勢うしろにせまりて、ちからなくいけどら
れて金の陣中にいたりけり。すでに陣にいたりて後は、うちふしておきあがらす。

에는 적군에게 붙잡하기게 된다. 여기에서 '부로(父老)'에 관하여『일본국어대사전(日本国語大辞典)』(小学館) 제2판의 해설을 보면, '특히 고대 중국에서 지도자로서 향촌의 자치에 중요한 역할을 한 존재를 말한다(特に、古代中国で、指導者として、郷村の自治に重要な役割を果たした存在をいう)'라 설명되어 있으며, 『한어대사전(漢語大詞典)』(上海辞書出版社)을 보더라도 '노인에 대한 존칭(對老年人的尊称)'의 의미로 설명되어 있으므로 여기에서는 '마을의 노인'이라는 의미로 해석하여야 할 것이다. 따라서 원작의 밑줄 친 부분의 텍스트를 자세히 분석해 보면, 물에 몸을 던져 자살을 기도한 사람은 양방예이며, 마을의 노인들이 양방예를 구한 장면으로 이해해야 할 것이다.

그러나 이 부분에 해당하는 료이의 해석을 보면, 금나라 군사들이 쳐들어와 전투가 일어났으며, 마가도라는 강에 배를 띄워놓아 저항하였으나 금나라 병사들에게 빼앗겨 성이 함락당하고, 진방광은 적군에게 항복하는 등 전세가 급박하게 돌아가는 모습이 묘사되어 있다. 그런데 원작의 경우 방예가 적군의 포로가 되기 보다는 물에 빠져 자살하려 하는 내용으로 되어 있으나 이것을 료이는 ①과 같이 자신의 부모가 도망치다가 물에 빠지려 하자 방예가 구하는 장면으로 바꾸어 전체적인 문맥과는 앞뒤가 안맞는 어색한 문장이 되어 있다. 또한 ②를 보면 적군이 뒤에서 달려들어 포로가 되었다는 내용으로 원작과는 내용이 바뀌어 있다.

그런데 이 부분의 원문을 살펴보면 '欲赴水父老救免'의 경우 '赴水'가 '欲'에 걸리도록 하여, '물에 빠지고자 하였으나'로 하고 '父老'

를 새로운 주어로 하여 '방예를 구하였다(救免)'는 내용으로 이해하여야 하는 부분이다. 그러나 이 부분에 대한 화각본을 조사해 보면, '赴水父老救免' 전체가 이 동사인 '欲'에까지 걸리도록 해석하도록 지시하고 있으며 이렇게 되면 '통판양방예. 물로 들어가 부로를 구하려 하다(通判楊邦乂。水二赴テ父老ヲ救ヒ免欲シテ)'가 되어 물에 빠진 부로(父老)를 양방예가 구조하려 하였다는 내용이 된다.

따라서 료이는 화각본을 그대로 답습하여 일본어로 옮기고, '부로'에 대하여도 '마을의 노인'이 아닌 '부모'의 뜻으로 잘못 이해한 나머지 오역이 태어나게 되었다고 볼 수 있다. 그렇게 된다면 문제는 양방예가 포로로 된 경위에 관해서는 서술하지 못하게 되기 때문에, ②에서와 같이 '수많은 적이 뒤에서 달려 들어 어쩔 수 없이 포로가 되'었다는 원작에는 없는 문장을 새로 첨가하여 전체적으로 모순이 되지 않는 일관성 있는 내용으로 만들었다고 볼 수 있다.

⑤ **열녀편 중권 제2화「숙영단발(淑英斷髮)」**

이 이야기는 숙영(淑英)의 남편이 죄로 유배를 간 것으로 인해, 아버지가 재혼을 권유하자 숙영은 머리카락을 잘라 재혼을 하지 않겠다는 의지를 전했다는 내용이다. 여기에서 문제가 되는 것은, 숙영의 아버지의 이름에 관한 것으로서, 우선 서두부분을 인용해 보면 다음과 같다.

조선간본	화역본
이덕무(李德武)의 처 배씨의 자(字)는 숙영이다. <u>안읍공(安邑公) 배구(裴矩)의 딸이다.</u>[20]	당나라 이덕무(李德武)의 처 배씨(裴氏)의 자(字)는 숙영(淑英)이라 한다. <u>안읍(安邑)의 공구(公矩)란 이의 딸이다.</u>[21]

배구(裴矩)는 중국 수나라 시절부터 당나라 초기에 걸쳐 활약한 공신으로, 중국 역사상 유명한 인물중 한사람이다. 따라서 위 인용문의 밑줄친 부분에서 '안읍공(安邑公)'은 호이며, '구(矩)'는 인명으로 하여 숙영의 아버지의 이름을 배구로 이해해야 할 부분이다.

그러나 이 부분에 관한 료이의 해석을 보면, '안읍(安邑)'이란 마을에 살고 있는 '공구(公矩)'라 해석하고 있다. 그리고 다음 인용문의 밑줄친 부분은 원작에는 없으며, 료이가 전체적인 내용의 이해를 돕기 위해 새롭게 추가한 부분인데, 이 부분을 보더라도

그 후 10년이 지날 때까지 이덕무는 다시는 돌아오지 못했다. <u>숙영의 아버지 배공구는 자신의 딸이 혼자 사는 것을 불쌍히 여겨</u>[22]

라 하여, 여기에서도 료이는 숙영의 아버지를 배공구라 해석하고 있다.

이것도 화각본의 잘못된 훈독을 그대로 답습하여 생긴 오역으로, 이 부분에 해당하는 화각본의 서두부분을 확인해 보면 '이덕무의 처 배씨. 자는 숙영. 안읍의 공구의 딸이다(李德武ガ妻裴氏。字ハ淑英。

---

20) 李德武妻裴氏、字淑英。安邑公矩之女。
21) 唐の李德武か妻、裴氏は字をば淑英とそ申ける。安邑の公矩といふ人のむすめなり。
22) そのゝち十年をすぐるまでは、李德武さらに帰らず。淑英か父裴公矩、わがむすめのひとりすむ事をあはれみて

安邑ノ公矩之女ナリ。)'라 해석하도록 지시하고 있다. 아마도 화각 본의 시훈자(施訓者)는 '안읍공'이 호라는 것에 대해 알지 못했기 때 문에, '안읍'을 마을 이름으로 이해하였고, 따라서 숙영의 아버지의 이름을 '배공구(裵公矩)'라 생각하여 훈점을 넣은 것으로 보여진다.

그리고 료이는 서두부분에서 화각본의 훈점이 틀리게 찍혔음에도 불구하고 이를 그대로 답습하여 충실히 일본어로 옮겼기 때문에, 이 처럼 두번에 걸친 오역이 발생하였던 것으로 보여진다.

⑥ **열녀편 하권 제2화 「왕씨경사(王氏經死)」**

이 이야기는 남편이 병으로 죽자 그의 처 왕씨(王氏)는 상을 끝낸 후에 남편을 따라 목매달아 죽었다는 내용이다. 이 이야기의 서두부 분을 인용하면 다음과 같다.

조선간본	화역본
혜사현(惠士玄)의 처 왕씨는 대도 (大都) 사람이다.[23]	원나라 사사현(思士玄)의 처 왕씨 는 대도(大都) 사람이다.[24]

위 인용문에서 조선간본은 왕씨의 남편의 이름이 '혜사현(惠士玄)' 이라 되어 있으나 료이는 '혜(惠)'를 '사(思)'로 바꾸어 '사사현(思士玄)'으로 하고 있다. 이에 관하여 아오야마 주이치(靑山忠一, 1982) 는 "원찬(필자주:삼강행실도)도 신속열녀전도 함께 '혜사현'으로 되어

---

23) 惠士玄妻王氏。大都人。 본서에서 조선간본의 텍스트로 이용하고 있는 교토 부립종합자료관본은 이 부분이 낙장이므로, 동일판본인 미야기현 도서관(宮城 県図書館) 다테문고(伊達文庫) 소장본을 사용하였다.
24) 元の思士玄が妻。王氏は大都の人なり。

있으므로, 료이의 '사사현'은 잘못 옮겨적은 것이다"[25]라 지적하고만 있으며, 료이가 어째서 이와 같이 잘못 옮겨 적었는지에 대하여는 규명하지 못하였다.

여기에서 화각본의 해당부분을 확인해 보면, '사사현의 처 왕씨는 대도 사람이다(思士玄ガ妻王氏ハ。大都人ナリ)'로 해석하도록 지시하고 있다. 따라서 료이가 '혜(惠)'를 '사(思)'로 오역한 것은 잘못 옮겨적은 것이 아니라 실제로는 제대로 옮겨 적은 것이며, 앞서 검토한 '위원(偉元)'의 문제와 마찬가지로 화각본의 잘못을 그대로 답습하여 충실히 일본어로 옮겼기 때문이다.

6. 맺음말

본절에서는 료이의 화역본『삼강행실도』의 저본을 밝힌 후, 화역본에서 나타나는 오역과 개변의 배경에는 화각본이 존재해 있다는 점과 이와 아울러 화역본에 나타난 창작성에 대하여 고찰하였다.

호조 히데오(北条秀雄, 1972)는 료이의 화역본에 대하여 "일본어 번역문은 상당히 유려하며, 원작을 완전히 소화하였다"[26]라 지적하고 있으나, 사실 료이는 원작의 내용을 언제나 완전히 이해한 후에 일본어로 옮긴 것이 아니라는 것이 밝혀졌다.

이에, 료이의 화역본과 조선간본 및 화각본을 비교해 본 결과, 화

---

25) 原撰も新続列女伝も共に「惠士玄」とあり、了意の「思士玄」は写し誤りである。
26) 和訳は非常に流麗で、原書を完全に消化してある。

역본에는 상당수의 오역이 존재한다는 것을 발견하고, 그 원인은 화각본의 훈점의 오류를 그대로 답습하여 일본어로 옮겼기 때문에 생긴 것이라는 것이 밝혀졌다.

그러나 료이는 이야기의 전체적인 내용의 통일성에 대해 끊임없이 고민하였던 흔적이 보인다. 그 이유는 오역이 생기면 그것을 그대로 방치한 것이 아니라, 전체의 내용에서의 모순을 피하고, '효자·충신·열녀의 행실을 칭송한다'는 편찬의도를 유지하기 위해 원작에는 없는 새로운 내용을 첨가하거나 때로는 일부분을 삭제함을 통하여 내용의 일관성을 부여하였기 때문이다.

일본에서의 『삼강행실도』 수용양상

1. 머리말

조선에서의 『삼강행실도』에 대한 연구의 경우 조선어사적인 관점, 사상적 관점, 미술사적인 관점, 교육학적인 관점 등에서 다양한 연구가 진행되어 왔으나 일본에서의 화역본 『삼강행실도』의 경우 거의 연구가 이루어지지 않고 있는 실정이다. 그런데 이것은 『삼강행실도』만의 문제는 아니며, 당시에 유행한 교화서가 원작의 단순한 재출판 또는 충실한 번역이나 인용에 지나지 않는 것이 많기 때문에 일단 출전이 밝혀지고 나면 더 이상 연구가 진전되기 어렵기 때문이다.

하지만, 본절에서 문제삼고자 하는 것은 기본적인 출전론쪽에서도 미상(未詳)이거나 잘못 알려진 사항들이 많이 있으며, 그로 인해 일본에서의 『삼강행실도』의 수용에 관한 전체적인 양상이 아직까지 제대로 파악되지 않고 있다는 점이다.

예를 들어,『신속열녀전』의 경우 과연 중국, 조선, 일본의 어느나라에서 간행되었는가 라는 문제와 이것이『삼강행실도』와 어떠한 관계가 있는가 라는 문제이다. 전자의 문제에 관해서는 새로운 자료의 발견을 기다려야 하기 때문에 본고에서는 지금까지의 선행연구에 약간의 사견을 더하도록 하며, 후자의 문제에 관해서는 제1절에서 서술한『삼강행실도』의 각 판본을 참고로 하면서『신속열녀전』이 의거한『삼강행실도』는 어떠한 종류의 것인가에 관한 문제에 관하여 해답을 제시하고자 한다.

그와 더불어 야마자키 안사이(山崎闇齋)의『야마토 쇼가쿠(大和小学)』(1658), 작자미상의『겐조 모노가타리(賢女物語)』(1669) 및 미야카와 도타쓰(宮川道達)가 편찬한『훈몽고사요언(訓蒙故事要言)』(1694)과『삼강행실도』와의 관계에 관해서도 서술해 나가며, 이를 통하여 일본에서의『삼강행실도』의 수용에 대한 전체적인 양상에 대하여 출전론에 비중을 두면서 고찰해 나가고자 한다.

2. 『신속열녀전』의 출판의 문제 재검토

그럼 논의 전개상 먼저『신속열녀전』의 출판의 문제에 관하여 검토를 해 보도록 한다.『신속열녀전(新続列女伝)』은 조오(承応) 3년(1654), 무로마치거리(室町通) 고이야마초(鯉山町)의 고지마 야사에몬(小嶋弥左衛門)에 의해 간행되었으며, 3권 3책으로 구성되어 있다. 본서의 상권에서는 주열국(周列国), 후한(後漢), 진(晋), 원위(元魏), 양(梁), 위(魏), 수(隋), 당(唐)의 순서로 70명의 열녀를 수록하였으며, 중권에서는 오대(五代), 송(宋), 요(遼), 금(金), 원(元)의 순서로 67명의 열녀를, 하권에서는 국조(国朝, 필자주 : 명(明)), 백제(百済), 고려(高麗), 본국(本国, 필자주 : 조선)의 53명, 총190명의 열녀를 수록하였다.

1920년에 유호도문고(有朋堂文庫)에서 간행된 『古列女伝(全) 女四書(全)』의 해제에서는 "명대의 서적이며 편자는 밝혀지지 않았다(明代の書、編者詳かならず)"라 하여 본서의 편찬자가 누구인지 밝혀지지는 않았으나 일단은 명나라의 서적이란 식으로 기술되어 있다. 그러나 다음에 인용하는 나카무라 유키히코(中村幸彦, 1982)의 의견과 같이 본서가 명나라의 서적이라는 판단은 어떤 근거에 의해 내려진 것인가에 대해 의문이 남는다.

여기에 곤란한 책 한권이 있다. 그것은 『신속열녀전』'조오3년 갑오5월 길일 무로마치거리 고이야마초 고지마 야사에몬 간행'의 대본(大本) 3권 3책의 훈독화각본이 있는데, 유호도 문고(有朋堂文庫)에도 들어있어 유포되어 쉽게 손에 넣을 수 있는 책이다. 그 문고의 해제에는 '명나라때의 책. 편자미상'이라 되어 있으나, 나의 좁은 견문으로는 내외의 한적목록에 그 이름을 찾아 볼 수가 없다. 화각을 할 때 제목을 바꾼 것인가하고 의심하여 보았지만 그에 상당하는 서적도 알 수 없다. 이 책 목록의 중국부분에서 명나라를 '국조(国朝)'라 부르고 있는 것으로 보아 명나라때의 책으로 일단은 생각할 수 있겠지만, 조선의 부에서 '본국'으로 부르고 있는 것은 '이조(李朝)'이며,

화각본으로 볼 수 있는 모습으로는 조선에서 편찬된 것이 아닌가 하고 생각된다. 하지만, 『조선도서해제(朝鮮図書解題)』는 물론 내가 조사한 어느 조선본의 제목에도 아직 이 책의 이름을 찾아볼 수가 없다. 화각본의 각 조에는 각 이야기의 출전을 주석으로 달아놓고 있는데, 이상하게도 『삼강행실도』라 주석을 넣은 것이 54조에 달한다. 『삼강행실도』의 여성은 열녀 35명 외에 효자 수명을 합쳐도 이러한 숫자가 될 수가 없다. 비교해 보니, 『삼강행실도』와 합치되는 것은 11조이며, 『속삼강행실도』를 합친 것인가 하고 보니, 이것은 하나도 합치되지 않는다. 어쩌면 생각건대 『삼강행실도』 그 자체에 예화를 더 주석으로 하여 보충한 책이 있는 것은 아닐까. 지금 『삼강행실도』와 이 책 사이에서 합치되는 11조는 거의 문장이 같은 것부터, 조금씩 다른 것도 있는데, 이것을 일본어로 옮긴 경우에는 뭐가 뭔지 그 출전을 정하는데 곤란함을 느낀다. 『신속열녀전』과의 비교에 있어, 『삼강행실도』를 출전으로 하고 있는 이야기와의 비교가 행해져야 한다. 하지만, 이것은 다른 분들의 가르침을 받아야 하는 부분이긴 하지만, 필자는 지금 시점에서 『신속열녀전』은 조선에서 편찬된 것은 아닐까라고 생각한다.[1]

---

1) ここに困った一書がある。それは、『新続列女伝』「承応三年甲午五月穀旦　室町通鯉山町小嶋弥左衛門板行」の大本三巻三冊の訓読和刻本があり、有朋堂文庫にすら入って流布する、何の珍しくもない本である。その文庫の解題には、「明代の書、編者詳かならず」とするけれども、私の狭い見聞では、内外の漢籍目録にその名を見ない。和刻に際しての改題かとも疑ったが、それに相当する書物も思いあたらない。この書の目録の中国の部分で、明のことを「国朝」と称するから、明代の著とも一応考えられるが、朝鮮の部で「本国」と称するのが、李朝であって、和刻本に見る姿は、朝鮮で編纂されたものではないかとも疑われる。しかし『朝鮮図書解題』は勿論、愚目のどの朝鮮本の書目にも、まだこの書名を見出し得ない。和刻本の各条には、その話の出拠を注してあるが、不思議なことに『三綱』と注するもの五十四条に上る。『三綱』の女性は烈女三十五の外、孝子の数名を合せても、この数になりようがない。比較すると、『三綱』と合致するものは、十一であり、『続三綱行実図』を合せたものかと思うに、これは一つも合致しない。或は思うに、『三綱』そのものに、例話を更に注記し補記した本があるのではなかろうか。今『三

위 인용문으로부터 알 수 있는 바와 같이, 나카무라는 유호도문고 (有朋堂文庫)의 해제의 기술에 관하여 의문을 제시한 후, 어느 조선 본의 목록에도 『신속열녀전』에 관한 기술은 보이지 않지만, 본서가 조선의 부(部)를 '본국(本国)'으로 부르고 있는 것으로 보아, 일단은 조선에서 편찬된 것으로 추정하고 있다.

최박광(1990)도 나카무라와 같은 의견을 가지고 있으며, 어느 조선 본의 목록에도 『신속열녀전』에 관한 기술이 없는 것은 "目錄에 등 재・기재되지 않고 일실된 서적이 비일비재함을 미루어 보아, 이 책 또한 目錄에 기재되지 않은 채 일실된 서적 중의 하나라고 생각된다" 라 하고, "國朝에는 明의 例話를, 本國에는 朝鮮의 例話를 신고 있 는데, 本國은 朝鮮의 例話를 가리키고 있는 점으로 보아, 明이나 日 本의 책이 아닌 것은 확실"하다고 지적하고 있다.

이에 더하여, 용어의 사용에 있어서 "日本을 지칭할 때, 반드시 倭 寇, 倭賊, 倭 等으로 기술하고 있는 점 등과, 例話의 內容이 대부분 倭賊의 來侵에 죽음으로 貞節을 지킨 烈女를 사례로 들고 있는 점 으로 보아, 日本人에 의해 편찬되었다고는 보기 어렵다."고 이야기하 고 있다.

물론, 두 연구자의 지적대로, 그 예화에서 조선을 '본국(本国)'이라 부르고 있는 것으로 보아 『신속열녀전』이 조선에서 출판된 것이 아 닌가 하고 생각하기 쉽다. 그렇다면 일본에서 출판된 화각본 『삼강행

綱』とこの書で、合致する、十一条は、殆ど文章の同じものから、少しずつ相違し たものもあるが、これを和訳した場合は、いずれがいずれか、その出拠を定めるに 困難を感じる。『新続列女伝』との比較の下において、『三綱』出拠の吟味は試み ねばならない。しかし、これは大方の御指教を乞うものであるが、筆者は今の時点 で、『新続列女伝』は、朝鮮での編ではあるまいかと考える。

실도』의 경우는 어떠할까. 여기에서도 '본국'의 사례로 조선의 이야기
가 실려 있기 때문에 위의 두 연구자의 견해로는 필자의 의문에 대한
해답을 제시할 수 없게 된다. 이에 다음에 인용하는 〈그림1〉을 통하
여 필자가 제기한 의문에 대한 해답을 모색해 보도록 한다. 『신속열
녀전』의 각 이야기에는 그 이야기의 출전을 명기하고 있는데, 출전이
처음 소개된 경우에는 그에 대한 간단한 설명을 덧붙이고 있다.

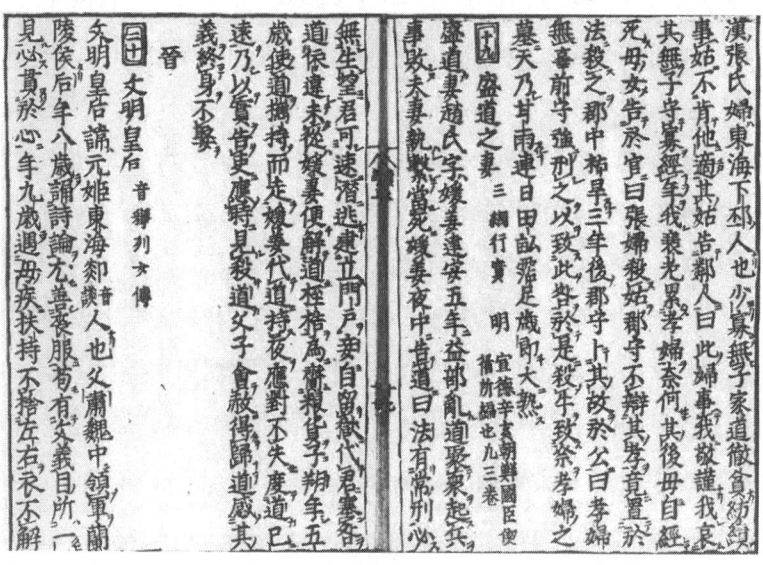

〈그림1〉 국문학연구자료관(国文学研究資料館) 소장본 『신속열녀전』

위 그림을 보면, 상권 제19화 「성도지처(盛道之妻)」는 『삼강행실
도』를 출전으로 하고 있다고 주석이 붙어 있으며, 『삼강행실도』에
관하여 다음과 같이 설명하고 있다.

　19 성도의 처 삼강행실 명 선덕7년 조선국 신하 설순이 편찬하였다. 3권[2]

　아사이 료이(浅井了意) 문학의 성립과 성격

『三綱行實』이란 글자 밑에 '明 宣德辛亥'라 되어 있는 것의 경우, 당시 조선의 관판(官板)은 대부분 중국의 연호를 사용였기 때문에 『삼강행실도』도 마찬가지로 명의 연호를 사용한 것은 큰 문제가 되지 않는다. 중요한 것은 '조선국 신하 설순이 편찬하였다'라는 주석부분인데, 목차 및 예화처럼 '본국(本国)'이라는 용어는 사용하지 않고, '조선국(朝鮮国)'이라 칭하고 있는 점이 주목할 만 하다.

여기에서 문제가 되는 것은, 제19화의 주석에서 '조선국'이라 칭한 것과, 목차 및 예화에서 명나라를 '국조(国朝)'로, 조선을 '본국'으로 구별한 것 중에서, 과연 편자의 의식이 반영된 것은 어느것인가 라는 것이다.

필자의 견해로는 『신속열녀전』의 목차와 예화에서 명나라와 조선을 구별하고, 조선을 '본국'이라 칭한 것은, 그 출전인 『삼강행실도』로부터 예화를 인용할 때, 제목 밑에 쓰여 있는 국명(國名)까지 그대로 이용하였기 때문이라 생각된다. 따라서 이것은 『신속열녀전』의 편자의 편찬의식이 아니라 『삼강행실도』의 편자인 설순(偰循)의 편찬의식에 의한 것이다. 따라서 만약 『신속열녀전』이 조선에서 간행된 것이라면 19화의 주석에서 자국에 대하여 '조선국'이라는 주석을 넣는 것은 부자연스럽다.

또한, 최박광(1990)이 지적한 '왜구(倭寇)', '왜적(倭賊)', '왜(倭)'의 용어에 관한 문제에 관하여 살펴보면, 예를 들어 『삼강행실도』의 열녀편을 충실히 번역한 하야시 라잔(林羅山)의 『데이조 와지키(貞女和字記)』에 다음과 같은 기술이 있다.

---

2) 十九 盛道之妻 三綱行實 明 宣德辛亥朝鮮國臣偰循所編也凡三卷

○홍무 기미(필자주:1379)년 왜적이 진주로 쳐들어왔다. (제31화)[3]

○홍무 경신(필자주:1380)년 왜적이 경산으로 쳐들어왔다. 이를 막을
수 있는 이가 없었다. (제32화)[4]

○어느날 왜적이 본부(本府)를 쳐들어왔을 때 임씨가 붙잡혔다.
(제33화)[5]

또한 위의 용례와 동일한 이야기를 소재로 한 료이의 화역본『삼강
행실도』를 보더라도 마찬가지이다.

○홍무 기미년이 되자 왜국의 도적들이 진주로 쳐들어왔다.
(열녀편 하권 제7화 「최씨분매」)[6]

○홍무 경신년에 왜국의 도적들이 경산에 이르렀다.〈중략〉섬나라의
오랑캐들이 쳐들어오니 누가 이를 막을 수 있을 것인가.
(열녀편 하권 제8화 「열부입강」)[7]

○그러던 때 왜국의 적병들이 본부(本府)로 쳐들어와 사람들을 죽이
고 물건들을 훔치고 범하여 마음대로 하였다.
(열녀편 하권 제9화 「임씨단족」)[8]

위 인용문을 보면, 라잔과 료이의 작품에서도 일본을 비하하여 부
르는 말까지 충실히 번역한 예가 많이 보이므로, 최박광의 추정은 그

---

3) 洪武己未のとし、倭賊、晋の地をみたり、(第三十一話)
4) 洪武庚申のとし、倭賊、京山をせむ。これをふせくものなし。(第三十二話)
5) ある時、倭賊本府をせむる時、林氏とらへられけり。(第三十三話)
6) 洪武つちのとのひつじのとしにあたりて、倭国の賊、晋州によせ来る。
7) 洪武かのえ申のとし、倭賊、京山にいたる。〈中略〉嶋のえびす、きたり逼らば、たれ
かよくあたらん。
8) しかるに、倭国の賊兵、本府にをしわたり、人をころし物をとりかすめ、をかす事ほ
しゐままなり。

다지 설득력을 지닌다고는 할 수 없으며, 따라서 『신속열녀전』은 일본에서 간행된 것임에 틀림없다고 보여진다.

3. 『신속열녀전』과 『삼강행실도』와의 관계

앞서 인용한 나카무라의 견해에서 본 바와 같이 『신속열녀전』은 『삼강행실도』를 출전으로 하고 있다고 주석을 넣은 것이 54화에 이르는데 비해 실제로는 11화밖에 일치되지 않았다. 오쿠보 준코(大久保順子, 2002)의 해제에 의한 『가나조시집성(仮名草子集成)』 제32권 『삼강행실도』에서도 "나카무라씨가 상정한 간본은 그 후 발견되지 않은 것 같다(中村氏の想定された刊本は、その後、発見されてないようである)"라 하여 『신속열녀전』과 『삼강행실도』와의 관계는 미해결인 상태로 남아있게 되었다.

그렇다면, 선행연구자들은 어째서 이러한 결론을 내리게 되었을까. 먼저, 나카무라의 견해의 경우 전게서를 살펴보면 그가 참조한 『삼강행실도』의 일부분을 인용하여 놓았는데, 그 출처가 어디인지는 밝히고 있지 않았다. 하지만 이것은 필자가 보기에 영조개역본이 확실하며, 마침 덴리대학(天理大學)에 소장된 것도 영조개역본이고 그가 덴리대학에서 근무한 적이 있었다는 배경을 고려해 보면, 나카무라가 참조한 것은 덴리대학 소장본 영조개역본 이다.

또한 오쿠보의 견해의 경우 전게서에서 "내각문고소장의 조선간본 2권(그 중 한권은 하야시가문 구장본)은 동일판이 아니다(內閣文庫

所蔵の朝鮮刊本二本(うち一本は林家旧蔵)は、同一板ではない)."라 기술하고 있다. 이 내각문고 소장본은 필자가 확인해 본 결과 [299-0151]의 청구기호를 가지는 것은 제1절 〈그림1〉의 ②에 해당하는 언해초간본이며, 청구기호 [子248-0005]는 ③에 해당하는 선조개역본이다.

즉, 선행연구자들이 참조한 것은 모두 효자, 충신, 열녀를 35명씩 수록한 언해본 계통이다. 그렇다면 나카무라가 추정한 "『삼강행실도』 그 자체에 예화를 주석으로 하여 보충한 책"이란 아직 발견되지 않은 자료인가 아니면 이미 주지의 서적이나 명칭이 달라 아직까지 인지하지 못한 서적인가라는 문제가 발생하게 된다. 이 문제에 관하여 필자의 머리에 떠오른 것은 본장 제1절에서 소개한 바와 같이 효자, 충신, 열녀를 110명씩 총 330명을 수록한 초간본『삼강행실도』이다. 이에 『신속열녀전』과 초간본『삼강행실도』의 동일화의 목록을 비교해 보면 다음과 같다.

초간본 『삼강행실도』	『신속열녀전』	언해본 『삼강행실도』 열녀편
第13話「伯姬逮火」		第1話「伯姬逮火」
第16話「女宗知禮」		第2話「女宗知礼」
第17話「殖妻哭夫」		第3話「殖妻哭夫」
第18話「宋女不改」		第4話「宋女不改」
第19話「節女代死」		第5話「節女代死」
第20話「高行割鼻」		第6話「高行割鼻」
第21話「穆姜撫子」		第7話「穆姜撫子」
第22話「禮宗罵卓」		第8話「礼宗罵卓」

第23話「卓義刎死」		第9話「卓義刎死」
第24話「媛姜解梏」	上卷第19話「盛道之妻」	第10話「媛姜解梏」
第25話「令女截耳」		第11話「令女截耳」
第27話「王妃拒胡」	上卷第21話「愍懷太子妃」	
第29話「宗氏罵晞」	上卷第25話「賈渾之妻」	
第30話「杜氏守尸」	上卷第26話「許延之妻」	
第31話「閻薛效死」	上卷第27話「張天錫妻」	
第32話「毛氏彎弓」	上卷第28話「苻登之妻」	
第33話「楊氏義烈」	上卷第29話「呂纂之妻」	
第34話「張氏墮樓」	上卷第30話「呂紹之妻」	
第35話「李氏感燕」	上卷第32話「衛敬瑜妻」	第12話「李氏感燕」
第36話「劉氏憤死」	上卷第36話「封卓之妻」	
第37話「柳氏同穴」	上卷第39話「襄城王恪妃」	
第38話「元氏毀面」	上卷第40話「華陽王楷妃」	
第40話「崔氏見射」		第13話「崔氏見射」
第41話「淑英斷髮」		第14話「淑英斷髮」
第44話「魏氏斬指」		第15話「魏氏斬指」
第45話「玉英沈海」	上卷第68話「苻鳳之妻」	
第49話「景文守正」	上卷第69話「殷保晦妻」	
第50話「烈婦中刀」	上卷第70話「竇氏烈婦」	
第51話「周妻見賣」	上卷第63話「周迪善賈」	
第52話「李氏負骸」		第16話「李氏負骸」
第53話「趙氏縊輿」		第17話「趙氏縊輿」
第54話「徐氏罵死」		第18話「徐氏罵死」
第56話「李氏縊獄」		第19話「李氏縊獄」
第58話「雍氏同死」	中卷第32話「趙卯發妻」	第20話「雍氏同死」

第59話「貞婦淸風」		第21話「貞婦淸風」
第60話「梁氏被殺」		第22話「梁氏被殺」
第61話「按蘭躍馬」	中卷第33話「耶律中妻」	.
第62話「住住死崖」	中卷第34話「康住住」	
第63話「莊潔頓坐」	中卷第35話「李英之妻」	
第64話「欒氏觸賊」	中卷第36話「相琪之妻」	
第65話「獨吉縊死」	中卷第37話「獨吉氏」	
第66話「妙眞赴井」	中卷第38話「馮妙眞」	
第67話「明秀具棺」	中卷第39話「蒲察氏」	第23話「明秀具棺」
第71話「義婦臥氷」	中卷第51話「張氏義婦」	第24話「義婦臥氷」
第72話「冬兒自縊」	中卷第52話「李氏冬兒」	
第74話「貴哥縊廐」	中卷第53話「五十三妻」	
第75話「劉氏握手」	中卷第54話「臺叔齡妻」	
第76話「張氏自刃」	中卷第55話「湯煇之妻」	
第77話「童氏皮面」		第25話「童氏皮面」
第78話「張女投水」	中卷第56話「張氏之女」	
第79話「王氏經死」		第26話「王氏經死」
第81話「毛氏剖腸」	中卷第57話「周婦毛氏」	
第82話「淑靖投河」	中卷第58話「吳守正妻」	
第83話「朱氏懼辱」	中卷第59話「黃中起妻」	第27話「朱氏懼辱」
第84話「王氏死墓」	中卷第60話「焦士廉妻」	
第85話「許氏仆地」	中卷第61話「趙洙之妻」	
第86話「翠哥就烹」		第28話「翠哥就烹」
第87話「妙安淬刀」	中卷第62話「鄭淇之妻」	
第88話「節婦投江」	中卷第63話「柯節之婦」	
第89話「華劉雙節」	中卷第64話「張思孝妻」	

아사이 료이(浅井了意) 문학의 성립과 성격

第90話「劉氏斷舌」	中卷第65話「安志道妻」	
第91話「姑婦幷命」	中卷第66話「宋謙之妻」	
第92話「竇女貞節」		第29話「竇女貞節」
第96話「弥妻啖草」	下卷第39話「都弥之妻」	第30話「弥妻啖草」
第97話「玄妻死水」	下卷第40話「玄文奕妻」	
第98話「鄭妻偕沈」	下卷第41話「鄭文鑑妻」	
第99話「安妻俱死」	下卷第42話「安天倫妻」	
第100話「崔氏奮罵」	下卷第43話「烈婦崔氏」	第31話「崔氏奮罵」
第101話「三女投淵」	下卷第44話「處女三人」	
第102話「烈婦入江」	下卷第45話「裴中善女」	第32話「烈婦入江」
第103話「金氏死賊」	下卷第46話「金彦卿妻」	
第104話「慶妻守節」	下卷第47話「慶德儀妻」	
第105話「宋氏誓死」	下卷第48話「鄭寅之妻」	
第106話「林氏斷足」	下卷第49話「儒士柜之女」	第33話「林氏斷足」
第107話「金氏撲虎」	下卷第53話「安東金氏」	第34話「金氏撲虎」
第108話「韓氏絶粒」	下卷第50話「吳之界妻」	
第109話「黎貴縊葉」	下卷第51話「金氏黎貴」	
第110話「金氏同窆」	下卷第52話「豐山金氏」	第35話「金氏同窆」

위의 목록을 보면 지금까지 미상이었던 것이 한꺼번에 밝혀지게 되는 것을 알 수 있다. 먼저 초간본 『삼강행실도』와 언해본 『삼강행실도』는 각 이야기의 제목이 완전히 동일하여 영향관계를 간단히 판단할 수 있다. 그러나 『신속열녀전』의 경우 제목이 다르기 때문에 제목만으로는 판단해서는 안되며 본문까지 함께 비교해야 한다. 따라서 『신속열녀전』과 초간본 『삼강행실도』의 동일화를 비교해 보면,

나카무라는 앞의 논고에서 "『삼강행실도』라 주석을 넣은 것이 54화에 이른다"라 하고 있으나 실제로는 55화이며, "『삼강행실도』와 합치되는 것은 11화이다"라 한 것도 실제로는 12화인 것을 알 수 있다. 또한, 이야기의 배열순서를 보더라도 일부분을 제외하면 초간본 『삼강행실도』와 완전히 일치하기 때문에 『신속열녀전』이 의거한 『삼강행실도』란 초간본 『삼강행실도』라는 것은 의심할 여지가 없다. 나카무라가 "『삼강행실도』 그 자체에 예화를 주석하고 보충한 책"이 존재할지도 모른다고 추정하였지만 이것은 초간본 『삼강행실도』의 존재를 몰랐기 때문이라 생각된다.

　『신속열녀전』이 초간본 『삼강행실도』에 의했다는 사실은 초간본 『삼강행실도』의 결화(缺話)를 통해서도 쉽게 알 수 있다. 초간본 『삼강행실도』는 송일기・이태호(2001)에서도 지적된 바와 같이 열녀편의 경우 초판본은 전해지지 않으며, 15세기 후반에 간행된 복각본만이 호암미술관에 소장되어 있다.

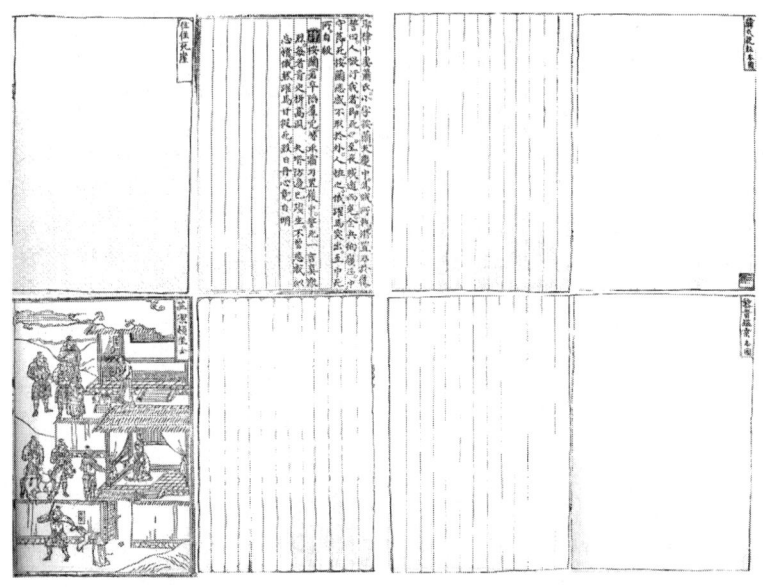

〈그림2〉 좌상과 좌하는 「주주사애」, 우상은 「한씨절립」, 우하는 「여귀액엽」.
우상과 우하는 참고의 편의를 위해 필자가 좌우의 위치를 바꾸었다.

초간본 『삼강행실도』의 문제는 효자편은 제103화 「효신여묘(孝新
廬墓)」, 충신편은 제59화 「한기원훈(韓琦元勳)」을 비롯한 5개의 이
야기에 제목만 있을 뿐 그림과 본문이 없다. 또한, 열녀편의 경우에
도 위 그림에서 보는 바와 같이 제62화 「주주사애(住住死崖)」, 제
108화 「한씨절립(韓氏絶粒)」, 제109화 「여귀액엽(黎貴縊葉)」에 제목
만 있고 그림과 본문이 없다. 즉, 효자, 충신, 열녀를 110화씩 수록하
고 있다고는 하지만, 실제로는 어느 한편도 완전한 상태로 전해지지
않고 있다는 것이 문제라 할 수 있다.

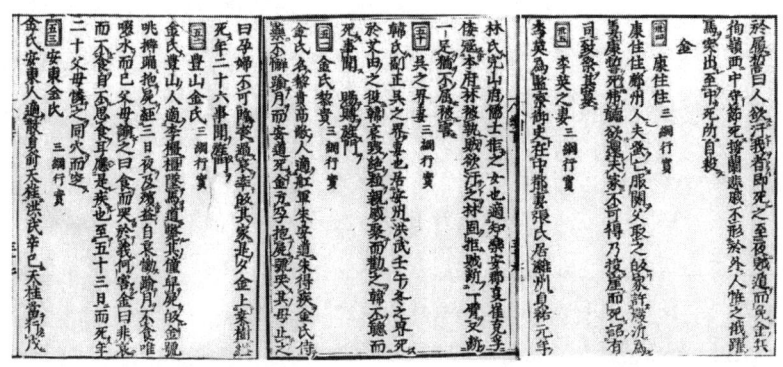

〈그림3〉 일본 국문학연구자료관 소장본 『신속열녀전』. 오른쪽은 중권 34화 「강주주」, 가운데는 하권 50화 「오지계처」. 왼쪽은 하권 51화 「김씨여귀」

　이에 초간본 『삼강행실도』와 『신속열녀전』의 내용에 대해 비교검토를 하던 중 필자가 의문을 품고 있던 『삼강행실도』 열녀편의 결화가 『신속열녀전』에 수록되어 있음을 확인하게 되었다. 즉, 위의 〈그림3〉에 소개한 일본 국문학연구자료관 소장본 『신속열녀전』을 보면, 일단 각 이야기마다 그 출전을 명기하고 있기 때문에, 위 이야기들은 모두 『삼강행실도』에서 인용하였음은 틀림이 없다.

　이에 중권 제34화 「강주주(康住住)」, 하권 제50화 「오지계처(吳之界妻)」와 제51화 「김씨여귀(金氏黎貴)」를 살펴보면, 각각 『삼강행실도』에서 인용하였음을 밝히고 있고, 이를 초간본 『삼강행실도』와 비교하여 보면, 제62화 「주주사애」, 제108화 「한씨절립」, 제109화 「여귀액엽」에 해당하는 것을 알 수 있다.

　이것은 초간본 『삼강행실도』에는 본문이 실려 있지 않아 그 내용을 알 수 없었던 이야기들이 일본에서 간행된 『신속열녀전』을 통해 그 내용을 알 수 있다는 의의가 있으며, 이와 더불어 일본으로 전해

진 것은 현존하는 초간본 『삼강행실도』와는 다른 판본, 즉 본문이 구
비된 것이라는 것을 추측할 수 있다.

그렇다면 여기에서 나타나는 또 다른 문제로는, 『신속열녀전』의
훈점은 화각본 『삼강행실도』의 훈점과 비교하여 보았을 때 동일인이
작성하였는가의 문제이다. 앞서 본장 제2절에서 열녀편 제31화 「최
씨분매(崔氏奮罵)」의 예를 들어 검토한 바 있으므로, 본절에서도 이
부분을 들어 검토해 보기로 한다.

왼쪽에 인용한 〈그림4〉에서 왼쪽은 『신
속열녀전』 하권 제43화 「열부최씨(烈婦崔
氏)」이며, 오른쪽은 화각본 『삼강행실도』
열녀편 제31화 「최씨분매(崔氏奮罵)」이
다. 이를 비교해 보면, '命旌門、蠲習吏
役'의 해석에 있어 『신속열녀전』처럼 '습
의 부역을 면제하였다'로 해석해야 함이
마땅하며, 화각본처럼 '습리의 부역을 면
제하였다'로 하는 것은 틀린 해석이다. 이
러한 양자의 훈점의 차이는 다른 부분에
서도 많이 보이며, 도저히 동일 편자에
의한 작업이라 볼 수 없으므로 『신속열녀

『신속열녀전』하권   화각본열녀편31
43화「열부최씨」   화「최씨분매」
〈그림4〉『신속열녀전』과
화각본『삼강행실도』의 비교

전』의 편자가 화각본을 참고하였거나 동일한 편자에 의한 작업일 가
능성은 거의 없다고 보아도 무방할 것이다.

4. 『야마토 쇼가쿠(大和小学)』, 『겐조 모노가타리(賢女物語)』,
   『훈몽고사요언(訓蒙故事要言)』의 『삼강행실도』 수용

① 『야마토 쇼가쿠(大和小学)』

일본에서의 『삼강행실도』수용은 『신속열녀전』이나 화각본 『삼강
행실도』처럼 훈점이 붙어 재출판된 것, 『데이조 와지키』나 료이에
의한 화역본 『삼강행실도』처럼 번역한 것이 있다. 그 외에도 『야마
토 쇼가쿠』『겐조 모노가타리』『훈몽고사요언』과도 같은 교훈서에서
는 『삼강행실도』의 내용을 소개하거나 일부를 전재하는 형태로 이용
하였으므로, 이에 관하여 논해 보고자 한다.

그럼 먼저 『야마토 쇼가쿠』에 대한 나카무라 유키히코(中村幸彦,
1982)의 의견을 인용해 보면 다음과 같다.

    『야마토 쇼가쿠』에는 고려의 열녀 ①현문혁(玄文奕)의 처, ②정문
    감(鄭文鑑)의 처의 두명의 이름만이 보인다. Ⓐ이들은 모두 『신속열
    녀전』을 보면 『삼강행실도』가 출전이라 주석을 넣고 있으나 『삼강행
    실도』에는 보이지 않는 인물들이다. 안사이(闇齋)는 앞서 추정한 바
    와 같이 주석으로 보충한 책을 보았던 것일까. 어쩌면 『신속열녀전』
    도 같이 보았던 것일까. ③한나라의 악양자(樂羊子)의 처와 ④허승
    (許升)의 처도 함께 『신속열녀전』에 보이는 이들과 함께 실었기 때문
    에 후자의 경우가 가능성이 높다.[9]

---

9) 『大和小学』には、高麗の烈女、玄文奕の妻、鄭文鑑の妻の二人の名のみが見え
   る。共に『新続列女伝』に『三綱行実』を出拠として収まるが、『三綱』には見出さな
   い人々である。闇齋は、前に想像した如き注記補記の本を見たのでもあろうか。或
   は『新続列女伝』をも合せ見たのであろうか。漢の楽羊子が妻、許升が妻と共に『新
   続列女伝』に見える人々と合せてかかげるので、後の場合の方が可能性が濃い。

위 인용문에서 ①의 현문혁(玄文奕)의 처는『신속열녀전』하권 제
40화「현문혁처(玄文奕妻)」에 보이는 이야기이며, ②의 정문감(鄭文
鑑)의 처는『신속열녀전』하권 제41화「정문감처(鄭文鑑妻)」에 보
이는 이야기이다. 그러나 이것은 언해본『삼강행실도』에는 수록되어
있지 않기 때문에 나카무라는 Ⓐ와 같이『삼강행실도』를 출전으로
하여 실려 있지만,『삼강행실도』에는 찾아볼 수 없는 인물이므로 "주
석으로 보충한 책을 보았던 것"은 아닐까라며 의문을 제시하고 있다.
그러나 이 두 이야기는 앞서 필자가 제시한『신속열녀전』과 초간본
『삼강행실도』의 동일화의 목록을 보면 알 수 있듯이 초간본『삼강행
실도』제97화「현처사수(玄妻死水)」와 제98화「정처해침(鄭妻偕沈)」
이 출전이다.

다음으로 ③의 악양자(樂羊子)의 처의 이야기의 경우『신속열녀전』
상권 제10화「악양자처(樂羊子妻)」에서는 출전을『고금열녀전』으로
하고 있어 앞서 표로 제시한『신속열녀전』과 초간본『삼강행실도』의
동일화의 목록에는 넣지 않았으나, 언해본 열녀편『삼강행실도』제9
화「정의문사(卓義刎死)」와 초간본『삼강행실도』의 제23화「정의문
사(卓義刎死)」에도 똑 같은 이야기가 있다. 그리고 ④의 허승(許升)
의 처의 이야기는『신속열녀전』상권 제26화,「허연지처(許延之妻)」
는 초간본『삼강행실도』제30화「두씨수시(杜氏守尸)」가 출전이다.

나카무라는 상기의 인용문에서 안사이(闇齋)가『신속열녀전』을 보
았을 가능성이 높다고 서술하고 있으나 이것은 나카무라가『삼강행
실도』의 계통을 파악하지 못하여 초간본『삼강행실도』의 존재를 모
른 상태에서 내린 추정이다. 그러나 본서에서의 논의를 통하여 일본에

서의 초간본『삼강행실도』의 영향이 인정되었으므로, 안사이는 초간본
『삼강행실도』를 열람했을 가능성이 높다는 것을 지적할 수 있다.

② 『겐조 모노가타리(賢女物語)』

『겐조 모노가타리(賢女物語)』는 간분(寬文)9년(1669)에 간행된 작
자미상의 여훈서(女訓書)이다. 그 서문을 보면, 작자는 본 작품의 창
작의도에 대해 다음과 같이 서술하고 있다.

　가을 달은 구석구석 비치며, 싸리나무 잎은 물들어 왠지 모르게
슬픈 기운이 돌고 침실의 문짝도 쓸쓸하다. ①곰곰이 세상의 풍속을
생각해 보건대 요즈음 남자와 여자들은 대체로 점점 무례해지고 있
다. 요즘 나라 사람들은 분명한 것이 있으니 특히 여인네는 사람들의
눈에 띄기 쉬워 조그만 일에도 행실이 바르지 못하면 그 마음씨까지
도 미루어 짐작하게 된다. 물론 전부다 그렇다고는 할 수는 없지만,
②요즘 여인네들은 쌀쌀맞게 말하며 말투도 깨끗하지 못하고 행동거
지도 흐트러져 아버지와 어머니에게 효도를 다하고자 하는 마음이
없으며 시아버지와 시어머니를 봉양하는 법을 모른다. 남편을 무시
하고 집안을 어지럽히며 밖에 나가서는 주제넘게 나서며 모든 일에
있어 여자의 도에 어긋나는 일이 많다. 〈중략〉 ③나는 딸 하나를 두
고 있다. 원래부터 어리석어 중국 일본의 책들을 보아도 도를 익히는
법을 모르기 때문에 하물며 몸소 실천하는 법을 모른다. 그런데도 그
대로 키워서는 안되는 일이라 생각하여 옛 서적의 이곳저곳에서 또
어릴적부터 귀에 익혀 들어온 이런저런 이야기들을 일부분만 모아
『겐조 모노가타리(賢女物語)』로 지어 내 딸에게 가르치려 한다. 억지
로 남을 위해 쓴 것이 아니다. 내 아이가 어리석어 잘못 듣는 것에

대해 천이나 백을 십이나 일로라도 막는다면 없느니보다 낫다고 생각하여 두서없이 붓가는 대로 적었다.[10]

작자는 ①에서 '세상의 풍속'을 보니 남자도 여자도 '무례'하여 예의를 모르고, ②에서는 요즘 여인네들은 말투도 쌀쌀맞으며 행동거지도 흐트러져 있고 부모에게 효를 다하지 못하며, 시부모를 봉양하는 법을 모르고, 남편을 무시하며 집안을 어지럽히고 밖에 나가서는 분수를 모르고 나서는 등 여자로서의 도를 지키지 않는 이들이 많다는 점을 개탄하고 있다. 그리고 이것이 바로 본서를 편찬하게 된 계기가 되었다고 서술하고 있다. 따라서 본서는 교훈의 대상을 여자로 한정하고, ③에서 언급한 바와 같이 자신의 딸에게 가르치는 형식으로 성현의 옛 말들 및 작자가 어릴적부터 자주 들어온 이런저런 말들을 모아 『겐조 모노가타리』로 하겠다는 것을 의도한 여훈(女訓) 가나조시(仮名草子)이다.

본서의 출전은 아오야마 추이치(青山忠一, 1982) 및 나카무라의

---

10)　秋の月くまなく、萩のした葉いろづきて、そこはかとなくものがなしく、ねやのとぼそもつれ％＼なるま。つく％＼と世の風俗をおもひはかるに、こゝもとのおとこをうなは、なべてぶれいになりもてゆくなれ。ひとのくにの人はさやかある。とりわけ女は人のめたつべかめるものなれば、すこしのこともおこなひのさがなきは、そのこゝろねのおしはからるにぞはんべる。しかあるをなべてさあらんといふにはあらねど、いまやうの女は無下にものいひきたなく、作法みだりにして、ちゝはにかう／＼をつくし奉る心なく、舅姑につかふまつるべしらず。夫をあなどり、内をみだり、外にさし出、よろづにつけてをうなの道にたがへることのみぞおほかる。〈中略〉われ、ひとりのむすめをもてり。もとよりおろかなれば、からのやまとのさうしを見て、道をこゝろむることをしらねば、まして身におこなふすべしらず。しかあるをさもなくて、おふしたてんも心うきことにおもひとりて、ふるきふみのそこ／＼、又わかきより耳なれしよしなしごと、かたはしかきあつめて、賢女物語となづけて、むすめにけうくんす。あへて他人のためにするにあらず。わが子のおろかなるひがみゝに、千百を十が一も、とめば、なきにはしかじと、あとさきなく筆にまかせぬ。

전게논고에 의해 거의 대부분 밝혀져 있다. 두 분이 제시한 출전을 살펴보면, 일본의 것으로는 특히 료이의 『야마토 이십사효(大倭二十四孝)』『간닌키(堪忍記)』『혼초 조칸(本朝女鑑)』이 눈에 띄며, 중국·조선 계통의 것으로는 주로 『열녀전』『삼강행실도』『신속열녀전』이 출전으로 지목되어 있다.

그렇다면 여기에서 필자가 제기하고자 하는 문제는 『삼강행실도』와 『신속열녀전』을 출전으로 하고 있는 이야기의 경우 앞서 인용한 나카무라의 논고에서 "이것을 일본어로 옮긴 경우에는 뭐가 뭔지 그 출전을 정하는데 어려움을 느낀다"라 지적한 바와 같이 출전을 판정하는 작업이 상당히 곤란하다는 것이다.

이와 같은 문제에 대한 해결을 위해 위의 두 선행연구에서 출전미상으로 되어 있는 권4의 제6화 「동씨의 머리를 봉한 일(董氏、髮に封をつけし事)」을 예로 그 출전을 제시하고, 초간본 『삼강행실도』와 『신속열녀전』 중에서 어느쪽으로부터의 영향을 인정해야 하는가에 대한 문제에 대해 고찰해 보도록 한다.

이 이야기는 필자가 확인해 본 결과 언해본 『삼강행실도』에는 없으며, 초간본 『삼강행실도』 제48화 「동씨봉발(董氏封髮)」 및 『신속열녀전』 상권 제67화 「가직언부(賈直言婦)」에 똑 같은 이야기가 있다. 이에 세 이야기의 문장을 비교해 보면 다음과 같다.

○초간본 『삼강행실도』 제48화 「동씨봉발」
가직언이 연좌되어 벌을 받아 영남으로 귀양가게 되었다. ①아내 동씨가 나이가 어리므로 이별하여 말하기를 "생사는 기약할 수 없으니, 내가 가거든 빨리 시집가고 기다리지 마십시오."라 하였다. 동씨는 대답하지 않고, 새끼줄로 머리를 묶어 ②비단으로 싸매었다. 그리고는 가직언으로 하여금 서명하게 하고 "당신의 손이 아니면 풀지 않을 것입니다."라 하였다. 가직언이 귀양간 후 20년만에 돌아와 보니 비단에 서명한 것이 완연하게 남아있었으며, 머리를 감을 때 ③머리카락이 빠져 하나도 남지 않게 되었다.[11]

○『신속열녀전』 상권 제67화 「가직언부」

가직언의 아내는 동씨이다. 가직언이 연좌되어 벌을 받아 영남으로 귀양가게 되었다. ①아내와 이별하여 말하기를 "내가 가거든 생사를 알 수 없으니, 당신은 혼자서 기다리지 마십시오."라 하였다. 아내는 눈물을 흘리면서 대답하지 않고, 새끼줄로 머리를 묶어 서약하여 말하기를 "당신의 손이 아니면 풀지 않을 것입니다."라 하였다. 남편이 떠난후 20년이 되자 Ⓐ동씨의 형제들이 머리를 풀기를 권하였으나 동씨는 이에 응하지 않았다. 후에 남편이 돌아와 친히 손으로 머리를 풀었다. 조정에서는 이를 정표(旌表)하였다.[12]

○『겐조 모노가타리』 권4의 제6화 「동씨의 머리를 봉한 일」

이것도 또한 중국의 일이다. 가직언이란 사람이 있었는데, 죄가 있어 영남이라는 곳으로 유배가게 되었다. 그때 아내 동씨에게 "무릇 사람의 목숨은 번개와 나팔꽃보다 허무하다오. 오늘은 살아있다 하더라도 내일은 죽어 없어진다는 사실을 모르니 헤아릴 수 없는 것은

---

11) 賈直言。坐事貶嶺南。以妻董氏少。乃訣曰、「生死不可期。吾去。可亟嫁無須也。」董不答。引繩束髮封以帛。使直言署曰、「非君手不解。」直言貶二十年乃還。署帛宛然。及湯沐。髮墮無餘。

12) 賈直言妻董氏。賈直言坐事貶嶺南。與妻別曰、「我去生死未可知。汝不宜獨守。」妻泣不答。以繩束髮曰、「非夫親手不解。」夫去二十年。董氏兄弟勸之解髮。董氏不肯。後夫果還。親手解髮。朝廷旌表之。

목숨이라오. 만일 내가 영남에서 죽게 된다면, ①그대는 나이도 어리니 어떤 사람이건간에 의지하시오. 원망으로 생각하지 않겠소. 이것으로 마지막이오."라 하고는 눈물을 흘리며 말하자 동씨는 아무 말도 하지 않고 머리카락을 짚으로 묶고 ②흰 비단으로 둘둘 감아 매듭에는 가직언에게 봉하도록 하고 말하였다. "지금 당신과 헤어지고 나서는 두번 다시는 다른 사람에게 시집가지 않겠습니다. 〈중략〉 30년이 지나 그 후에 죄를 용서받아 고향으로 돌아가자 아내가 했던 말들이 조금도 틀리지 않았으며, 옛날에 머리를 봉했던 것이 조금도 훼손되지 않고 원래대로 있었다. 가직언이 이를 사실로 여기고 봉한 것을 끊어 머리를 씻도록 하자 ③하나도 남김없이 모두 빠져버렸다고 한다.[13]

위 인용문을 보면, 앞서 인용한 나카무라의 견해처럼 한문을 일본어로 옮긴 경우『겐조모노가타리』는 어떤 작품을 출전으로 해야 하는지 판정하기 어려운 것처럼 보인다.

그러나 세 작품의 텍스트를 보다 자세히 검토해 보면,『겐조모노가타리』가『신속열녀전』이 아닌 초간본『삼강행실도』를 출전으로 하였다는 것이 명확해진다. 왜냐면 먼저 제목에서『겐조모노가타리』의

---

13) 是も又、もろこしの事なりしに。賈直言といひし人有しが、罪ありて嶺南といふ処へながされけるが、そのとき、妻の董氏にいひけるは、「それ、人の命はいなづま、あさがほのはなよりも猶はかなし。けふはながらふるといへども、あすはきえなんことをしらず。はかりがたきは命也。もしも我、嶺南にてむなしく侍らば、わぬしは年もわかければ、いかなる人にもそひ給へ。うらみと更におもふまじ。今はこれ迄なり」とて、涙をながし申ければ、董氏は何ともいはずして、髪をわらにてたばね、しろき絹にてくるくるとまとひ、むすびめに賈直言にふうをつけさせていひけるは、今、君にわかれ侍るよりは、ふたび他人にまみゆべからず。〈中略〉三十年を経てそのちつみをゆるされて、故郷へかへりければ、妻のいひし詞、つゆもたがはず、かの髪につけをきたりし封、いさかもそこぬる事なく、もとのまにて有ければ、直言、まことのおもひをなし、ふうをきりて、髪をあらはせければ、みなこと％＼くぬけうせたりとぞ。〈後略〉

경우 「동씨의 머리를 봉한 일」, 초간본 『삼강행실도』에서는 「동씨봉발」로 하여 두 이야기 마찬가지로 아내를 주체로 하여 '머리(髮)'를 '봉(封)'했다고 제목을 짓고 있는데 비해 『신속열녀전』에서는 「가직언부」라 하여 남편을 주체로 하여 제목을 짓고 있다. 따라서 『겐조모노가타리』의 작자가 초간본 『삼강행실도』를 출전으로 하지 않고서는 이와 같은 제목을 지을 리가 없다고 보여진다.

또한 이야기의 내용을 비교해 보면, ①에서 동씨가 아직 어린데도 불구하고 과부가 되어야만 하는 점을 불쌍히 여겨 재혼을 권유하는 가직언의 말, ②에서 '비단으로 봉했다(封以帛)'에 해당하는 말이 '하얀 비단으로 둘둘 감아(しろき絹にてくるくるとまとひ)'로 옮겨진 표현, ③에서 가직언이 돌아온 후에 머리를 풀어보니 그 머리가 전부 빠졌다는 설정은 『신속열녀전』에는 없으며 초간본 『삼강행실도』에만 보이는 표현이다.

그리고 Ⓐ에서 '동씨의 형제들이 머리를 풀기를 권하였으나 동씨는 이에 응하지 않았다'는 설정은 『신속열녀전』에만 있으며 『겐조 모노가타리』와 초간본 『삼강행실도』에는 없는 내용이다.

이와 같은 『겐조 모노가타리』의 내용은 초간본 『신속열녀전』에 의하지 않고서는 도저히 일어날 수 없는 현상이다. 나카무라는 앞선 논고에서 "이것은 『신속열녀전』의 순서를 쫓아 채용한 것이며, 『삼강행실도』와 같은 이야기도 있지만 완전히 『신속열녀전』에 의했다고 보아야 한다(これは『伝』の巻を追っての採用で、『三綱』と同じ話もあるが、全く『伝』によると見るべきである)"라 지적하고 있다. 그러나 본절에서 고찰한 결과 『겐조 모노가타리』는 『신속열녀전』이 아니라

초간본『삼강행실도』를 직접적인 전거로 사용하여 그 순서를 쫓아 채용한 것이라는 것을 알 수 있다.

③『훈몽고사요언(訓蒙故事要言)』

가미야 가쓰히로(神谷勝広, 2001)에 의하면, '유서(類書)'란 "많은 한적 속에서 사항·어구를 분류편집하여 지식의 검색을 용이하게 하기 위한, 또한 이것을 이용하면 원작을 보지 않아도 되는 책(多くの 漢籍の中から事項·語句を分類編集し、知識の検索を容易にす る、またこれを利用すれば原典を見ずに済ませることもできる書)" 으로, 그 중에서 "일본에서 재편집된(日本で再編集された)" 것을 '화 제유서(和製類書)'라 한다고 정의내리고 있다.

이와 같은 화제유서의 대표적인 것이 미야카와 도타쓰(宮川道達) 가 편집하여 1694년에 간행된『훈몽고사요언(訓蒙故事要言)』이다. 본서는 10권 10책으로 구성되 있으며, 권1「천지문(天地門)」 101화, 권2「인군문(人君門)」 191화, 권3「인신문(人臣門)」 74화, 권4「부자 문(父子門)」 56화, 권5「형제문(兄弟門)」 34화, 권6「부부문(夫婦門)」 35화, 권7「붕우문(朋友門)」 35화, 권8「금수문(禽獸門)」 220화, 권9 「잡부상(雜部上)」 136화, 권10「잡문하(雜門下)」 72화의 총954화가 수록되어 있으며, 그 중『삼강행실도』로부터 전재된 것은 8화이다.

여기에서 문제가 되는 미야카와 도타쓰는 각 이야기에 그 출전을 명시하고 있는데, 과연 그는 어떤 계통의『삼강행실도』를 이용하였 는가에 관한 것이다. 그렇다면『훈몽고사요언』 권4의 제36화「석진 단지(石珍斷指)」와『삼강행실도』효자편 제34화「석진단지(石珎斷

指)」를 예로 검토해 보기로 한다.

○『삼강행실도』의 「석진단지」

유석진은 고산현의 관리이다. 아버지 유천을이 악한 병을 얻어 매일 한 번씩 발작하였다. ①발작하면 기절하여 사람들이 차마 볼 수 없었다. 석진은 밤낮으로 옆에서 모시기를 게을리하지 않았다. 하늘을 향해 울며 널리 의약(醫藥)을 구하였는데, 어떤 이가 "산 사람의 뼈를 피에 타서 마시면 나을 것이다"라 하였다. 석진이 곧 왼손의 약지를 잘라 그 말대로 하여 바치니 그 병이 곧 나았다.[14]

○『훈몽고사요언』의 「석진단지」

또 말하기를 유석진은 고산현이란 곳의 관리이다. 아버지의 이름은 천을이라 한다. 그런데 아버지에게 나쁜 병이 있어 매일 한번은 반드시 발작하였다. ①발작할 때에는 눈이 하늘을 향하고 손발이 오그라들었다가 또 잠시 후 겨우 원래대로 돌아왔다. 이런 식으로 매일 발작하니 사람들이 그 모습을 차마 보지 못하였다. 석진이 밤낮으로 아버지 곁에서 시중들며 하늘을 우러러 ❶땅에 호소하며 한탄하여 슬퍼하고 사람들에게 물어 약을 구하니, 어느 사람이 "살아있는 사람의 뼈를 갈아 피와 섞어 마시면 그 병은 반드시 나을 것이다"라 가르쳐 주었다. ❷석진이 마음속으로 생각하기를 "누가 나의 아버지를 위해 산채로 뼈를 주어 이 병을 고치도록 할 이가 있겠는가. 그런데 지금 나의 몸은 부모에게 받은 것이다. 하물며 손상시키지 않는 것이 오로지 효의 시작이라 한다지만, 아버지의 병을 위해 나의 몸을 손상

---

14) 兪石珎高山縣吏也。父天乙得惡疾。每日一發。發則氣絶。人不忍見。石珎日夜侍側無懈。號泣于天、廣求醫藥。人言「生人之骨、和血而飮、則可愈」。石珎卽斷左手無名指、依言以進。其病卽瘳。

시킨다면, 하늘의 도가 어찌 이를 불효라 하겠는가"라 하고는 스스로 왼손의 약지를 잘라 가르쳐 준 대로 하여 아버지에게 바치니 그 병이 금세 나았다. ❸사람들은 모두 이 일을 전해 듣고 효행의 마음가짐이 깊은 것을 감탄하였다.15)

위에 인용한 두 작품의 인용문을 비교해 보면 『훈몽고사요언』은 원작을 충실히 일본어로 옮기면서도 ①의 '발즉기절(發則氣絶)'에 해당하는 부분에서는 아버지의 병의 증상에 대해 자세히 묘사하고 있으며, ❶에서 '하늘을 우러러'에 호응하는 댓구적 표현 '땅에 호소하며', ❷에서 아버지의 병을 고치는 것은 '효'라 할 수 있으나 한편으로는 자신의 손가락을 자르는 행위는 '신체와 머리카락과 피부는 부모에게서 물려 받았으니 이를 훼손하지 않는 것이 효의 시작이니라(身體髮膚、受之父母、不敢毁傷、孝之始也)'라는 『효경(孝經)』의 「개종명의장(開宗明誼章)」 제1에 기술되어 있는 '효의 시작(孝之始)'을 범하는 '불효'가 될 수 있으므로, 이 둘 사이에서 고뇌하는 석진(石珍)의 내면묘사, ❸에서 주위 사람들이 석진의 효행의 마음가짐을 칭찬하였다는 후일담이 새롭게 추가되어 있다.

---

15) 又云兪石珍ハ高山県ト云所ノ代官ナリ。父ノ名ハ天乙ト云。シカルニ父ニ悪キ疾アリテ、毎日一度ハ必ズ発ル。発ル時ハ眼天ニサシアガリ手足シバマリテ、又シバラクアリテヤウヤク蘇ル。如此日毎ニ発ケル程ニ、人其アリサマヲ見ルニ忍ビズ。石珍昼夜トモニ父ノホトリニ傍テ、天ニ仰ギ地ニウツタヘテ嘆悲ミ、人ニ尋テ薬ヲ求ルニ、或人教ヘテ日、「生タル人ノ骨ヲクダキテ、血ニマジヘテ呑トキハ、其病必癒ベシ」ト云。石珍心ニ思ヒケルハ、「誰アリテ我父ノタメニ生ナガラ、骨ヲアタヘテ此病ヲ癒スベキ者アランヤ。シカルニ今我身ハ父母ニ受タル所ナリ。アエテ傷損ハザルコトハヒトヘニ孝ノ初タリトイヘドモ、父ノ病ノタメニ我身ヲ傷ランニ、天道何ンゾ此ヲ以テ不孝トシ玉ハンヤ」ト云テ、自ラ左ノ手ノ無名指ヲキリテ教ノ如クシタメテ、父ニ奉リケルニ、其病タチドコロニ癒タリ。人皆此事ヲ聞ツタヘテ、孝行ノ志フカキコトヲ感ジケリ。

그렇다면, ①과 ❶❷❸에서 볼 수 있는 원작과는 다른 부분, 즉 원작의 내용을 자세히 설명하거나 새롭게 추가한 부분은 과연 도타쓰가 새롭게 창작한 것인가 아니면 무언가 참조로 한 서적이 있었는가라는 점이 의문으로 남는다.

유석진은 고산현이란 곳의 관리이다. 아버지의 이름은 천을이라 한다. 그런데 천을에게 나쁜 병이 있어 매일 한번은 반드시 발작하였다. ①발작할 때에는 눈이 하늘을 향하고 손발이 오그라들어 부들부들 떨었다가 숨이 멈추고, 잠시 후 겨우 원래대로 돌아왔다. 이런 식으로 매일 발작하니 사람들이 그 모습을 차마 보지 못하였다. 석진이 밤낮으로 아버지 곁에서 시중들며 하늘을 우러러 ❶땅에 호소하며 한탄하여 슬퍼하고 모시는 일을 더욱더 게을리 한 적이 없다. 널리 사람들에게 물어 약을 구하니, 어떤 사람이 "살아있는 사람의 뼈를 갈아 피와 섞어 마시면 그 병은 반드시 나을 것이다"라 가르쳐 주었다. ❷석진이 마음속으로 생각하기를 "누가 나의 아버지를 위해 산채로 뼈를 주어 이 병을 고치도록 할 이가 있겠는가. 그러니 지금 나의 몸은 부모에게 받은 것이다. 하물며 손상시키지 않는 것이 오로지 효의 시작이라 하였건만, 아버지의 병을 위해 나의 몸을 손상하기에 이른다면, 하늘의 도가 어찌 이를 가지고 불효라 하겠는가"라 하고는 스스로 왼손의 약지를 잘라 가르쳐 준 대로 하여 아버지에게 바치니 그 병이 금세 나았다. ❸사람들은 모두 이 일을 듣고 효행의 마음가짐이 깊은 것을 감탄하였다.[16]

---

16) 兪石珎は高山県といふところの代官なりけり。父の名は天乙とそいひける。しかるに天乙、あしきやまひ有て、毎日に一たびはかならずおこる。そのおこるときには、まなこ天にさしあがり、手あしちゞまりて、ふるひわなゝき、息たえて、又しばらくありつつ、やうやくよみかへる。かくのごとく、日ごとにおこりけるほどに、人その有様をみるに忍びず。石珎、昼夜ともに父のほと

위에 인용한 료이의 화역본 『삼강행실도』를 『훈몽고사요언』과 비교해 보면, 세부적인 표현에 있어 약간의 차이가 있다고는 하지만 ①에서 원작의 내용을 자세히 설명한 부분을 비롯하여 ❶❷❸의 추가된 내용이 료이의 화역본 『삼강행실도』와 모두 일치하므로, 도타쓰가 『훈몽고사요언』을 집필할 때 직접적인 전거자료로 사용한 것은 료이의 화역본 『삼강행실도』였다는 것을 알 수 있다.

5. 맺음말

본 절에서는 나카무라 유키히코(1982)가 미상(未詳)이라 언급한 몇가지 문제를 시발점으로 삼아 에도시대의 『삼강행실도』의 수용양상에 대하여 고찰하였다.

우선, 나카무라와 최박광의 앞선 논고에서 『신속열녀전』의 조선출판설을 제시한 것에 대해 필자는 상권 제19화의 제목 밑에 '삼강행실(三綱行實)'이라 그 전거가 기술되어 있으며, '조선국 신하 설순이 편

りにつきそひて、天にあふぎ、地にうつたへてなげきかなしみ、つかへ侍る事さらにをこたるときなし。ひろく人にたづねて、くすりをもとむる所に、ある人をしていはく、「生たる人のほねをくだきて、血にまじへてのむときは、そのやまひかならずいゆべし」と、かたりけり。石珎、心におもひけるやうは、「たれありてわが父のために生ながら骨をあたへて、このやまひをいやすべき人あらんや。しかるに今、わが身はこれ、父母にうけたるところなり。敢てやぶりそこなはざる事は、ひとへに是、孝の初めたりといへども、父のやまひのために我身をやぶらんにいたりては、天たうあにこれをもつて不孝のものなりとし給はんや」といふて、みづからひだりの手の無名指をきりて、をしへのごとくしたゝめて、父にたてまつるに、そのやまひたちどころにいへたり。人みな、この事を聞つたへて、かう／＼の心ざしふかき事をかんじけるとなり。

142   아사이 료이(淺井了意) 문학의 성립과 성격

찬하였다'라 주석이 달려 있는 것으로 보아 조선이 아닌 일본에서 편찬되었을 가능성이 높다는 것을 제기하였다.

또한, 『신속열녀전』의 출전의 경우 나카무라는 『삼강행실도』 자체에 예화(例話)를 주석으로 보충한 또다른 서적이 존재할 것이라 추측하였으나, 사실은 초간본 『삼강행실도』로부터 55개의 이야기를 전재하였다는 것이 판명되었다.

그 외에도 『야마토 쇼가쿠』 『겐조 모노가타리』 및 『훈몽고사요언』 등의 작품과 『삼강행실도』와의 영향관계가 문제가 되었는데, 『야마토 쇼가쿠』와 『겐조 모노가타리』는 초간본 『삼강행실도』로부터 직접적인 영향관계를 인정할 수 있으며, 『훈몽고사요언』은 료이의 화역본 『삼강행실도』를 전거자료로 하여 사용한 것을 알 수 있었다.

본절에서 필자는 『삼강행실도』의 수용양상을 중심으로 고찰하였으나 앞으로는 『삼강행실도』 뿐만 아니라 『속삼강행실도』나 『이륜행실도』 등을 포함하여 보다 넓은 시야 속에서 조선판 교훈서의 일본전파의 양상에 대하여 관심을 가지고 연구를 해야 할 필요가 있다고 생각한다.

아사이 료이의 『삼강행실도』 번역과 언설

1. 머리말

호조 히데오(北条秀雄, 1974)는 료이의 화역본 『삼강행실도』에 대하여 "화역은 상당히 유려하며, 원작을 완전히 소화하였다. 단순한 일본식 한문 훈독법이 아니라 가나조시(仮名草子)로서는 뛰어난 작품이다"[1]라 평가하였다. 아오야마 주이치(青山忠一, 1982)도 호조의 지적에 동의하여 "료이의 『화역삼강행실도』는 설순의 그것을 비교적 충실히 일본어로 옮긴 것이다.[2]라 평가하였다. 이와 같은 두분의 의견은 가나조시가 출판된 목적 중에서 '지식전수'가 가장 중요한 의의 중 하나였다는 점을 생각해 보았을 때 한문으로 된 원작을 일본어로

---

1) 和訳は非常に流麗で、原書を完全に消化してある。単なる読み下しでなく、仮名草子としてはすぐれたものである。
2) 了意の『和訳三綱行実図』は偰循のそれを比較的忠実に和訳したものである。

옮긴 것만으로도 당시로서는 중요한 문예적 의의를 지녔다는 점에 착안한 것이다.

본서는 아사쿠라 하루히코편(朝倉治彦編, 2002)의『가나조시집성 (仮名草子集成)』에 실려 있는 관계로 가나조시로 분류되고 있는 작품이다. 그러나 지금까지의 선행연구를 살펴보면 두 선행연구자의 의견처럼 화역본『삼강행실도』에 대하여 료이가 원작을 충실히 일본어로 옮겼다는 사실에만 의의를 두었기 때문에 더 이상 연구가 진행되지 않았으며, 따라서 료이의 창작의식에 대해서 까지도 언급되어 있지 않다. 이로 인해 미즈타 준(水田潤, 1989)의 의견처럼 화역본『삼강행실도』와 같은 단순한 번역물을 가나조시로 보아도 될 것인가에 대한 논의도 있었으며, 그 문학성에 대하여 의구심을 지니는 작품으로 평가되어 온 것도 사실이다.

이에 필자가 본 절에서 주목하고자 하는 것은 선행연구자들이 지적한 것처럼 과연 료이는 단순히 원작을 충실히 일본어로 옮기기만 한 것일까, 그렇지 않으면 화역본『삼강행실도』에는 어떤 형태로든 그가 추구하고 있었던 가치관 내지는 효자·충신·열녀관이 투영되어 있는가, 만일 그러한 료이의 가치관 내지는 의식 등이 나타나 있다면, 그것은 어떠한 특징을 나타내고 있는가에 대하여 살펴보는 것이며, 본절에서는 이와 같은 작업을 통하여 화역본『삼강행실도』에 대한 문학성을 보다 명확히 규명하고자 한다.

그럼 먼저 논의 전개상 조선에서는『삼강행실도』를 편찬할 때 어떠한 점을 문제 삼았는가에 대하여 검토해 보도록 한다.

2. 조선에서의 『삼강행실도』 ― 효·충·열의 실천 ―

『삼강행실도』에 수록되어 있는 각 이야기는 송종숙(1988)과 시부 쇼헤이(志部昭平, 1990) 등의 선학들이 이미 지적한 바와 같이 『효 순사실(孝順事實)』『효행록(孝行錄)』『사기(史記)』『한서(漢書)』『고 금열녀전(古今列女傳)』『동국여지승람(東國輿地勝覽)』등의 중국과 한국의 서적으로부터 모범이 될 만한 효·충·열의 사례를 모아 수 록하였다는 것은 잘 알려져 있다.

조선에서의 『삼강행실도』는 아래 인용문을 보면 알 수 있듯이 원 작을 거의 그대로 이용하고 있으며, 바꾸더라도 일부분의 글자를 바 꾸거나 원작의 내용이 긴 경우에는 짧게 줄이는 정도에 그치고 있다. 따라서 대체적으로 원작에 충실하며 내용상의 차이점은 거의 보이지 않는다.

예를 들면, 열녀편 제12화 「백희체화(伯姬逮火)」의 출전은 『고금 열녀전』의 「송공백희(宋恭伯姬)」이며, 두 이야기의 내용을 비교해 보면 다음과 같다.

「백희체화(伯姬逮火)」	「송공백희(宋恭伯姬)」
백희(伯姬)는 노나라 선공(宣公)의 딸이다. 송공공(宋恭公)에게 시집갔다. 송공공이 죽은 후 어느날 밤에 불이 났다. 주위에서 "부인은 잠시 불을 피하시오"라 하자 백희는 "부인의 의리로는 보모(保母)와 부모(傅母)가 함께 하	백희(伯姬)는 노나라 선공(宣公)의 딸이며, 성공(成公)의 여동생이다. 그 어머니는 목강(穆姜)이라 한다. 〈중략〉백희가 송공공(宋恭公)에게 시집간지 7년이 되었을 때 남편이 죽어 백희는 과부가 되었다. 경공(景公) 시절에 백희의 집에 어느날 밤에 불이 났다. 주위에서 "부인은 잠시 불을 피하시오"라 하자 백희는 "부인

지 않으면 밤에 당을 내려가는 일이 없습니다. 그러니 보모와 부모가 오기를 기다리겠습니다. 〈후략〉3)	의 의리로는 보모(保母)와 부모(傅母)가 함께 하지 않으면 밤에 당을 내려가는 일이 없습니다. 그러니 보모와 부모가 오기를 기다리겠습니다. 〈후략〉4)

위에서 인용한 두 이야기에서 알 수 있는 바와 같이, 조선의『삼강행실도』는 원작을 거의 충실히 인용하여 구성하였다. 그렇다면 조선의 경우 효·충·열의 윤리를 이행함에 있어 어떤 점을 문제로 삼았을까. 이에『삼강행실도』중 가장 먼저 출판된 초간본『삼강행실도』의 발문(跋文)의 일부분을 인용하여 그 문제의식에 대하여 검토해 보기로 한다.

①효자는 부모가 살았을 적에는 정성스럽게 돌보며 돌아가시면 정성을 다한다. 실로 이것은 평상시에 할 수 있는 일이다. ②여인이 정절을 지키기 위해서는 언제나 남편이 죽기를 기다려야 한다. ③충신이 절개를 지키는 것도 변란이 닥쳐야 한다. 변고가 일어나지 않으면 어찌 이를 알 수 있을 것인가? 그렇지 않다. ④여인의 행실이 언제나 예를 지키며, 남편을 도우고, 그 가족에게 은혜를 베풀며 그 가업을 번창하게 하는 것이야 말로 능히 정(貞)이라 할 수 있을 것이다. 신하가 나라를 걱정하기를 자신의 집처럼 하며, 절개를 다하여 봉공(奉公)하고 임금으로 하여금 몸이 평안하고 나라가 부유하여 그 존엄과 영화를 보전하며 그 은혜는 백성에 이르도록 하는 것이야말로 능

---

3) 伯姬。魯宣公之女。嫁於宋恭公。公卒。嘗遇夜失火。左右曰、「夫人少避火。」伯姬曰、「婦人之義、保傅不俱、夜不下堂。待保傅來也。」〈後略〉

4) 伯姬者、魯宣公之女、成公之妹也。其母曰穆姜。〈中略〉伯姬旣嫁于恭公七年、恭公卒、伯姬寡。至景公時、伯姬嘗遇夜失火。左右曰、「夫人少避火。」伯姬曰、「婦人之義、保傅不俱、夜不下堂。待保傅來也。」〈後略〉

히 충(忠)이라 할 수 있을 것이다. 이것을 깨닫지 못하고 언제나 변고 (變故)가 닥쳐야 충신과 열녀가 태어난다고 하는 것은 도(道)라 할 수 없을 것이다. 행실도(行實圖)를 보는 이는 마땅히 그 뜻을 분명히 알 것이고, 그렇게 하면 해야 할 바를 알게 될 것이다.[5]

위 인용문을 살펴보면, ①에서 효자가 효를 다하는 것은 평상시의 생활속에서 지킬 수 있다고 이야기 하고 있다. 물론 이것이 구체적으로 무슨 이야기를 지칭하는지 밝히고 있지는 않으나, 어머니를 봉양하기 위해 자신의 아이를 땅에 파묻으려 한 이야기(효자편「곽거매자 (郭巨埋子)」), 한겨울에 늙은 어머니를 위해 죽순을 얻은 이야기(「맹 종읍죽(孟宗泣竹)」) 등의 이야기가 그 예라 할 수 있을 것이다.

이와 같이 부모가 살아있을 적 뿐만 아니라, 『삼강행실도』에서는 부모가 돌아가신 후의 효행의 용례도 찾아볼 수 있다. 예를 들면 제 삿날이 다가올 때마다 전후 3일간은 식사도 하지 않고 슬퍼하거나 (「불해봉시(不害捧屍)」), 어머니가 돌아가시자 식음을 전폐하다 못 해 쇠약해지기에 이르는(「효숙도상(孝肅圖像)」) 경우처럼 부모가 돌아가신 후 도가 지나치도록 슬퍼하는 것을 효행으로 생각하고 있다.

이처럼 '효'의 경우 부모가 살아계시건 돌아가시건 간에 효를 행할 수 있다는 점에서는 문제가 되지 않으나, 문제가 되는 것은 ②와 ③ 의 내용이다. 즉, ②에서 여인이 정절을 지키기 위해서는 반드시 남

---

5) 然而孝子生盡其養、歿盡其誠、固是平常可行之事。至於婦人守貞、常在夫 亡之後。忠臣盡節、方見喪亂之日。非遇變故、何由可知。是不然也。婦 人動必由禮、輔其君子、恩其族屬、隆其家業。斯能貞矣。臣下憂國如 家、盡節奉公。使君安富尊榮、澤及於民。斯能忠矣。捨此而必待變故、 則是忠貞、非可常可久之道也。觀行實圖者、當明此意、則有以知所當爲 也。

편이 죽어야 가능하며, ③에서 충신이 충절을 지키기 위해서는 나라가 어려움에 빠져야 비로소 가능하다는 것이다. 바꾸어 말하면, 남편이 죽기 전에는 여인은 정절을 지킬 방법이 없으며, 나라가 어려움에 닥치기 전에는 충신도 충절을 지킬 방법이 없다는 것이다.

그렇다면, 조선간본『삼강행실도』에서는 어떤 식으로 '충'과 '열'의 실천방법을 제시하였을까. 그것은 ④에서 인용한 바와 같이 평상시의 생활 속에서 자신의 본분에 충실한 것이 '충'이며 '열'이라는 해답을 제시하고 있다.

이를 통해 본다면, 조선에서는『삼강행실도』의 편찬에 있어 효·충·열을 어떻게 실천할 것인가 라는 실천 자체를 중요한 문제로 제시하고 있다는 것을 지적할 수 있다. 그렇다면 아사이 료이는『삼강행실도』에 대하여 어떠한 면에 중점을 두고 일본어로 옮긴 것일까.

3. 가나조시(仮名草子)로서의 화역본『삼강행실도』

에도시대 초기는 임진왜란을 계기로 조선의 서적 및 조선에서 유포되고 있던 중국의 서적, 조선에서 편찬된 서적들이 대량으로 들어온 시기였다. 이와 더불어 기독교 선교사들에 의한 서양의 서적들도 본격적으로 들어오기 시작하였으며, 때마침 상공업의 발달과 함께 식자층이 늘어나 문학작품에 대한 향수층이 일반서민에게로 확대되자 출판업자들은 새로운 정보를 소개하는데 상당한 힘을 쏟던 시기였다.

이러한 상황 속에서 일반서민을 대상으로 하여 평이한 문장으로 쓰여진 통속적인 서적, 즉 가나조시(假名草子)가 유행하였으며, 그 내용으로는 교의문답(敎義問答)·수필·명소안내기·괴담 등과 같은 다양한 분야에 이르렀다. 가나조시의 작품들은 한학자, 승려, 의사, 하이카이시(俳諧師) 등과 같은 지식인들에 의해 주로 일반서민을 대상으로 쓰여진 것이기 때문에 무엇보다도 '지식전수(계몽)'와 '교훈'에 가장 주안점이 놓여 있었다. 그 중 화역본『삼강행실도』는 삼강의 윤리를 평이한 문장으로 고쳐 소개한 것으로『이소호 모노가타리(伊曽保物語)』(1596~1644연간 간행)와 함께 가나조시 번역물의 대표적인 작품이다.

이와 같은 배경을 통해 본다면, 료이가 한문으로 된『삼강행실도』를 일본어로 옮길 때 가장 중요시 한 것은 무엇보다도 평이하고 알기 쉬운 문장으로 고치는 것이었다. 즉, 원작의 어려운 어구에 대해서는 알기 쉬운 표현으로 설명하거나 다른 표현으로 반복하여 설명하며, 역사적 사건에 대해서는 배경지식을 설명하고, 중국이나 조선의 인물 및 지명에 대해서는 부가설명을 하는 등 가나조시로서의 특성이 전형적으로 잘 나타나있다.

그렇다면 그 구체적인 양상에 대하여 효자편 중권 제2화「맹희득금(孟熙得金)」을 예로 검토해 보기로 한다. 한편, 료이가 저본으로 한 것은 화각본이기 때문에 원작의 텍스트로는 화각본을 사용하였으며, 시는 생략하였다.

○효자편 제14화「맹희득금(孟熙得金)」
맹희가 과일을 팔아 어버이를 봉양하되 얼굴 표정을 살피며 뜻을 받들어 순종하면서 괴로움을 꺼리지 않으니, 그 아버지가 항상 말하기를 "나는 비록 가난할 지라도 ①한 증삼(曾參)의 봉양을 받는다."라 하였다. 아버지가 죽자 음식을 끊고 ②슬피 울부짖어 거의 죽게 되었다. 땅에 거적자리를 펴고 그 위에서 거처하며 3년동안 염락(鹽酪)을 먹지 않으니, ③원근의 사람들이 탄복하였다. ④쥐가 땅을 팜으로 말미암아 황금 수천냥을 얻어서 큰 부자가 되었다.[6]

○화역본 효자편 중권 제2화 「맹희득금(孟熙得金)」

맹희는 촉나라라는 나라의 사람이다. 집은 가난하여 논밭도 없었다. 그는 항상 과일을 팔아 살며 나이든 아버지를 모시고 아침저녁으로 그 뜻을 헤아렸다. 자신의 힘든 것은 생각하지 않으며 전혀 아버지의 뜻에 어긋남이 없었다. 아버지는 항상 사람들에게 말하기를 "❶옛날에 공자의 제자 중에서 증삼(曾參)이라는 이가 있었는데, 그는 아버지에게 지극히 효도를 다하여 고금을 통틀어 그 예가 없었으며, 그 명성을 후세에 전하였다네. 지금 나의 집은 가난하다 하더라도 아들은 한명의 증삼과 같은 이로 길러냈다네. 이 또한 무슨 근심이 있으리오"라 하며 사람들에게 이야기하고 기뻐하였다. 아버지가 돌아가시자 맹희는 이를 매우 슬퍼하였다. 물도 마시지 않고 밤낮으로 슬피 울며 ❷울음을 그치지 않고 괴로워하여 기절하자 사람들이 이를 일으켜 세워 겨우 제정신으로 돌아오자 다시금 전과 같이 한탄하였다. 무덤 옆에 거적자리를 펴고 그 위에 거처하며 3년동안 고기와 소금을 먹지 않았다. ❸이것을 보고 듣는 이들이 슬퍼하여 함께 눈물을 흘렸다. ❹맹희가 어느날 쥐가 많이 모여들어 땅을 파고 있는 것을 보고, 가까이 가서 이를 지켜보니 쥐들이 갑자기 황금 수천냥을 파내

---

6) 孟熙。販果實養親。承顏順志。不憚苦辛。其父常云、「我雖貧、養得一曾參」。及父亡、絶漿哀號。幾至減性。布苫于地、寢處其上。三年不食鹽酪。遠近嘆服。因見鼠掘地、得黃金數千兩。遂爲巨富焉。

고는 어디로 갔는지 사라져버렸다. 맹희는 이 황금을 얻어 부자가 되어 부귀한 몸이 되었다. ❺효도하는 마음가짐이 거짓이 없으며 마음가짐이 하늘을 감동시켜 복을 얻게 된 것이다. 진정으로 본받을 만한 일이다. 7)

위에서 인용한 인용문의 원작을 보면, 원래부터 맹희의 고사를 알고 있는 사람이 아니라면, 이 문장을 처음 접하자마자 그 내용을 이해하는 것은 곤란하다는 것을 알 수 있다. 이것을 료이의 화역본과 함께 살펴보면, ❶부터 ❹는 한문으로 된 원작의 ①부터 ④를 이해하기 쉽게 자세히 풀어서 쓴 부분이다. 예를 들어 ①의 경우를 보면, 아버지가 이야기 하고 있는 "한 증삼(曾參)의 봉양을 받는다"라는 말은 증삼에 대한 일화를 사전에 알지 못하면 이해하기 어려운 부분이다. 따라서 료이는 증삼에 대한 고사를 자세히 소개하여 배경지식이 없는 이라 하더라도 원작의 내용을 이해하기 쉽도록 하였다. ❹의 경

---

7) 孟熙は蜀と云国の人なり。家まづしくして田畠もなし。みづからつねに菓をうりてわざとし、とし耆たる父をやしなふて、朝ゆふそのこゝろをうかがひ、わが身のくるしをかへりみず。露斗も父の心にたがふことなし。父つねに人にかたりていはく、「むかし、孔子聖人の弟子、曽參といひし人は、いたりておやにかう／＼にして、むかし今にためしすくなく、名をのちの世にとゞめられたり。いまのわれ、家はなはだまづしけれども、子には独の曽參をやしなひえたり。又、なにをかうれへん」と、人にかたりてよろこび侍べり。父すでにむなしくなれるにをよびて、孟熙、これをなげく事法に過たり。湯水をものまずして、日夜になきかなしみて、こゑをたえさずもだへにがれてはたえいりけるを、人／＼たすけおこして、やう／＼によみがへりても、なをなげく事もとのことし。つかのほとりに菅薦をしきて、そのうへにとゞまり、三年までつゐに肉味を食せず、塩をたちてくらはず。此事を見きく輩あはれをもよほして、ともになみだをおとしけり。孟熙、あるときねずみのおほくあつまりて、地をほりけるを見て、立よりてこれをうかがひければ、たちまちに黄金数千両をほり出して、ねずみはいつちともなくうせにけり。まうき、此わうごんをえて、つゐに徳つきて、福貴の身と成にけり。かう／＼のおもひいつはりなく、心ざし天たうにとをりて、さいはひを感じえたり。まことに有かたき事ともなり。

우에도 원작에 주어가 명확하지 않고 쥐가 황금을 파낸 고사에 대한 배경지식을 알아야 이해할 수 있으므로, ④와 같이 맹희가 수천냥을 파내게 된 과정에 대하여 상세히 설명하고 있다.

하지만 이와 같이 알기 쉬운 문장으로 풀어서 쓰며, 반복설명 또는 부가설명을 하는 것은『간닌키(堪忍記)』(1659년 간행)나『우키요 모노가타리(浮世物語)』(1661년 간행)와 같은 료이의 다른 작품에서도 골고루 볼 수 있는 양상이며, 나아가서는 가나조시 번역물이 갖는 전형적인 경향이라고도 할 수 있다. 따라서 이것을 화역본『삼강행실도』만의 독자적인 특징이라 할 수 있는가에 대한 문제가 발생할 수 있다.

여기에서 필자가 주목하고자 하는 것은 ❺이다. 이 부분은 원작에는 없고 화역본에서 새롭게 추가된 내용으로서, 화자(語り手)가 이야기 속에 직접 나타나 주인공의 '행실'과 함께 그 '마음가짐'까지도 진실됨을 높게 평판하고 있으며, 필자는 여기에 화역본의 가장 큰 특징이 나타나 있다고 생각하고 있다.

이야기 속에 작중화자가 등장하여 감상·비평·감동 등의 주관적인 발언을 하는 것은 스즈키 히데오(鈴木日出男, 1997)에 의하면『다케토리 모노가타리(竹取物語)』나『이세 모노가타리(伊勢物語)』등의 초기 모노가타리의 단계에서부터 사용된 수법이며, 여기에서 화자와 작자는 서로 다른 차원에 있는 별개의 존재라고 한다.

그렇다면 문제는 료이의 작품의 경우에도 작자와 화자는 서로 동일한 존재인가 또는 분리된 존재인가에 대한 논의라 할 수 있겠으나 그에 관한 논의는 전혀 이루어지지 않고 있다. 따라서, 이하 화역본『삼강행실도』에 나타난 언설이 과연 타 작품에 나타난 료이의 언설과 일치하는지에 대하여 검토해 보며, 이와 함께 료이의 의도에 대하여 살펴보기로 한다.

4. 화역본에 나타난 화자(語り手)의 등장과 언설

그럼 먼저 효자편 중권 제1화 「원각경부(元覚警父)」를 예로 화자의 등장과 그 내용에 대하여 염두에 두면서 검토해 보기로 한다.

> 〈전략〉원각이 대답하기를 "지금 할아버지를 태우고 이 산에 버렸습니다. 곧이어 아버님도 나이를 드실 것입니다. 그 때 이 가마에 아버지를 태우고 이 산에 버리기 위해서입니다."라 하자 원오(元悟)는 제 아이의 훈계의 말을 부끄러워하여 할아버지를 다시 데리고 집으로 돌아와 효도를 다하여 모셨다.
> ①이것은 오로지 원각이 원래부터 효행의 마음가짐이 깊었기 때문에 제 아버지의 불효를 훈계하고 효도를 다하는 이로 만들었다. 아버지에게 효성이 깊은 것 뿐만 아니라 그 효성이 할아버지에게까지 이르러 산중의 난을 피하게 하였다.
> ②이로 인해 나라의 모든 이는 원각의 효행의 마음가짐이 깊은 것을 알게 되었다.[8]

---

8) 〈前略〉げんかく、こたへていはく、「だいま、祖父をのせて、この山にすてたり。やがて、わが父も年耆給ふべし。そのとき、又、このこしにのせてこの山にすつべきためなり」とかたりければ、元悟、わが子のいさめけること葉にはぢて、祖父をむかへて家にかへり、かう／＼をいたしてつかへたり。
　これひとへに元覚、もとより孝行の心ざしふかし。わが父の不孝をいさめて、かうかうの人となしけり。父にかう／＼ふかきのみならず、そのめぐみ祖父にをよびて、山中の難をもまぬかれしめたり。

위 인용문은 원각(元覺)의 효자담의 마지막 부분을 인용한 것이다. 특히 ①과 ②의 인용문은 모두 화자가 직접 작품안에 등장하여 원각의 효행에 대하여 평판하고 있으며 화역본에서 새롭게 추가되어 있는 부분이다.

그 내용을 살펴보면, ①은 해당 이야기에 대하여 정리하고 핵심이 되는 부분을 다시금 상기시키는 부분이며, ②는 후일담으로서 주위 사람들의 평가이다. 그런데 텍스트를 보다 자세히 살펴보면, 화자는 원각의 행위를 주목하고 있다기 보다는 '효행의 마음가짐'에 대하여 주목하여 칭찬하고 있다는 점이 주목할 만 하다. 이와 같은 '마음가짐'의 문제를 염두에 두고 분석해 본 결과 화역본『삼강행실도』에는 효자편 17회, 충신편 8회, 열녀편 14회의 총 39회에 걸쳐 화자가 작품속에 직접 등장하여 주인공의 행위에는 진실된 마음가짐이 동반된 것임을 강조하고 있다는 것을 알 수 있었다. 이에 몇가지 용례를 간단히 소개해 보면 다음과 같다.

〈효자편〉

1. 중권 제2화 「맹희득금(孟熙得金)」

　　○かう／＼のおもひいつはりなく、心ざし天たうにとをりて、さいはひを感じえたり。まことに有かたき事ともなり

　　(효도하는 마음가짐이 거짓이 없으며 마음가짐이 하늘을 감동시켜 복을 얻게 된 것이다. 진정으로 대단한 일이다.)

これより諸国みな、けんかくがかう／＼の心ざし浅からぬ事をしり侍べり。

아사이 료이(浅井了意) 문학의 성립과 성격

2. 중권 제4화 「맹종읍죽(孟宗泣竹)」

○心ざしのまことなるところ、天たうもあはれみ

(마음가짐의 진실된 점을 하늘도 불쌍히 여겨)

○人みなこれを聞つたへて、かう／＼の心ざし天たうのかんす

る故に、時にもあらず筍の生出たることをえたり

(사람들이 모두 이 일을 전해 듣고, 효도하는 마음가짐이 하늘을

감동시켰기에 계절에 맞지 않는 죽순이 난 것을 얻을 수 있었다.)

3. 중권 제9화 「검루상분(黔婁嘗糞)」

○心ざしのまことなるところ、天もなふじゆのみやうかんおは

しけるにや

(마음가짐이 진심을 다한 것이 하늘에게 통하여 받아들이셨는지

○まことの心ざしすでに天たうにいたりとをれり

(진정한 마음가짐이 이미 하늘에 닿아 통하였다)

○ひとへに黔婁まことの心ざし、ふかゝりける故に、天、その

孝をかんじ給へるところなり

(오로지 검루의 진정한 마음가짐이 깊었기 때문에 하늘이 그 효에

보답하신 것이다)

4. 중권 제10화 「숙겸방약(叔謙訪藥)」

○心ざしわたくしなきかう／＼をやかんじ給ひけん

(마음가짐이 사사로움이 없이 효도를 다한 것에 감동하셨는지)

○孝のこゝろ天に通じて、かゝる奇特をあらはしける

(효도의 마음가짐이 하늘에 통하여 이러한 신기한 일이 나타났다)

<충신편>

1. 상권 제6화 「소무장절(蘇武杖節)」

○みかど<u>忠臣の心ざし</u>をかんじて、高位をすゝめ給ひけると也

(임금님은 충신의 마음가짐에 감동하여 높은 관직을 권하셨다고
한다)

2. 중권 제3화 「장흥거사(張興鋸死)」

○人みな<u>心ざしのたけきこと</u>をかんじて涙をながし

(사람들은 모두 마음가짐이 용맹한 것에 감동하여 눈물을 흘리고)

3. 중권 제6화 「약수효사(若水效死)」

○金のつはものどもみな、<u>忠臣の心ざし</u>まことにふかき事をか
んじて

(금나라의 병사들은 모두 충신의 마음가짐이 실로 깊은 것을 감탄
하여)

4. 하권 제5화 「보안전충(普顔全忠)」

○<u>義をまもりし心</u>のほどこそありがたけれ

(의를 지킨 마음가짐이야말로 대단한 것이다)

<열녀편>

1. 상권 제9화 「예종매탁(礼宗罵卓)」

○後の人、この事をきゝつたへて、<u>心ざしの深きほど</u>をあはれ
み、また、貞節のまことなる事をかんじて

(후대 사람들이 이 일을 전해 듣고 마음가짐이 깊은 것을 불쌍히
여기고 또한 정절이 진실됨을 감탄하여)

2. 중권 제12화 「의부와빙(義婦臥氷)」

○<u>心ざしのまことなる</u>、鬼神にや通じけん

(마음가짐이 진실됨이 귀신에게도 통했는지)

○ひとへに妻の<u>心ざし、まこと</u>有ける故に、かゝるきどくの事

も、侍へりけり

(오로지 아내의 마음가짐이 진실되기 때문에 이러한 신기한 일도

생기는 것이다)

3. 하권 제5화 「영녀정절(甯女貞節)」

○父母、これを聞て、<u>心ざしの深き事</u>をかんじて、もろ友にう

ち泣つゝ

(부모는 이 일을 듣고 마음가짐이 깊은 것을 감탄하고 함께 울었다)

4. 하권 제9화 「임씨단족(林氏斷足)」

○<u>心ざし</u>つねに<u>貞節</u>をまもり、露ばかりもわたくしの思ひなし

(마음가짐이 항상 정절을 지키고 전혀 사사로운 생각이 없었다)

위에 인용한 용례들은 원작에는 없으며 료이가 일본어로 옮길 때

추가한 부분이다. 그 유형을 살펴보면, 현실적으로 일어나기 어려운

기적이 일어나는 것은 주인공들의 효·충·열의 진실된 마음가짐이

하늘을 감동시켰기 때문이며, 후일담에서 주위 사람들이 감탄하는 것

도 주인공의 마음가짐이 진실되었기 때문이었다. 또한, 정절의 경우

에도 화자는 마음가짐이 정절을 지킨 것에 대하여 칭찬을 하고 있는

점을 지적할 수 있다.

이와 같이 주인공의 행위가 진정한 마음가짐으로부터 일어난 생각

을 행위로 옮긴 것이라는 것을 몇번이고 반복하고 있는 것으로 볼 때 『삼강행실도』의 화자가 '마음가짐'의 문제를 얼마나 중요한 문제로 인식하여 강조하려 하였는지를 엿볼 수 있다. 그렇다면 다음 문제로 는 이와 같은 화자의 의견이 과연 료이 자신의 의견 또는 가치관이 표출된 것이라 해도 좋을 것인가 라는 문제이다.

5. 화역본에 나타난 료이의 언설과 의도

가나조시 번역물에서는 작중화자에 대한 연구가 전혀 이루어지지 않고 있으며, 화역본 『삼강행실도』의 경우에도 '화자의 의견＝료이의 의견' 또는 '화자의 의견≠료이의 의견' 중 어떻게 판단을 내려야 하는 가에 대한 문제는 간단히 결론을 내릴 수 없다. 그러나 『간닌키(堪忍 記)』 권3의 제13 「부모님을 모시는 인내(父母につかうる堪忍)」의 제 11화에 실린 용례는 필자가 제기한 문제점을 해결하는데 있어 중요 한 실마리가 될 수 있다.

①또한 세상 사람들이 보기에 효도를 행하고 있는 것처럼 보이더 라도 부처님과 신이 보시기에 효도를 행하지 않은 경우가 있다. 부모 님이 살아계실 때 잘 봉양하고 부모님께 하나라도 부족함이 없이 바 치더라도, ②마음을 다하지 않고 형식적으로 하며 진실됨이 없고 부 모님이 돌아가시면 장례를 성대히 치르며 승려와 법사를 여럿 불러 경을 읊는다 하더라도 이러한 것들이 모두 ③겉으로만 열심히 하며 진실됨이 없는 이가 많다.[9]

위 인용문을 살펴보면, ①에서 세상 사람들이 보기에 효도를 행하고 있는 것처럼 보이더라도 그것이 부처님과 신이 보았을 때 경우에 따라서는 효도를 행한 것이 아니라는 것을 지적하고 있다. 그 이유는 ②와 ③에서 언급한 바와 같이 그 행위가 '마음을 다하지 않고 형식적'이며, '겉으로만 열심히 하고 진실됨이 없'기 때문이다. 사람들은 다른 사람에 대하여 판단할 때 겉으로 나타난 행위만으로 판단하게 되는데, 그 이유는 그 사람의 '마음'까지 꿰뚫어보지 못하기 때문이다. 그러나 부처님과 신은 사람의 행위 뿐만 아니라 마음까지도 꿰뚫어 볼 수 있는 존재이다. 따라서 그 행위가 진실된 마음가짐에 의한 것인지 아닌지까지 간파할 수 있는 것이며, 『간닌키』에서는 그 행위에 진실된 마음가짐이 수반되지 않는 이에 대하여 사람은 속일 수 있어도 부처님과 신은 속일 수 없다며 비판하고 있는 것이다.

이와 같은 료이의 언설은 『효행이야기(孝行物語)』(1660년 간행)에서도 발견할 수 있다. 『효행이야기』에서는 이야기가 끝나면 '평판하여 말하기를(評に曰く)'와 같은 형태로 화자가 작품속에 등장하여 이야기에 관한 감상을 서술하거나 평판하는 평어(評語)가 있다. 그 중 대표적인 것 두 가지를 인용하면 다음과 같다.

○권2의 제4화 「어윤(蕅胤)」
진심을 가지고 기도할 때에는 신명(神明)이 감동하여 곧바로 기적

---

9) 又世間の人の目には、孝行せらゝ人と見ゆれども、仏神の御覧せられては、孝行にあらざる事有。親生たるあひだに、やしなひをいたす事はよくやしなへども、親の心にたのしみすくなう、物をまいらすれども、情すくなく役儀のやうにして真実なく、親死しては葬礼きらびやかに僧ほうしあまたよびむかへ経よみてとふらへとも、これらみな上辺斗にて、まことなき者おほし。

을 일으키시며, 이는 뒤꿈치를 돌리는 것보다도 빨리 나타난다. 기도하여도 영험이 없는 것은 자신에게 진심이 없기 때문이다.[10]

○권4의 제1화 「정백중(鄭伯仲)」
마음가짐이 진실된 이가 천리(天理)의 뜻에 부합될 때 영험이 나타난다. 이것은 계곡의 울림에 응답하며 거울에 모습이 비치는 것과 같은 이치이다.[11]

위 예문에서 「어윤(蕭胤)」의 예를 보면, 진심을 가지고 기도할 때에는 신명(神明)이 감동하나 기도하여도 영험이 없는 것은 진심이 없기 때문이라 하고 있다. 또한, 「정백중(鄭伯仲)」의 예에서는 마음가짐이 진실되면 천리(天理)의 뜻에 부합되어 당연히 영험이 나타난다고 서술하고 있다. 이와 같이 『효행이야기』의 평어에서도 그 행위에 진실된 마음가짐이 수반될 때 하늘이 이에 보답을 내리신다는 것을 몇 번이고 반복하여 강조하고 있다.

『간닌키』나 『효행이야기』와 같은 료이의 초기 작품 뿐만 아니라 말년의 작품으로서 유고작인 『이누하리코(狗張子)』(1692년 간행)의 권2의 제1화 「가타노 주지로의 귀의(交野忠次郎発心)」에서도 "오늘 밤에 여기에서 만난 것도 마음가짐이 진실되었기 때문입니다(こよひしもこゝにめぐり来れる事も心ざしのまことあるゆへぞかし)" 등의 용례가 보이는 것으로 보아 진실된 마음가짐의 문제는 료이의 초기작

---

10) まことをもつていのる時は、神明感じて奇特をあらはす事踵をめぐらさず、いのりても利生なきは、わがまことなき故なり。
11) 心ざしのまことあるもの、その天理にかなふ時は、利やくむなしからさる事、谷のひゞきに応し鏡にかげのうつるがごとし。

품부터 후기작품에 이르기까지 전 시기의 작품에서 일관되어 나타나
있다고 보아도 좋을 것이다.

이를 바탕으로 화역본 『삼강행실도』로 돌아와 생각해 보면, 화역
본 『삼강행실도』에서 마음가짐의 문제를 강조하고 있는 화자의 의견
은 곧바로 료이 자신의 의견이라 보아도 무방하다고 할 수 있다. 그
렇다면 조선간본에는 효·충·열의 행위에 진실된 마음가짐이 수반
되어야 한다는 내용이 없으니 조선에서는 마음가짐을 중요시 생각하
지 않았는가? 라는 의문이 있을 수도 있을 것이다. 물론 조선에서도
효·충·열의 행위에 진실된 마음가짐이 수반되어야 한다는 것은 당
연한 일이라 생각하고 있었을 것이다. 그러나 여기에서 필자가 의도
하고자 하는 것은 료이는 화역본 『삼강행실도』를 집필할 때 단순히
한문으로 된 원작을 일본어로 옮긴 것이 아니라, 자신이 일생의 작품
을 통하여 강조하고자 하였던 가치관, 즉 마음가짐의 문제를 텍스트
를 통하여 명확히 제시하였다는 점에 그 의의가 있다는 점이다.

6. 맺음말

아사이 료이는 에도시대 초기에 유행한 문예사조인 가나조시의 대
표적인 작가로서, 그가 저술한 화역본 『삼강행실도』에는 효·충·열
의 삼강의 윤리를 평이한 문장으로 풀어서 소개하려 한 의도를 엿볼
수 있다. 따라서 료이가 원작을 일본어로 옮길 때 가장 중요시 생각
한 것은 알기쉬운 문장으로 쓰는 것이었다.

이와 같은 배경 속에서 선행연구자들은 화역본 『삼강행실도』에 관하여 한문으로 된 원작을 평이한 일본어로 옮겨 썼다는 가나조시로서의 특징에만 주목하였고 더 이상 연구의 진전이 없었다. 그러나, 필자는 본절에서 원작과의 비교를 통하여 료이가 『삼강행실도』를 일본어로 옮길 때 어떠한 효자·충신·열녀상을 추구하였는지에 대하여 고찰하여 보았다. 그 결과, 조선에서는 삼강의 윤리에 대한 실천 자체를 가장 중요한 문제로 인식하고 있는데 비해 료이는 총 39회에 걸쳐 주인공의 효·충·열의 행위에 '진실된 마음가짐'이 수반되었다는 것을 높게 평가하고 이를 강조하려 하였음을 지적하였다.

이와 같은 마음가짐의 문제는 『간닌키』와 같은 초기작품에서 『이누하리코』와 같은 말년의 작품에 이르기까지 료이가 모든 생애의 작품을 통하여 일관적으로 주장해 온 것이며, 화역본 『삼강행실도』의 경우 작중화자가 이야기 속에 등장하는 형식을 통하여 명확히 제시하고 있다는 점에서 그 의의가 있다고 할 수 있다.

제2장
동아시아 비교문학적인 관점에서 본
『오코기보코』의 특질

『전등신화』의 수용과
동아시아 괴이소설의 성립

1. 머리말

　『오토기보코(伽婢子)』는 명초 구우(瞿佑)에 의한 문언전기소설집 『전등신화(剪燈新話)』(1368년 서문, 1421년 간행)와 이창기(李昌祺)의 『전등여화(剪燈餘話)』(1420년간행), 조선 김시습(金時習)의 『금오신화(金鰲新話)』(1465~1470년경성립), 하야시 라잔(林羅山) 구장본(舊藏本)의 명판(明板)『오조소설(五朝小說)』에 수록되어 있는 괴이담 등으로부터 소재를 취하여, 인물이나 장소는 일본의 것으로 바꾸고 시대는 주로 전국시대 동란기로 바꾸어 일본의 이야기로 재탄생된 작품이다. 그 중『전등신화』의 번안작 16화,『전등여화』의 번안작 2화,『금오신화』의 번안작 2화, 즉『전등신화』계열을 번안한 20화는 특히 문학성이 뛰어나『오토기보코』의 문학성을 결정짓는 이야기로 가장 주목을 받아 왔다.

그런데 사실 『전등신화』는 중국에서는 금서소설로 지정된 작품이었다. 그러나 이것이 일본에서 크게 환영받아 『오토기보코』라는 일본괴이소설의 원류가 되는 작품이 태어났으며, 조선에서도 한국문학 최초의 소설로 평가받고 있는 『금오신화』가 태어나게 된 것은 주지의 사실이다. 그 외에도 『전등신화』는 베트남에도 전해져 베트남 문학 최초의 소설로 평가받고 있는 완서(阮嶼)의 『전기만록(傳奇漫錄)』 (1527~1547년경)이 창작되었다고 하는 사실은 상당히 흥미로운 일이다.

이처럼 『전등신화』가 각국의 괴이소설[1]의 성립에 크게 관여하였다는 점으로부터 일본에서의 『전등신화』와 『오토기보코』, 한국에서의 『전등신화』와 『금오신화』 및 『금오신화』와 『오토기보코』의 관계는 한·일 양국의 학자들에 의해 상세한 검토가 이루어져 왔으며 상당한 비교문학적 성과를 이루어 온 것은 사실이다. 또한 최근에는 한·중·일의 3개국의 관계는 물론, 베트남의 『전기만록』까지 비교의 대상을 확대하여 동아시아 한자문화권에서의 각국의 괴이소설의 문학적 특징을 파악하려는 움직임이 주목을 받고 있다.

이러한 상황 속에서 『전등신화』의 전파와 각국 괴이소설의 특질에 관한 연구의 필요성은 많은 학자들이 지적하여 왔으나 지금까지 행해진 연구의 경향을 보면, 공평한 관점 속에서 작품을 바라보는 것이 아니라 자국의 작품이 얼마나 우수한지를 밝히기 위한 연구가 주류를 이루어왔다고 보여진다.[2]

---

1) 일본에서 '괴이소설'로 불리는 장르는 중국, 한국, 베트남에서는 '전기소설'로 부르고 있다. 본서에서는 '괴이소설'로 통일하여 부르기로 하겠으나, 경우에 따라서는 '전기소설'이란 용어도 함께 쓰도록 한다.

따라서 본장의 목적은 원작에 비해 『오토기보코』가 얼마나 우수한가를 밝히는 것이 아니다. 객관적인 관점에서 원작과의 비교를 통하여 번안의 특질을 밝히고, 개변(改變)에 대한 원인과 의미에 관하여 규명함을 통하여 아사이 료이의 괴이담에 나타난 인간과 세계에 관한 통찰, 현실과 이상의 대립, 운명과 그 극복, 삶과 죽음의 문제, 세계관, 여성관 등의 여러 가치관이 어떤 식으로 나타나 있는가에 대해 밝히는 것이 목적이다. 그리고 필요에 따라서는 『금오신화』와 『전기만록』과의 비교도 아울러 행하여 동아시아 괴이소설에서 찾아볼 수 있는 『오토기보코』의 비교문학적 특질도 밝혀내고자 한다.

그러기 위해 본 절에서는 우선 동아시아 한자문화권에서의 『전등신화』의 수용과 각국에서의 괴이소설의 성립에 대하여 검토해 보고자 한다.

---

2) 이와 같은 필자의 문제의식은 박희병(2000)으로부터 영향을 받은 바가 크다. 그는 앞으로 이루어져야 할 연구의 방향에 대하여 다음과 같이 제기하였다.
　　중심과 주변을 가르고 중심에서 주변으로 문화가 전파된(혹은 전파되면서 변이된) 사실을 확인하는데 주력하는 방식의 비교문학 연구는 한자문화권에 속한 각 나라 연구자들이 서로 흉금을 열고 상호존중의 정신에 입각하여 평등한 관점에서 '자·타(自他)'의 문화를 이해하고 연구해 나갈 것을 요구하는 오늘날의 요청에 그리 잘 부합되는 것 같지 않다〈중략〉 자기중심성을 극복하고자 하는 치열하고도 진지한 노력이 없다면 비교문학 연구는 필경 제국주의적인 혹은 '아(亞)' 제국주의적인 지향을 보이기 십상이라는 점을 경계하지 않으면 안된다. 〈중략〉 정말 우수하다면 우수하다고 말하는 것이 흠될 일은 아닐 테지만, 만일 다른 자료의 또 다른 우수성을 제대로 챙기지 않은 채 하는 말이거나, 자료에 대한 객관적이고 엄정한 판단과 균형감각 위에서 내려진 결론이라기보다 '팔이 안으로 굽는다'는 원리가 일정하게 작용한 결과라고 한다면, 이 역시 자기중심성이 관철되는 또 다른 한 방식을 보여주는 것이라 하지 않을 수 없다."
이처럼 각국의 문학작품에 대하여 공평한 관점에서 연구가 이루어져야 한다는 그의 의견은 지당한 견해이며, 제2절 이하에서 고찰하려는 본장의 기본적인 방향도 위 지적을 염두에 둔 것임을 밝혀둔다.

2. 선행연구

『전등신화』의 전래로 인해 조선·일본·베트남에게는 새로운 문학의 시대가 열리고, 그에 따라『금오신화』『오토기보코』『전기만록』이라는 한편으로는 공통성을 지니면서도, 또다른 한편으로는 각국의 상황을 반영하여 서로 다른 특징을 지니는 번안작품이 태어났다. 그렇다면 이하 각국에서 이루어진 연구를 간략히 소개해보기로 한다.

① 일본에서의 연구

일본의 경우 처음에는『오토기보코』의 68화 중에서『전등신화』의 번안작인 16화를 대상으로 원작과의 비교를 통한『오토기보코』의 출전론이 연구의 중심이 되었다. 후지이 오토오(藤井乙男, 1922)는 당시까지 막연하게 알려져 있었던『전등신화』와『오토기보코』와의 관계를 처음으로 구체적으로 제시하고,『오토기보코』는『전등신화』로부터 18화의 구성에 영향을 받았다는 사실을 밝혀냈다.

다음으로 야마구치 다케시(山口剛, 1927)는 후지이의 연구를 이어받아『오토기보코』중에서 가장 큰 인기를 얻은「보탄토로(牡丹灯籠)」를 중심으로 하여 일본에서의 『전등신화』「모란등기(牡丹燈記)」의 수용의 계보를 밝혀냈다.

우사미 기소하치(宇佐美喜三八, 1935)는『전등신화』를 번안한 18화 외에도 당전기소설 등과의 영향관계에 대해 밝혀내고, 68화 중에서 62화의 출전을 규명하였다.

후지 아키오(冨士昭雄, 1966)는『오토기보코』에 수록되어 있는 와카(和歌) 80수 중에서 58수의 출전을 제시한 후, 료이가 주로 이용한 것은 칙찬집(勅撰集)이며, 료이는 칙찬집 그 자체를 참조한 것이 아니라『후보쿠와카쇼(夫木和歌抄)』처럼 주제어로 분류하여 편집된 루이다이와카슈(類題和歌集)를 참조하였다는 사실을 밝혀냈다.

한편, 후지이의 연구 이래로『오토기보코』의 18화가『전등신화』의 번안이라는 것이 정설로 되어 있었으나 우사미 기소하치(1952)와 마쓰다 오사무(松田修, 1963)에 의해「용궁에서의 상량문(龍宮の上棟)」이『전등신화』의「수궁경회록(水宮慶會錄)」의 번안이 아니라『금오신화』의「용궁부연록(龍宮赴宴錄)」의 번안이며,「노래를 통하여 사랑을 나누다(歌を媒として契る)」는『전등신화』의「취취전(翠翠傳)」또는「연방루기(聯芳樓記)」의 번안이 아니라『금오신화』의「이생규장전(李生窺墻傳)」의 번안이라는 것이 밝혀졌다.

다음으로 황소연(1998)은 육조의 지괴, 당전기소설을 출전으로 한 이야기의 경우 당시까지는『태평광기(太平廣記)』가 출전으로 지목되어 왔으나 사실은『오조소설(五朝小說)』에 수록되어 있는 전기소설을 아사이 료이가 이용하였다는 사실을 밝혀냈다. 그리고 료이가『오토기보코』를 창작할 때 사용한 것은『오조소설』과『전등신화』로 거의 한정할 수 있다고 하였으며, 이로 인해『오토기보코』의 출전에 관한 논의는 종착점을 맞이하게 되었다.

다음에 이루어진 것은 출전의 이용과 관련하여『오토기보코』의 '일본화'의 방법과 료이의 독자적인 세계가 어떤 식으로 나타나 있는지 탐구하는 것이 중요한 문제로 대두되었다.

예를 들면, 마쓰다 오사무의 전게서와 하나다 후지오(花田富二夫,

2003)는 『오토기보코』에서의 료이의 의도는 현실사회를 비판하는 것에 있으며, 이와 같은 『오토기보코』의 특질을 '비판적 리얼리즘'이라 규정하였다.

에모토 히로시(江本裕, 1972)는 『오토기보코』의 특징을 두가지로 분류하였다. 하나는 전등신화의 번안의 방법으로 대표되는 문학적 가치가 높은 '괴이담'의 제작과 또 하나는 이와는 완전히 대조를 이루는 오히려 속물적인 '기담'이라고도 불릴 수 있는 종류의 이야기의 제작이라 하였다. 그리고 전자는 괴이담의 창작방법, 소설형상의 방법을 독자에게 제시하고 있으며, 후자는 소설이라는 형식을 통하여 지식의 계몽, 또는 지식의 수여가 의도되어 있다고 지적하였다.

다치카와 기요시(太刀川清, 1979)는 근세전기의 괴이소설을 '햐쿠모노가타리계(百物語系)', '오토기보코계(伽婢子系)', '쇼코쿠모노가타리계(諸国物語系)'로 분류하였다. 그리고 이국(異國)의 괴이담을 번안하여 소개하는 것을 통하여 일본의 괴기의 실태를 다시금 인식함과 동시에 또한 일본에서 통용되는 괴기의 속설을 적극적으로 옹호하는 것에 『오토기보코』의 의의가 있다고 언급하였다.

예를 들면, 「용궁의 상량문」은 『햐쿠모노가타리 평판(百物語評判)』 권5의 「용궁성(龍宮城)」에서 제기된 의문에 대한 대답으로서 용궁성의 모습을 설명한 것이며, 「황금백냥(黄金百両)」은 '관음의 영험'이 확실히 존재한다는 것을 가르쳐주고 있는 이야기이고, 「도즈강의 선경(十津川の仙境)」은 세상에서 알려져 있는 도즈강의 선경에 대해 설명하면서, 선경이나 숨겨진 마을과 같은 것에 대한 일반적인 설명이 의도되어 있으며, 「진홍의 허리띠(真紅の撃帯)」에서는 '모노노케

(物の気)'라는 일본 특유의 표현을 이용하여 '이혼병(離魂病)'의 괴이함을 설명한 것이라 하는 등『오토기보코』에 나타난 료이의 교훈과 계몽적인 의도를 밝혀냈다.

사카마키 고타(坂巻甲太, 1990)는『전등신화』의 번안작품을 중심으로 인물·스토리전개·시간과 장소설정에 료이의 주도면밀한 '자국화'의 방법이 녹아있다고 한 후, 그것들로부터 볼 수 있는『오토기보코』의 독창성과 우수성을 추구하였다. 그러나 아시아 한자문화권으로 시야를 확대해 본다면, 조선의 작품에는 '조선화'가 베트남의 작품에는 '베트남화'가 필연적으로 담겨있기 때문에『오토기보코』의 '자국화'라고 하는 것은 특별한 것이 아니라 어느 작품에서도 발견될 수 있는 일반적이며 당연한 현상이므로,『오토기보코』만을 특별한 작품으로 취급할 수 없다고 생각된다.

한편, 가와모토 구니에(川本邦衛, 1990, 1992)는『전등신화』와『오토기보코』에 베트남의 번안작인『전기만록』을 넣어 3개의 작품을 비교하고,『오토기보코』는 '번안문학'임에 비해『전기만록』은 한문으로 쓰여 있다는 점과 복수의 원작의 합성에 의해 하나의 이야기를 창작하였다는 점으로 인해 번안이 아니라 "상당히 치밀히 달성된 표절의 문학(極めて緻密に達成された剽窃の文学)"이라 평가하였다.

그러나 번안과 표절의 구별이 작품의 모티프·사상·주제·배경 등의 내적인 내용이 아니라 외적인 표기수단만에 의했다는 점,『오토기보코』도『전등신화』뿐만 아니라『고요군칸(甲陽軍鑑)』등의 복수의 출전을 이용하여 하나의 이야기를 구성하였다는 점을 고려해 본다면, 가와모토의 의견은 그다지 설득력 있는 견해라 생각되지 않는다. 그의 견해는 한자가 동아시아 한자문화권에서 공통문자로서의 일반적인 표기수단이었다는 점을 고려하지 않고, 한자문화권이긴 하지만 가나(仮名)라는 독창적인 문자를 사용한 일본만이 특별하다는 전제 속에서 내려진 견해가 아닌가 생각된다.

② 한국에서의 연구

임진왜란으로 인해 일본으로 건너간『금오신화』는 조오(承応) 2년 (1653), 만지(万治) 3년(1660), 간분(寬文) 13년(1673)에『매월당 금오신화(梅月堂金鰲新話)』라는 이름으로, 메이지(明治) 17년(1884)에는 오쓰카(大塚) 가문 구장본인『서발비평 조선 김시습저 금오신화(序跋批評朝鮮金時習著金鰲新話)』라는 이름으로 총 4회에 걸쳐 간행되었다.

이『금오신화』는 최남선(1927)이 1884년 간행본『금오신화』를 소개한 것을 계기로 한국에 처음으로 알려지게 되었다. 그는『금오신화』에 관하여『전등신화』를 모방한 것으로 인해 그다지 높은 평가를 내리고 있지는 않으나 한편으로는 "漢文에 染濁된 者ㅣ 대개 분명한 國故라도 地人名物을 漢土로 轉化함이 例어늘 此書는 이 點에 잇서서 가장 明白한 鄕土色을 把持하기에 힘썻습과"라 하여 중국문학를 토착화 시켰다는 점에 그 의의가 있다고 하였다.

그 중『오토기보코』와 관련된 대표적인 논문을 소개하자면, 한영환(1985)은『전등신화』『금오신화』『오토기보코』의 세 작품을 비교하였다. 그는『오토기보코』의 번안방법에 대하여 "『금오신화』가『전등신화』의 영향을 수용한 형태와 방법을 그대로 수용했다"고 하여『오토기보코』의 자국화에 의한 번안방법은『금오신화』의 자국화의 방법으로부터 착상을 얻었다는 것을 지적하였다. 또한, "『도기보오꼬』는『금오신화』와 같이『전등신화』의 영향을 완전히 소화하여 독창적인 전기소설의 세계를 구축한 작품이 아니라 번안소설이다"라 하고, 반면에『금오신화』는 번안을 넘어선 창작작품이라 평가하였다.

이학주(1999)의 연구는『전등신화』와『금오신화』뿐만 아니라『전기만록』과『오토기보코』를 포함한 4작품을 비교검토한 유일한 연구이다. 그는『금오신화』에 대하여 "단순한 영향의 차원을 넘어 전기소설의 관습을 서술전략으로 활용해서 작품의 미적 가치를 한 차원 높"인 작품이라 평가하였으며,『오토기보코』에 관하여는 "순수한 창작으로 이루어진 작품은 한편도 없다. 제재 뿐 아니라, 줄거리 및 주제에 이르기까지 각국의 전대 문헌에서 차용・모방・번안했다. 바뀐 정도는 인명・지명 등을 자국화"하였으며, 「난으로 죽임을 당하는 것을 예언하다(死難先兆)」의 경우 "전기소설이라기 보다는 지괴와 단순한 설화의 형태를 벗어나지 못했다"고 평가하고 '일본화(日本化)'와 "식자층의 문학을 대중화"하였다는 점에서 그 의의를 찾아볼 수 있다고 하였다. 한편『전기만록』의 경우, "논찬을 이용해 창작목적을 부각시켰으며, 베트남의 역사와 사회현실 및 작가의 의도가 뚜렷이 부각되고, 베트남 전기소설의 새로운 장을 열었다는데 의의를 들 수 있다"고 평가하였다.[3]

---

3) 이처럼 한국에서는 그동안『금오신화』의 우수성을 지나치게 강조한 경향이 있다는 것을 부인할 수 없다. 이와 관련하여 박일용(2001)은 상당히 의미있는 지적을 내놓고 있다. 그의 의견을 인용해 보면 다음과 같다.
   선행 연구들은 편차는 있지만 대체로『금오신화』가『전등신화』의 영향 아래 이루어졌다는 사실 때문에 이른바 최초의 소설이라 할 수 있는『금오신

③ 중국과 대만에서의 연구

중국에서의 경우 명대소설의 연구는 백화소설(白話小說)에 집중되어 있으며, 『전등신화』와 같은 문언소설은 거의 연구되어 있지 않아 『오토기보코』에 대한 연구도 미진하다 할 수 있다. 그러나 최근 일본·한국·대만으로부터의 연구에 자극받아 중국에서도 관심을 가지고 연구가 시작되었다. 그 중에서 喬光輝(2006)의 연구가 가장 대표적인 연구라 할 수 있는데, 그의 연구는 발신자로서의 『전등신화』가 수신자인 『금오신화』『오토기보코』『전기만록』에게 어떤 식으로 영향을 주었는가만을 강조하고 있으며, 구체적인 작품론에 관하여는 언급하지 않는 등 아직 그 연구레벨은 초보적인 단계에 머물러 있다고 평가할 수 있다.

대만에서는 1987년 진경호(陳慶浩)와 왕삼경(王三慶)의 두 연구자에 의해 『월남한문소설총간(越南漢文小說叢刊)』(전7권)이 간행되었고, 그 중『전기만록』은 제1권으로 번각되어 이를 계기로 본격적으로 『전기만록』이 각국의 연구자들에 의해 연구가 시작되는 기틀을 마련하였다. 한편 陳益源(1990)은 『전기만록』의 성립에 있어 『전등신화』의 영향 뿐만 아니라 베트남의 신화나 민간전설이 어떤 식으로 영향을 미쳤는지에 관하여 지적하고, 나아가서는 『오토기보코』와 『금오신화』까지 연구대상을 확대해야 할 필요성을 제기하고 있다. 그러나 그는

화』의 문학사적 의의가 평가절하 될 수 있지 않을까 하는 우려 하에, 『금오신화』와 『전등신화』의 차별성을 부각시켜 『금오신화』의 독창성을 부각시키려는 쪽에서 작업을 진행해 온 것도 사실이다.

베트남과 일본, 한국은 모두 역외한문화권의 일부분에 속해 있다
〈중략〉 그러한 작품들은 그들의 중요한 민족적 재산이며, 또한 한문
화권의 공통적인 자산이다. 또한 우리들이 중국문학을 이해하는데
도움이 되고 있다.[4]

라 하여, 조선·일본·베트남의 이른바 한자문화권의 문학은 중국문
학의 일부분으로 보아야 할 것이며, 역외문학(지류문학)을 이해하는
것은 역내문학(주류문학)을 이해하는데 도움이 된다는 입장을 취하고
있다. 그가 『오토기보코』와 『금오신화』까지 연구대상을 확대해야 할
필요성을 제기한 이유는 역시 중국문학을 중심으로 두고 그 우수성
을 강조하기 위함이었던 것이다.

3. 중국문학 속에서의 『전등신화』

중국문학에서의 전기소설의 흐름에 관하여는 다케다 아키라(竹田
晃, 1992)의 논고에 자세히 소개되어 있으므로 그의 견해를 참조하면
서 약간의 사견을 덧붙이도록 한다.

220년 한(漢)나라가 멸망한 후 위(魏)·진(晉)·남북조시대(南北
朝時代)의 약 400년간 중국에서는 사회·정치적으로 혼란과 무질서
의 동란의 시대가 지속되었다. 유교의 지배체제에 있었던 한나라의
멸망 이래로 이와 같은 불안정의 시기가 지속된 것은 지식인과 사상

---

4) 越南與日韓同屬域外漢文化區的一環〈中略〉不僅是他們民族重要的財富、也
是漢文化區共有的資産、足以幇助我們對中國文學的瞭解。

가들에게도 커다란 충격을 안겨주었으며, 이러한 동란의 시기에 도가사상(道家思想)과 불교사상이 뒤섞여 '괴이한 일을 서술한다'는 풍조가 일어났다. 이것이 일반적으로 일컬어지고 있는 '지괴(志怪)'라는 것으로 이는 단순히 이상한 이야기나 민간설화를 기록한 간단한 기록물에 지나지 않기 때문에 이를 '소설(小說)'로는 부르지 않는다.

중국문학에서 본격적으로 소설이라 불리는 장르가 나타난 것은 당대(唐代, 618~907)부터이다. 이것이 육조(六朝)시대의 지괴(志怪)와 비교하였을 때 소설로 불릴 수 있게 된 가장 큰 이유는 괴이를 통하여 인간과 세계를 묘사하고, 또한 작자의 인생관과 세계관을 언급하였다는 획기적인 발전을 이루었기 때문이다.

그 후, 송대(宋代, 960~1279)에 이르러 일반서민의 경제력이 향상되고, 그에 따라 대도시에서는 상업문화가 발달됨에 따라 서민을 대상으로 하여 오락을 주로 하는 강석(講釋)이 유행하게 된다. 강석사(講釋師) 또는 설화인(說話人)이라 불리는 이들의 구연(口演)을 통한 강석은 역사물・연애물・괴담물 등 여러 내용에 걸쳐 이루어졌으며, 이러한 내용이 소설화 된 것이 백화소설(白話小說)이다. 『경세통언(警世通言)』『성세항언(醒世恒言)』『유세명언(喩世明言)』(원제는 『고금소설(古今小說)』)의 이른바 '삼언(三言)'과 『초각박안경기(初刻拍案驚奇)』『이각박안경기(二刻拍案驚奇)』의 이른바 '이박(二拍)'과 같은 단편백화소설집, 그리고 『삼국지연의(三國志演義)』『서유기(西遊記)』『수호전(水滸傳)』등과 같은 장편백화소설집이 그것이다.

명청시대의 소설사를 개관했을 때 주류(主流)를 이루고 있었던 것은 이와 같은 구어체 백화소설이었으며, 지류(支流)라 한다면 당전기

(唐傳奇)의 흐름을 이어받은 『전등신화』나 그 추종작인 『전등여화(剪燈餘話)』『멱등인화(覓燈因話)』등과 같은 문언전기소설류였다. 명청시대의 『전등신화』의 유행에 관하여 다케다 아키라(竹田晃) 외 2인 교주(2008) 『中国古典小說選8 剪灯新話』의 해설에 의하면, 『전등신화』는 금서조치가 내려진 후 "가정(嘉靖, 1522~1566) 연간의 초반에 금지조치가 풀리고, 만력(万歷, 1573~1619) 연간에 복각되어 청대에 들어와서는 수종의 간본이 나왔다"[5]고 지적하고 있는데 그치고 있다. 그러나 최용철(2005)은 『전등신화』『전등여화』『멱등인화』의 소위 '전등삼종(剪燈三種)'의 영향작들에 대한 목록을 제시하고, 백화소설 만큼은 아니지만 후대에 꽤 많은 작품이 '전등삼종'으로부터 영향을 받아 성립되었다는 점을 지적하고 있다.

『전등신화』는 출판된 지 21년후 정통(正統) 7년(1442)에 이시면(李時勉)의 상소에 의해 금서소설로 지정된다. 이에 관하여 두가지 의문점을 지적하여 본다면, 하나는 왜 『전등신화』가 당시의 중국사회에서 비판을 받았으며 금지되기까지 이르렀는가라는 점과, 두번째는 조선, 일본, 베트남에서는 『전등신화』에 대하여 어떤 식으로 인식하고 있었으며, 일본과 베트남은 같은 유교문화권에 속하면서도 왜 금서소설이 되지 않고 환영받았는지, 그리고 그것이 『논어(論語)』「술이편(述異篇)」의 '군자는 괴력란신을 이야기해서는 안된다(子不語怪力亂神)'와 어떠한 관계가 있는가 하는 점이다. 이에 후자에 관해서는 본절 제4와 제6에서 언급하기로 하고 여기에서는 일단 전자에 관하여 검토해 보기로 한다.

---

5) 嘉靖年間(1522~1566)の初めに法禁がゆるみ、万歷年間(1573~1619)に復刻され、清代に入ってもいくつかの刊本が出された。

그럼 먼저, 중국에서의 『전등신화』에 대한 인식에 관하여 검토하기 위해 이시면의 상소문을 인용해 보면 다음과 같다.

정통7년 2월 신미일에 국자감 제주 이시면이 아뢰었다. "①요즘 속된 유생들이 있어 괴이한 일에 빗대어 근거도 없는 말을 지어내고 있습니다. 전등신화와 같은 서적이 그러한 것입니다. ②오로지 마을의 경박한 무리들이 앞다투어 읽고 있습니다. 또한 유교를 공부하는 유생들에 이르기까지 올바른 학문의 길을 버리고 학문을 익히지 않은 이가 많습니다. 밤낮으로 익히며 기억하고 이를 담론의 소재로 삼고 있습니다. 만일 이를 엄금하지 않으면 ③사악한 설과 이단이 날마다 새로워지고 달마다 번창하여 사람들의 마음을 어지럽힐까 두렵습니다. 바라옵기는 예부・행문・내외의 아문 및 조제・학교・첨사・어사에게 통문을 돌리고 안찰사관에게 명하여 순력하게 하여 이를 없애며, 무릇 이러한 서적을 발견하면 곧바로 태워 없애게 하옵소서. 만일 몰래 인쇄하거나 판매하거나 소장하는 이가 있으면 죄를 물어 법대로 벌을 주도록 하소서. 바라옵기는 사람들에게 올바른 길을 알리고, 사악하고 망령된 것에 현혹되지 않도록 하소서"라 하였다. 이에 왕은 그 말을 따랐다.[6]

위 인용문은 당대의 『전등신화』가 금지된 원인을 엿볼 수 있는 한

---

6) 正統七年二月辛未、國子監祭酒李時勉言「近有俗儒假託怪異之事飾以無根之言。如剪燈新話之類。不惟市井輕浮之徒爭相誦習。至於經生儒士多舍正學不講。日夜記憶以資談論。若不嚴禁恐邪說異端日新月盛惑亂人心。乞救禮部行文內外衙門及調提學校僉事御史并按察司官巡歷去處。凡遇此等書籍卽令焚毁。有印賣及藏習者、問罪如律、庶俾人知正道。不爲邪妄所惑。」從之。(楊家駱主編『日知錄集釋 下』(『增補中國思想名著集』第38冊所收、世界書局、1972)卷四「禁小說」)

편, 얼마나 인기가 있었는지 알 수 있는 좋은 자료라 할 수 있다. 즉, 당시의 지식인들이 가지고 있었던 현실적인 유교적 가치관으로부터 판단해 보면, 『전등신화』는 용궁·지옥·신선세계 등의 비현실적인 세계, 유령과의 사랑, 요괴의 등장, 남녀간의 자유연애 등을 주된 내용으로 하고 있기 때문에 ①에서 인용한 바와 같이 괴이한 사실에 가탁하여 비현실적이고 사실무근의 말을 지어냈으며, ②를 보면, 이로 인해 일반 서민 뿐만 아니라 학문에 정진해야 할 유생까지도 밤낮으로 『전등신화』를 읽고 담론의 소재로 삼고 있고, ③에서 '사악한 설과 이단(邪說異端)'의 이야기가 '날마다 새로워지고 달마다 번창(日新月盛)'하여 '사람의 마음(人心)'을 '어지럽(惑亂)'히고 있는 것이 문제가 되고 있다. 즉, 『전등신화』의 내용은 당시의 유교적인 가치관에 바탕을 둔 현실적인 사상과 도덕관과는 상극을 이루기 때문에 사대부들이 읽어야 할 문장이 아닌 것으로 비판받았던 것이다.

이로 인해 『전등신화』는 중국문학사에서 비주류의 문학으로서 겨우 그 명맥을 지켜오고 있었으며, 오히려 일본에서 간행된 화각본(和刻本) 『전등신화구해(剪燈新話句解)』가 중국으로 역수입된 것을 계기로 『전등신화』가 중국에서 본격적으로 널리 알려지게 되었다.

4. 『전등신화』의 번안과 『오토기보코』에 나타난 금기의 극복

일본에서의 『전등신화』에 관한 가장 오래된 기록은 사와다 미즈호 (澤田瑞穗, 1938)가 제기한 바와 같이 선승(禪僧) 게이조 슈린(景徐

周麟)의 『간린 고로슈(翰林葫廬集)』(1482)의 권3에 실린 「감호야범기를 읽다(讀鑑湖夜泛記)」가 『전등신화』 권4의 제4화 「감호야범기」를 읽은 후에 지은 시라는 점에서 1482년이다. 한편 사와다는 위 논고에서 1482년 이전에 『전등신화』가 일본으로 전해졌다는 견해를 제시하고 있으나, 슈린이 중국에서 『전등신화』를 열람하였을 가능성도 배제할 수 없으므로 1482년 이전에 『전등신화』가 전래되었다고 단정하는 것은 무리라 생각한다. 그 후 일본에서의 『간린 고로슈』 이후의 약 130여년간 『전등신화』에 관한 기록은 찾아볼 수 없다. 그 이유는 『전등신화』 자체가 한문으로 쓰여졌기 때문에 『간린 고로슈』를 지은 교토(京都) 고산(五山)의 승려들과 같은 한문학에 정통한 특수한 지식인들을 제외하면 일부러 『전등신화』를 찾아서 읽을 이는 거의 없었기 때문이다.

일본에서 본격적으로 『전등신화』가 널리 읽혀지게 된 계기에 대하여 살펴보기 위하여는 조선의 상황에 대하여 먼저 살펴볼 필요가 있다. 조선에서는 윤춘년(尹春年, 1514~1567)이 교정하고, 임기(林芑, ?~?)가 주석을 넣은 『전등신화』의 주석서 『전등신화구해(剪燈新話句解)』가 간행되는데, 정용수(2002)에 의하면 임진왜란 이전만 해도 1549년, 1559년, 1564년의 3차례에 걸쳐 간행되었다고 한다. 그리고 이것이 임진왜란을 통하여 일본으로 전해지게 되고, 겐나 연간(元和年間, 1615~1624)에 고활자판, 게이안 원년(慶安元年, 1648)에 정판(整版)으로 출판된 것이 계기가 되어 일반 서민들에게 널리 알려지게 되었다.

이로 인해 편자 미상의 『기이잡담집(奇異雜談集)』에는 『전등신화』

의 3편이, 이케다 이사이(池田委齋)에 의한 『아야시구사(靈怪艸)』 (1677년 필사본)에는 『전등신화』8편이 번역되어 있다. 이들 작품은 사카마키(1990)의 전게서에서의 지적대로 직역보다는 의역에 가까우며 내용상 『전등신화구해』에 있는 주석과 상당히 일치하는 것으로 보아 『전등신화』보다는 『전등신화구해』를 참조하였다고 할 수 있다.

이러한 번역의 시대를 거쳐 아사이 료이는 1648년판 『전등신화구해』의 정판본을 참조로 하여 그 내용을 충분히 소화하고, 이로 인해 근세 괴담문학의 원류이자 최초의 번안소설인 『오토기보코』를 창작하였다.

『오토기보코』가 탄생한 시기는 간분(寬文) 6년(1666)으로 『금오신화』나 『전기만록』과 비교해 보면 가장 늦으며, 『전등신화』에 관한 첫 기록 이후 약200년의 시간을 기다려야 했다. 이 시기의 일본의 문예사조를 보면, 정치적으로는 중세에서 근세로 이동되며, 사상적으로는 불교를 대신하여 유교가 관학(官學)으로 채용되는 이른바 정치적·사상적인 전환기였다. 또한 인쇄술의 발달로 인해 서적의 대량인쇄가 가능해지며, 초닌(町人) 계급이 문화 향수의 중심적인 존재가 됨에 따라 서민문학이 발달하기 시작한 시기였다. 그에 따라 현실인식도 슬픈 현실을 의미하는 우키요(憂き世)에서 즐거운 현실을 의미하는 우키요(浮き世)로 바뀌는 등 여러가지 면에서의 과도기였다.

이러한 시기에 유행한 문학장르 가나조시(仮名草子)는 통속·평이·오락·교훈·계몽을 주 내용으로 삼는 수필·소설 등의 산문류이다. 그 중 『오토기보코』는 가나조시의 최전성기를 맞이하였던 시기에 태어난 것으로 가나조시의 대표작으로 평가받고 있는 작품이다.

이 『오토기보코』가 『전등신화』의 영향을 받아 창작되었다는 사실은 『오토기보코』가 간행된 당시에도 잘 알려져 있던 사실이었다. 예를 들면, 이시바시 쇼안(石橋生庵)의 일기 『가조(家乘)』의 간분(寬文) 8년(1668) 5월 10일의 기록을 보면, 「오토기보코를 빌리다(借伽婢子)」라는 기사의 주석에 다음과 같이 쓰여있다.

> 낙하송운이 지음. 13권이며 전등신화를 표절하여 괴이한 일을 서술하였다.[7]

위 인용문에서 '낙하(洛下)'란 현재의 교토를 지칭하며, '송운(松雲)'이란 아사이 료이의 호이다. 즉, 교토에 살고 있는 료이가 『전등신화』를 '표절(剽窃)'하여 '괴이한 일(怪異の事)'을 서술하였다는 의미가 되는데, 여기에서 주목해야 할 것은 교토에서 간행된 『오토기보코』가 겨우 2년만에 기슈(紀州) 지방, 즉 현재의 와카야마현(和歌山県)에서도 읽는 독자가 있었으며, 그것이 『전등신화』의 번안이었다는 사실이 간파되었다는 점이다.

다음으로 겐로쿠(元禄) 15년(1702) 미야코노 니시키(都の錦)에 의한 『고젠 오토기보코(御前伽婢子)』의 서문에서도 '그 일향종(一向宗) 승려가 전등신화를 이용하여 쓴 것은 아쉬운 일이다(かの一向の粋僧の剪灯新話の抜書を恨み)'라 하여 『오토기보코』가 『전등신화』의 영향을 받은 것은 시대에 뒤쳐진 오래된 것으로 혹평한 후 자신의 작품에 대한 선전을 하고 있다.

그런데 중국이나 조선에서 『전등신화』가 비판받았던 것과는 달리

---

7) 洛下松雲所集有十三巻剽窃剪灯新話述怪異之事

아사이 료이(浅井了意) 문학의 성립과 성격

일본에서는『전등신화』뿐만 아니라 그 번안작인『오토기보코』까지 상당한 인기를 끌었다.『전등신화』는 앞서 언급한 바와 같이 수 차례에 걸친 출판기록과『조선왕조실록』의 기록에서도 에도막부가 조선으로부터『전등신화』를 구입한 일[8]이 있는 것으로 보아 당시 일본에서『전등신화』가 얼마나 인기를 끌었는지 엿볼 수 있다.

『오토기보코』의 경우,『보정판 국서총목록(補訂版 国書総目録)』(1991)에 의하면, 간분(寬文) 6년(1666), 겐로쿠(元禄) 12년(1699), 분세이(文政) 9년(1826)의 간행기록이 있으며, 앞서 서장에서도 언급한 바와 같이『속오토기보코(続伽婢子)』(1671),『신오토기보코(新御伽婢子)』(1683),『고젠오토기보코(御前伽婢子)』(1702),『슈이오토기보코(拾遺御伽婢子)』(1704)등과 같은『오토기보코』의 이름을 빌린 많은 추종작과, 하야시 기탄(林義端)에 의한『다마쿠시게(玉櫛笥)』(1695)와『다마하하키(玉箒子)』(1696)와 같은 모방작이 간행되었다.

이와 같은 사례를 통하여『오토기보코』가 당시의 문학계에 미친 파급력은 상당히 크다는 것을 알 수 있다. 그러나 이들이 인기를 끌기 위해서는 한가지 문제가 있었다. 그것은『논어(論語)』「술이편(述而篇)」에서 '군자는 괴력란신을 말해서는 안된다(子不語怪力亂神)'라 한 것을 어떤 식으로 극복할 것인가 하는 문제였다. 그렇다면『오토기보코』는 이를 어떻게 극복하였는지 알아보기 위해『전등신화』와『오토기보코』의 서문을 인용하여 비교해 보기로 한다.

---

8) 인조19년(1641) 1월 5일조에 "일본인들이『사서장도』『양성재집』『동파』『전등신화』그리고 우리 조선의 지도를 요구하였다. 조정에서는『동파』와『전등신화』를 주고 나머지는 허가하지 않았다(倭人求四書章圖·楊誠齋集·東坡·剪燈新話·我國地圖。朝廷賜以東坡·剪燈新話、餘皆不許)"라는 기록이 있다.

〈전략〉지금 나의 이 책은 세상을 가르치고 백성들에게 법도를 알리는데 도움이 된다고는 할 수 없다. 그러나 선을 권장하고 악을 징벌하며, 가난한 자를 슬퍼하며 억눌린 자를 가엽게 여기는데 있어 이것을 말하는 자는 죄가 되지 않으며, 듣는 자는 족히 이를 경계할 만한 것임에 충분한 의의를 가지고 있을 것이다.[9]

위 인용문은 바로 『전등신화』의 서문의 일부분을 인용한 것으로 '군자는 괴력란신을 말해서는 안된다'라는 문장을 의식한 것이다. 여기에서 구우(瞿佑)는 유교적 가치관으로는 '괴력란신'을 말하는 것은 경계해야 할 것이라 하면서도 본 작품이 '권선징악(勸善懲惡)'의 교훈담으로서 또한 '애궁도굴(哀窮悼屈)'이라 한 바와 같이 사람들에게 감동을 줄 수 있는 내용으로 읽혀진다면 괴이한 일을 말하여도 죄가 되지 않으며, 듣는 것만으로 충분히 경계할 만한 것이기 때문에 그 의의가 있다는 것을 서술하고 있다.

다음으로 『오토기보코』의 서문을 보면 다음과 같이 기술되어 있다.

〈전략〉①무릇 괴력란신을 이야기해서는 안된다고는 하였으나 만일 어쩔 수 없는 경우에는 서술하여 나타내고 근본으로 삼았다.〈중략〉②불경에서는 삼세인과(三世因果)의 이치를 가르치고 있으며, 사생유전(四生流転)의 업(業)으로 훈계하고 있고, 때로는 영묘한 신통(神通)을 때로는 변화(変化)의 일들을 설법하였다. ③또한 신도(神道)에서의 신비로운 일들이라 함은 풀과 나무와 흙과 돌에 이르기까지 모두 신령(神靈)이 존재하고 있다는 것을 기록하여 헤아리기 어려운

---

9) 〈前略〉今余此編、雖於世教民彝、莫之或補、而勸善懲惡、哀窮悼屈、其亦庶乎言者無罪、聞者足以戒之一義。〈後略〉

묘리(妙理)를 나타내고 있다. 유교와 불교, 신도의 삼교(三教)가 저마다 신령하고 이상하며 괴이하고 부처의 감응(感応)이 반드시 일어난다는 것을 가르치고 있으며 이를 통해 그 도(道)로 이르게 하고 있다.〈중략〉학식과 지식이 있는 사람의 눈을 즐겁게 하고 귀를 씻게 하는 것이 목적이 아니라 오로지 아녀자들이 듣고 놀라 스스로 마음을 고치고 바른 길로 향하게 하기 위한 하나의 도움이 되고자 함이다. 그 눈을 고귀하게 여겨 귀를 믿지 않는 것은 옛 사람들이 경계했던 것이다.10)

위 인용문의 ①은 유교에서는 '괴력란신'을 말해서는 안된다고 하고 있으나 '어쩔 수 없는' 경우에는 서술하여야 한다고 하고 있으며, 이것은 분명 『전등신화』의 서문에 바탕을 둔 표현이다. 그러나 『오토기보코』의 특징으로 ②와 같이 불교에서도 '삼세인과', '사생유전', '신통', '변화'를 설법하고 있고, ③에서는 신도(神道)의 예를 들어 '신령', '헤아리기 어려운 묘리'의 괴이한 일들을 기술하여 '그 도로 이르게' 하도록 하고 있다는 점을 들어, 불교와 신도에서도 교훈을 주기 위해서는 괴이한 일을 적절히 이용하고 있다는 점을 들고 있다. 이를 통하여 '학식과 지식이 있는 사람'이 아니라 '아녀자'가 '스스로 마음을 고치'고 '바른 길로 향하게 하기 위한 하나의 도움'이 될 수 있다면 어쩔 수 없이 괴이한 일을 '서술하여 나타내고 근본으로' 삼는 다는 교

---

10) 〈前略〉総て怪力乱神をかたらずといへ共、若止ことを得ざるときは、亦述著して則になせり。〈中略〉仏経には三世因果の理ををしへて、四生流転の業をいましめ、或は神通或は変化の品／＼を説給へり。又神道の幽微なる、草木土石にいたるまで、みなその神霊ある事をしるして、不測の妙理をあらはせり。三教をの／＼霊理・奇特・怪異・感応のむなしからざることををしへて、其道にいらしむる媒とす。〈中略〉学智ある人の目をよろこばしめ、耳をすぐためにせず。只児女の聞をおどろかし、おのづから心をあらため、正道におもむくひとつの補とせむと也。〈後略〉

훈적 의도가 나타나 있다.

여기에서 료이는 구우(瞿佑)의 서문을 유교·불교·신도에 의한 교훈적인 내용으로 바꾼 것으로, 료이가 이야기 한 유교·불교·신도란 세 종교 또는 사상에 한정된 것이 아니라 그 당시에 있었던 모든 사상이나 가치관을 총칭한 것이라 보아야 할 것이다.

즉, 『오토기보코』의 경우에는 하나의 사상이나 가치관에 구애됨이 없이 교훈을 주기 위해서라면 어떤 사상이나 가치관이라 할 지라도 자유롭게 이용한다는 적극적인 의도가 원래부터 갖추어져 있었던 것이다. 그리고 이러한 료이의 의도는 당시의 일본의 문단에 적극적으로 받아들여지게 되었고 이로 인해 『오토기보코』가 커다란 인기를 끌 수 있게 되었던 것이다.

그렇다면, 이하 『전등신화』계열 작품(필자주 : 『전등여화』와 『금오신화』를 포함)과 『오토기보코』의 영향관계를 나타내보면 다음과 같다[11]. 표를 작성함에 있어 『금오신화』는 (金), 『전등신화』는 (新), 『전등여화』는 (餘)로 약칭하였다.

출전	『오토기보코』
(金)용궁부연록(龍宮赴宴錄)	용궁에서의 상량문(龍宮の上棟)
(新)삼산복지지(三山福地志)	황금백냥(黃金百両)
(新)천태방은록(天台訪隱錄)	도즈강의 선경(十津川の仙境)
(新)금봉채기(金鳳釵記)	진홍의 허리띠(真紅撃帯)
(餘)호미랑전(胡媚娘傳)	여우의 요괴(狐の妖怪)
(新)태허사법전(太虛司法傳)	요괴계곡에 떨어져 요괴가 되다 (鬼谷に落て鬼となる)

---

11) 본 목록은 松田修·渡辺守邦·花田富二夫校注(2001) 『新日本古典文学大系75 伽婢子』(岩波書店)를 참조로 작성하였다.

(新)모란등기(牡丹燈記)	보탄토로(牡丹灯籠)
(餘)부용병기(芙蓉屛記)	매화의 병풍(梅花屛風)
(新)영호생명몽록 　　(令狐生冥夢錄)	지옥을 보고 다시 살아나다 (地獄を見て蘇)
(新)위당기우기(渭塘奇遇記)	꿈속에서의 사랑(夢のちぎり)
(新)용당영회록(龍堂靈會錄)	유령이 여러 장군을 평하다(幽靈評諸将)
(新)애경전(愛卿傳)	기생 미야기노(遊女宮木野)
(新)화정봉고인기 　　(華亭逢故人記)	스게노야 규에몬(菅谷九右衛門)
(新)영주야묘기(永州野廟記)	사악한 귀신을 꾸짖어 죽이다 (邪神を責殺)
(金)이생규장전(李生窺墻傳)	노래를 통하여 사랑을 나누다 (歌を媒として契る)
(新)등목취유취경원기 　　(滕穆醉遊聚景園記)	금각사의 유령과 사랑을 나누다 (金閣寺の幽霊に契る)
(新)수문사인전(修文舍人傳)	빈궁한 료센과 덴구도 (了仙貧窮付天狗道)
(新)신양동기(申陽洞記)	숨겨진 마을(隠里)
(新)녹의인전(綠衣人傳)	다시 태어나 사랑을 나누다(易生契)
(新)취취전(翠翠傳)	유령이 편지를 부모에게 전하다 (幽霊書を父母につかはす)

　위에서 살펴본 대응관계를 보면, 『오토기보코』의 하나의 이야기는
『전등신화』의 하나의 이야기를 번안하여 1：1의 관계가 성립됨을 알
수 있다. 이와 같은 대응관계는 일본의 연구에서는 당연한 문제라 아
무도 관심을 가지지 않았던 부분이나 이것은 『금오신화』와 『전기만록』
의 작품형상방법과 비교하여 보았을 때 상당히 중요한 특징을 지닌
다는 것을 지적할 수 있다. 왜냐면, 『금오신화』와 『전기만록』의 경우
한 이야기의 성립에는 다수의 이야기가 관여해 있기 때문에, 비교문

학적 측면에서 본다면 오히려 『오토기보코』가 독특한 작품형상방법
에 의해 쓰여 있기 때문이다. 그렇다면 이하 『전등신화』의 번안과 『금
오신화』 및 『전기만록』의 성립에 관하여 검토해 보기로 한다.

5. 『전등신화』의 번안과 『금오신화』

먼저 『전등신화』의 번안과 『금오신화』의 성립에 대하여 검토해 보
기로 한다. 이 부분에 관하여는 국문학자들에 의해 상당한 연구가 진
행되어 왔으므로, 그동안의 연구결과를 필자 나름대로 정리하면서 약
간의 사견을 더해보도록 한다.

중국의 『전등신화』가 아시아 각국에 언제 어떠한 경위로 전파되었
는가에 관하여는 명확한 기록이 없어 알 수가 없으며 조선의 경우에
도 『전등신화』가 전래된 시기는 『전등신화』가 창작된 1421년부터
『금오신화』가 창작된 1465년~70년의 약 50년 사이라 볼 수 있다. 『금
오신화』가 창작된 당시, 이것이 『전등신화』의 번안작이라는 것은 당
시의 문인들에 의해 잘 알려져 있는 사실이었다.[12]

---

12) 예를 들면, 김안로(金安老)의 야담집 『용천담적기(龍泉談寂記)』(1525)에는 "금
오산에 들어가 책을 저술하였다. 석실에 숨기고는 "후세에 반드시 나를 알아 줄
이가 있을 것이다"라 하였다. 대체적으로 괴이한 일을 서술하여 자신의 생각을
담아냈는데, 전등신화 등을 모방하여 지었다.(入金鰲山著書、藏石室曰後世
必有知岑者、大抵述異寓意。效『剪燈新話』等作也。)"라 하였으며, 어숙권
(魚叔權)의 수필집 『패관잡기(稗官雜記)』(16세기 초)에는 "김시습의 금오신화
중에서 남염부주지가 실로 소설중 제일이다. 〈중략〉 나는 이 책을 읽고 어루
만지며 세번 감탄하였다. 다만 그 서술의 양상은 구우의 전등신화를 답습하였
으나 내용과 표현은 이보다 뛰어났다.(金時習『金鰲新話』中「南炎浮州志」實
小說之第一也。〈中略〉余讀之、未嘗不撫卷三歎、但其敷敍大概、以踏襲

그 중 〈주12〉에서 살펴본 바와 같이 수필집이나 야담집과 같은 개
인적인 성향의 작품의 경우 당시 문인들은 『전등신화』와 『금오신화』
를 재미있게 읽었으며, 그 문학성도 뛰어나다고 평가하였으나 『조선
왕조실록』과 같은 공적인 기록을 들여다보면 그 인식은 정반대인 것
을 알 수 있다. 그 중 대표적인 것을 소개하면 다음과 같다.

○『조선왕조실록』 14대 선조2년(1569) 6월 20일
하물며 『전등신화』와 『태평광기』와 같은 서적들은 모두 사람들의
심지(心志)를 그릇되게 하기에 충분한 책이겠습니까.〈중략〉Ⓐ 정사
(正史)에는 치란(治亂)과 존망(存亡)에 관한 것들이 모두 담겨 있어 반
드시 읽어야 합니다.〈중략〉Ⓑ『전등신화』는 놀라우리만큼 저속하고
외설되기 이를데 없습니다. Ⓒ 하지만 교서관들이 사사로이 재료를
지급하여 인쇄하기에 이르렀으니 식자들은 마음아파하지 않는 이가
없습니다. 혹, 그 판본을 없애버리려 하였으나 그대로 오늘에 이르렀
습니다. 항간에서는 다투어 서로 인쇄하여 보고 있으며, Ⓓ 그 내용은
남녀의 음란한 내용과 신기하고 괴이하며 법도에 어긋나는 말들이 많
이 있습니다.[13]

위에 인용한 『조선왕조실록』의 기록은 당시의 『전등신화』의 인기
양상과 더불어 당대인들의 인식을 엿볼 수 있는 대표적인 자료라 할
수 있다.

瞿宗吉剪燈新話、而立意出語則過之。)"라 하여 『금오신화』가 『전등신화』
를 모방한 작품이라 하면서도 그 문학성은 원작보다 뛰어나다 평가하고 있다.
13) 況『剪燈新話』『太平廣記』等書、皆足以誤人心志者乎。〈中略〉正史、則治亂
存亡俱載。不可見也。〈中略〉剪燈新話鄙褻可愕之甚者。校書館私給材
料、至於刻板。有識之人莫不痛心。或欲去其板本、而因循至今。閭巷之
間、爭相印見。其間男女會淫、神怪不經之說、亦多有之矣。

먼저 Ⓐ를 살펴보면, '정사(正史)'는 '치란존망(治亂存亡)'의 역사적 사실이 담겨 있으며 반드시 읽어야 할 서적이나 『전등신화』는 그와는 반대로 Ⓑ에서 '저속하고 외설(鄙褻)'스러우며, Ⓓ에서 '남녀의 음란한 내용(男女會淫)'과 '신기하고 괴이하며 법도에 어긋나는 말(神怪不經之說)'이 담겨 있다고 평가하고 있어 그야말로 '괴력란신(怪力亂神)'을 주요한 소재로 삼고 있기 때문에 혹평하고 있다.

그러나 겉으로는 딱딱한 유교윤리에 사로잡혀 『전등신화』가 비난받아 마땅한 서적으로 평가받고는 있었으나 실제로는 Ⓒ와 같이 상당한 인기를 끌었으며, 교서관(校書館)에서는 사사로이 이를 '인쇄(刻板)'하였고 항간에서는 앞다투어 읽을 정도로 널리 유포되어 있었다는 것을 알 수 있다.

한편, 조선시대에는 『전등신화』가 비판받았음에도 불구하고 『전등신화구해』가 세차례에 걸쳐 간행되고, 조선간본 『금오신화』까지 간행되었다는 것은 어떤 것이 배경이 되었는지 의문이 든다. 그에 관하여는 실증적인 자료가 없으므로 필자 나름대로 추측해 본다면, 두 서적이 출판된 13대 명종연간(1545~1567)은 사상적으로는 일시적으로 유교적인 세력이 약해지고, 정치적으로는 김시습을 조선의 공자로 칭송한 윤춘년(尹春年)이 정치적으로 가장 활약하였던 시기였으므로 『금오신화』를 편찬하고 『전등신화구해』를 교정하는데 그다지 제약을 받지 않았던 시기였다 생각된다.

그럼 그 동안의 선행연구를 참조하면서, 필자 나름대로 『금오신화』와 『전등신화』의 영향관계 및 그 근거에 관하여 간략히 제시하여 보면 다음과 같다.

『전등신화』	『금오신화』	내용
水宮慶會錄	龍宮赴宴錄	용궁·환락
富貴發跡司志	萬福寺樗蒲記	발원(發願)
滕穆醉遊聚景園記		유령과의 사랑
綠衣人傳		
令狐生冥夢錄	南炎浮州志14)	지옥에서의 재판
天台訪隱錄	醉遊浮碧亭記	선계(仙界)
鑑湖夜泛記		
聯芳樓記	李生窺墻傳	만남
翠翠傳		사랑의 성취와 전란
愛卿傳		전란·정절·유령

　　필자가 위에서 제시한 표를 보면,『전등신화』와『금오신화』는『오토기보코』처럼 간단히 영향관계를 판정하는 것은 어렵다는 것을 알 수 있다. 그 이유는『오토기보코』와『전등신화』의 사이에는 1:1의 대응관계가 성립되어 누가 보더라도 거의 같은 견해가 나오는데 비해『금오신화』의 경우 분명히『전등신화』로 부터 영향을 받은 것임에는 틀림없으나『전등신화』의 복수의 이야기로부터 복합적인 영향을 받았기 때문에 보는 이의 관점에 따라 그 영향관계가 달라진다는 점이다. 즉, 이야기의 사상·배경·인물·사건의 전개양상·중심소재 등 어떠한 사항에 중점을 두느냐에 따라 연구자들에 의해 다른 의견이 나타나는 것이 문제라 할 수 있다. 따라서, 필자 나름대로 판단한 근거를 제시하게 되었으며, 본서에서의 논의는 위 표를 바탕으로 진행해

---

14) 이 이야기는『전등여화』권1의 제4화「하사명유풍도록(何思明遊酆都錄)」으로부터 보다 큰 영향을 받았다고 생각된다.

나가고자 한다.

6. 『전등신화』의 번안과 『전기만록』

베트남은 기원전 111년, 한무제(漢武帝)에 의해 정복당한 후 939
년에 비로소 독립왕조가 탄생하기 까지 약 1,000년간 중국영토의 일
부분으로서 지배하에 놓여 있었다. 그 후, 독립왕조의 시대에 접어들
어서도 중국과 국경을 접하고 있었기 때문에 중국으로부터 정치나
교육제도·사상·문화·한문학 등의 다방면에 걸쳐 강한 영향을 받
았다. 따라서 약 1000년에 걸친 중국지배, 1075년부터 실시된 과거제
도 등으로 인해 베트남에서는 상당히 높은 수준의 한문학이 발달하
였다.

그런데 베트남은 한문학 이외에도 한자의 부수나 일부분을 조합하
여 회의(會意)·형성(形成)·가차(假借)등의 방법을 이용한 쯔놈(字
喃)이라는 새로운 문자가 고안되었다. 이 글자가 언제 처음으로 고안
되었는지는 알 수 없으나 이 쯔놈은 일본의 만요가나(万葉仮名)나
한국의 이두(吏頭)처럼 한자라는 공통문화권의 문자를 이용하여 자
국의 언어를 표현하려 한 것으로, 베트남의 민족어를 표현할 수 있다
는 이점이 있었다. 특히, 진(陳) 왕조(1226~1400)에는 몽고군을 격퇴
한 것을 계기로 민족의식이 고취되어 많이 사용되었으며, 쯔놈으로
지어진 '국어시(國語詩)'라는 장르는 이 시기에 전성기를 구가하였다.

그러나 여(黎) 왕조(1428~1788)에는 쯔놈을 경시하고 한자가 성현

의 문자로 취급받아 한문학이 다시금 번성하게 되었다. 또한 쯔놈의 경우, 한자를 변형시키거나 조합하여 만들었기 때문에 그것을 이해하기 위해서는 기본적으로 한자의 지식이 필요하였고, 만든 사람·지역·시대에 따라 그 용법이 달랐기 때문에 완전히 서민의 문자로 정착되지는 못하였다. 결국 17세기에는 유럽의 선교사들에 의해 로마자가 전파되어 급속히 보급되었고, 프랑스의 식민지가 된 후로는 과거제도도 폐지됨에 따라 한문학이 쇠퇴하고, 20세기에 들어서면 한자와 쯔놈은 완전히 사용되지 않게 되었다.

이러한 문학사적인 배경 속에서 『전기만록』의 작자 완서(阮嶼)가 살았던 여(黎) 왕조는 베트남 역사상 한문학이 가장 번성한 시대였다. 진(陳) 왕조 말기에 27편의 설화를 모은 이제천(李濟川)의 『월전유령집(越甸幽靈集)』(1392), 베트남의 신화와 전설을 모은 『영남척괴(嶺南摭怪)』(1493), 역사서 『대월사기(大越史記)』(1272)와 『대월사기전서(大越史記全書)』(1479), 15세기 후반에는 『춘운집(春雲集)』 『명량금수시집(明良錦繡詩集)』과 같은 한시집이 나타난 것을 보면, 당시의 베트남에서는 이미 『전기만록』이 태어나기 위한 기반이 충분히 다져져 있었다는 것을 알 수 있다.

현재 남아있는 『전기만록』의 판본은 가와모토 구니에(川本邦衛, 1988)[15]의 조사에 의하면 크게 2가지로 나뉘어진다. 그 중 하나는 일

---

15) 가와모토의 조사에 의하면, 현존하는 『전기만록』의 간본은 2종 5권이 전해진다고 한다. 그의 조사결과를 인용하여 보면 다음과 같다.
   ① 유안회주본(類庵會註本)『전기만록』: 영성(永盛) 8년(1712) 간행. 일본 동양문고 및 중국북경도서관 소장. 표기는 한문.
   ② 『신편전기만록증보해음집주(新編傳奇漫錄增補解音集註)』: 영성(永盛) 10년(1714) 간행. 야마모토 다쓰로(山本達郎) 소장본. 이하 ③④⑤는 ②의 재인본(再印本)으로 표기는 모두 한문과 쯔놈 번역문으로 이루어져 있다.

본 동양문고(東洋文庫)에 소장된 것으로 표지 앞면에는 '永盛萬七年之八歲在辰月在如穀旦刊行'이라 되어 있는 바와 같이 영성(永盛) 8년(1712)에 간행되었으며, 한문으로만 쓰여있다. 이것의 표지 뒷면을 보면, '유안회주본(類庵會註本)'이라 되어 있고, 1페이지 뒷면에 '완입부편(阮立夫編)'이라 되어 있는 것으로 보아 유안이라는 인물이 당시까지 나와 있던 여러 제본(諸本)들의 주석을 모아 회주본(會註本)으로 한 것을 완입부(阮立夫)가 편집한 것이라는 것을 알 수 있다.

또 다른 하나는 영성(永盛) 10년(1714)에 간행된 것으로『신편전기만록증보해음집주(新編傳奇漫錄增補解音集註)』라는 제목으로 한문으로 된 본문과 그 할주(割注)의 형식으로 쯔놈의 번역문이 들어가 있다. 『신편전기만록증보해음집주』는 1714년에 간행된 후 영우(永佑) 3년(1737), 경흥(景興) 24년(1763), 경흥(景興) 35년(1774)에 동일한 판으로 다시금 출판되었는데, 이것으로 미루어보면 한문만으로 쓰여진 유안회주본보다 쯔놈의 번역문이 붙은 것이 보다 널리 읽혀졌을 가능성이 높은 것으로 생각된다.

따라서 동양문고본은 현존하는『전기만록』의 간본중 가장 이른 것이 되며, 이에 그 서문을 인용하여 성립시기와 창작의도에 관하여 고찰해 보면 다음과 같다.

---

③ 『신편전기만록증보해음집주』: 영우(永佑) 3년(1737) 간행. 프랑스 아시아협회 소장.
④ 『신편전기만록증보해음집주』: 경흥(景興) 24년(1763) 간행. 일본 게이오(慶応) 대학 소장.
⑤ 『신편전기만록증보해음집주』: 경흥(景興) 35년(1774) 간행. 베트남 사학원소장.

①이 책은 홍주 가복 지방의 완서가 지은 것이다. 공은 전대인 여(黎)왕조의 진사 상표의 장남이다. ②어릴적부터 학문을 열심히 닦아 여러서적을 읽고 저술도 많아 문장으로 집안의 대를 이으려 하였다. 향시에 합격하고 천거를 받아 다스리다가 다시금 회시에 합격하여 청천현을 다스리게 되었으나 ③겨우 1년만에 관직을 사직하여 어머니를 모시고 효도를 다하며 수년간 성안으로 발을 들여놓지 않았다. 이에 이 책을 지어 뜻을 우의(寓意)하였다. ④그 문장을 보면 구우의 틀을 벗어나지 못하였으나 ⑤때로는 경계하며 귀감이 되는 점이 있으니 세상을 가르침에 있어 어찌 도움됨이 적다 하겠는가. ⑥때는 영정(永定) 초년 가을 7월 길일. 대안(大安) 하선한이 삼가 쓰다.[16]

　위의 인용한 서문의 ⑥을 보면 『전기만록』의 서문은 하선한(何善漢)이라는 인물이 영정(永定) 원년(1547)에 쓴 것이므로 『전기만록』의 창작시기는 1547년 이전임은 확실하다. 하선한에 관하여는 전혀 알려진 바가 없으나 그가 남긴 서문은 『전기만록』의 성립사정과 작가상에 관하여 추정할 수 있는 중요한 실마리가 될 수 있다.

　일단, ①을 보면 완서(阮嶼)는 홍주(洪州) 가복현(嘉福縣) 출신으로 완상표(阮翔縹)의 장남이다. 다음으로 ②를 보면 어릴적부터 학문에 뛰어나 과거에 급제하였고, 청천현(淸泉縣)을 다스리게 되었는데, ③을 보면 관직에 나선지 겨우 1년만에 관직을 버리고 어머니를 봉양하면서 효도를 다했다고 하며, 그로부터 수년간 성안으로 발을

---

16) 其錄乃洪州之嘉福人阮嶼所著。公前朝進士翔縹之長子也。少勤于學、博覽强記、欲以文章世其家。粤領鄕薦、累中會試場、宰于淸泉縣、纔得一稔、辭邑養母、以全孝道。足不踏城市、凡幾餘霜。於是筆斯錄以寓意焉。觀其文辭、不出宗吉藩籬之外。然有警戒者、有規箴者。其關於世敎、豈小補云。峕永定初年秋七月穀日。大安何善漢謹識。

들여놓지 않았고, 그 사이에 『전기만록』을 저술하여 자신의 생각을 '우의(寓意)'하였다고 한다.

다음으로 ④에 대하여 살펴보면, '종길(宗吉)'의 할주에 '瞿宗吉著 剪燈新話(구종길이 전등신화를 지었다)'라는 주석이 달려있는 것으로 보아 당시 베트남의 문인들에게는 『전기만록』이 『전등신화』의 번안작이라는 것이 이미 간파되어 있었다는 것을 알 수 있다.

당시의 『전기만록』에 관한 평가는 ⑤의 '경계(警戒)', '규잠(規箴)', '세교(世敎)'라는 표현으로부터 알 수 있듯이 유익한 교훈담으로 평가받고 있었다. 그렇다면 본서가 '괴이를 말하여서는 안된다(不語怪力亂神)'는 것을 극복하고 당시의 문인들에게 교훈담으로 호평을 받을수 있었던 이유는 어디에 있었을까라는 것이 의문이 든다. 그것은 이야기의 말미에 있는 평어(評語)에서 작자가 직접 작품안에 등장하여 이야기의 내용에 관하여 유교적인 교훈담으로 이해해야 할 것을 직접적으로 주장하고 있는 것이 받아들여졌기 때문이다.[17]

---

17) 예를 들어, 권2의 제5화 「범자허유천조록(范子虛遊天曹錄)」의 평어를 인용해 보면 다음과 같다.
『제해(齊諧)』에는 허황된 것이 실려 있으며, 『장자』의 우언은 진실로 군자가 숭상해야 할 바가 아니다. 만일 어떤 일이 사람이 행해야 할 도(道)와 윤리와 관계되며 어떤 말이 선을 권하고 악함을 경계하는 뜻을 지니고 있다면, 이를 기록하여 전한다 할지라도 무슨 상관이 있을 것인가?
(齊諧好誕、莊周寓言、誠非君子所尙。設或事關彝倫、辭寓勸戒、筆而傳之何傷乎。)
여기에서 『제해』란 현재는 전해지지 않고 있으나 중국 고대의 기이한 이야기를 모은 서적이라 한다. 본 이야기의 평어에서는 『제해』의 황당무계한 이야기나 『장자』의 우언(寓言)은 군자가 숭상해야 할 것이 아니라 하고 있는 것으로 보아 '군자는 괴력란신을 이야기해서는 안된다(子不語怪力亂神)'의 구절을 의식한 발언을 하고 있다. 그러나 유교의 입장에서 경계하여야 할 '괴력란신(怪力亂神)'에 관한 이야기라 할 지라도 또한 『장자』의 비유와 우화(寓話)로 이루어진 거짓 이야기라 할 지라도 그것이 언제나 도(道)나 윤리(倫理)와 관계되며 권선징악의 교훈적인 내용이라면, 이를 전한다 할지라도 아무런 죄가 되

이와 같은 완서(阮嶼)의 의도가 성공을 거두었다고 생각되는 이유
는 현재 남아있는 간본으로부터 살펴 보았을 때, 『전기만록』이 호평
을 얻어 수 종류의 주석서가 나오게 되고 그 주석서들을 종합하여
'유안회주본(類庵會註本)'이 태어났으며, 후에는 한문과 쯔놈으로 쓰
여진 『전기만록』이 4회에 걸쳐 출판을 거듭하였기 때문이다.

한편, 서문 ③에서 언급한 바와 같이 관직에서 겨우 1년만에 물러
나고 그 후 『전기만록』을 저술하였다는 부분에서 문제가 되는 것은
완서는 어째서 관직을 그만 두었는가, 그리고 그 연대는 언제인가 하
는 점이다. 이에 관한 실마리를 여귀돈(黎貴惇, 1726~1784)의 『견문
소록(見聞小錄)』이라는 수필로부터 살펴보도록 한다.

> 완서는 가복현 두송사(杜松社) 사람이다. 아버지는 상표이다. 홍덕
> 병진년에 진사에 오르고 관직은 호부상서에 이르렀다. 완서는 어릴
> 적부터 총명하고 옛 가르침을 깨우쳐 많은 서적을 읽고 많은 저술을
> 남겨 문장으로 집안의 대를 이었다. 향시에 합격하고 다시금 회시에
> 세차례나 합격하여 청천현을 다스리게 되었으나 겨우 1년만에 임지
> 가 먼 것을 이유로 관직을 사직하여 집으로 돌아가 효도를 다하였다.
> 후에 막씨(莫)가 왕위를 빼앗았으므로 벼슬길에 오르지 않기를 맹세
> 하였다. 고향에 있으면서 제자를 가르치고, 성안으로 발을 들여놓지
> 않았다. 전기만록 4권을 지었는데, 문장이 맑고 아름다워 당대의 사
> 람들이 이를 칭찬하였다. 천수를 누리고 죽었다.[18]

지 않는다는 입장을 취하고 있다.
18) 인용문은 이미 장개종(1994)에 의해 자세히 검토된 바 있으므로 재인용하기로
한다. 阮嶼、嘉福縣杜松社人。父翔縹。洪德丙辰進士、官戶部尚書。嶼少
聰警、博覽强記。能以文章世其家。擧於鄕、累中會試三場。選授淸泉知
縣、纔一年以遠任辭、歸家侍養。後以僞莫簒竊、誓不出仕。居鄕授徒、

위 기록은 하선한(何善漢)의 서문과 거의 같은 내용이나 밑줄친 부분으로부터 『전기만록』의 서문만으로는 알 수 없었던 새로운 사실을 알 수 있다. 즉, 완서가 관직을 그만둔 것은 임지가 멀기 때문에 효도를 다하는 것이 곤란하였기 때문이며, 두번 다시 벼슬길에 오르지 않기로 결심한 것은 '막씨정권(僞莫)'이 왕위를 '찬탈(簒竊)'하였기 때문이다.

당시의 베트남은 여(黎)왕조가 1428년에 건국되어 불교 대신에 유교를 지배이념으로 하며 베트남 문화의 전성기를 맞이한다. 그러나 1527년에 막등용(莫登庸)이 모반을 일으켜 정권을 잡고 막씨(莫氏) 정권(1527~1592)을 수립하게 되는데, 완서가 관직을 사직한 것은 '위막찬절(僞莫簒竊)'이라는 말로부터 알 수 있듯이 막등용에 의한 왕위 찬탈사건이 직접적인 원인이었다는 추정이 가능하다. 따라서 완서가 『전기만록』을 집필한 것은 막씨정권 수립후이기 때문에 1527년 이후 1547년 이전이라 할 수 있다.

그럼 다음으로 『전등신화』와 『전기만록』의 관계에 관하여 검토해 보기로 한다. 이와 관련하여 먼저 밝혀두어야 할 것이 있는데, 필자는 『전기만록』 권4의 제1화 「남창여자록(南昌女子錄)」의 전거를 「애경전(愛卿傳)」으로 하여 학회에서 구두발표를 한 적이 있다.[19] 필자의 발표에 대하여 염소매(閻小妹, 2007)는 의문을 제기하고,

---

足不踏城市、著傳奇漫錄四卷。文辭清麗、時人稱之。以壽終。

19) 필자는 2007년 일본근세문학회 춘계대회(아오야마가쿠인대학, 青山学院大学)에서 「애경·미야기노·최씨·무설―아시아 한자문화권 속의 『전등신화』―(愛卿·宮木野·崔氏·武設―アジア漢字文化圈の中の『剪灯新話』―)」라는 제목으로 구두발표를 하였다.

지금까지『오토기보코』등에 관하여 번안작으로 판정되었던 기준으로부터 본다면『전기만록』은 상당히 동떨어져 있는 양상을 보여준다. 원작을 완전히 해체하여 재구축하는 것이『전기만록』의 가장 커다란 특징이 아닐까라 생각된다.[20]

라 하여, 보다 "구체적인 검증을 계속(具体的な検証を続け)"한 후 "작품론을 심화시켜(作品論を深める)"야 할 필요가 있음을 지적하였다.

그러나 필자의 견해로는『전기만록』의 경우 "『오토기보코』등에 관하여 번안작으로 판정되었던 기준"과 똑 같은 기준을 적용하여 출전을 판정하는 것은 원래부터 불가능하며, 그것이 아니라『금오신화』에 대하여 번안작으로 판정한 기준을 바탕으로 검토해야 할 필요가 있다고 생각한다. 왜냐면,『전기만록』의 작품형상방법은『오토기보코』보다『금오신화』와 가깝기 때문이다.

다시 말하면,『전등신화』와『오토기보코』의 관계의 경우 원작과 번안작에서 1:1의 관계가 성립되므로 영향작의 판정에서 연구자들의 견해가 거의 일치해 있다. 그러나『전등신화』와『금오신화』의 관계의 경우 복수:1의 관계가 성립되며 어떤 사항에 중심을 두느냐에 따라 연구자들에 의해 의견이 달라지게 된다.『전등신화』와『전기만록』에 관해서도 연구자들에 의해 상이한 의견을 보이고 있는데, 예를 들어「취소전(翠綃傳)」과「여랑전(麗娘傳)」을 중심으로 놓고 보면 다음 관계가 성립된다.

---

20) 今まで『伽婢子』などについて翻案作として判定した基準から見れば『伝奇漫録』はかなりの隔たりを見せている。原作をばらばらに解体してから再構築することが『伝奇漫録』の最も大きな特徴ではないかと思われる。

연구자	『전등신화』	『전기만록』
奧野信太郎(1940)	章台柳傳(당전기소설)	翠綃傳
陳益源(1990)	翠翠傳	
	三山福地志	
張介宗(1994)	翠翠傳	麗娘傳
	金鳳釵記	
	秋香亭記	
전혜경(1994)	翠翠傳	
이학주(1999)		
喬光輝(2006)		
閻小妹(2007)	翠翠傳(前半)	
	愛卿傳(後半)	

『전기만록』의 출전의 판정에서 각 이야기는 분명히 『전등신화』에 의거해 있는 것은 틀림없으나 어떤 측면에 중점을 두고 파악하느냐에 따라 의견이 달라지기 때문에 출전을 복수 : 복수로 상정하지 않으면 안된다. 따라서 염소매의 의견처럼 『오토기보코』의 기준과 똑 같은 관점으로 출전을 1 : 1의 관계로 대응시키는 것은 불가능하다.

지금까지 『전기만록』의 출전에 관한 몇몇 논의를 검토해보았는데, 그 출전에 관한 논의는 『금오신화』에 비해 충분히 이루어졌다고는 할 수 없다. 또한 당전기소설을 포함한 다른 출전에 대해서도 거의 지적된 바가 없는 실정이기 때문에 앞으로 여러가지 관점에서 논의가 지속되어야 할 필요가 있다.

그럼, 『전등신화』와 『전기만록』의 관계에 대하여 필자 나름대로의 기준을 가지고 영향관계를 제시해 보기로 한다. 필자는『전기만록』20화 중 14화가『전등신화』의 번안작이라 생각하고 있는데, 그 영향관계와 근거가 되는 내용을 밝혀보면 다음과 같다.[21)]

『전등신화』	『전기만록』	内容
聯芳樓記	西垣奇遇記	만남
滕穆醉遊聚景園記		유령과의 사랑
綠衣人傳		
牡丹燈記	木綿樹傳	남녀의 사랑, 요괴퇴치
	陶氏業寃記	요괴퇴치
	昌江妖怪錄	
翠翠傳	翠綃傳	사랑의 성취
	麗娘傳	
愛卿傳	快州義婦傳	여성의 정절
	南昌女子錄	
修文舍人傳	范子虛遊天曹錄	유령과의 대담
天台訪隱錄	徐式仙婚錄	선계(仙界), 대담
鑑湖夜泛記		
水宮慶會錄	龍庭對訟錄	용궁

---

21) 『전기만록』권4의 제3화「여랑전(麗娘傳)」의 후반부의 경우 염소매(閻小妹, 2007)는 여랑이 정절을 지켜 죽기 때문에 출전을「애경전(愛卿傳)」으로 보아야 한다고 하였다. 그러나 필자는 이불생(李佛生)이 여랑의 무덤에서 울자 유령이 나타나 재회를 하는 점, 유령이 지금까지의 인생에 대하여 이야기하는 점, 이불생이 여랑의 유골을 고향으로 가져가고 싶다고 하자 여랑은 다른 여인들과 사이가 좋기 때문에 그리고 영혼이 천천히 쉴 수 있다는 것을 이유로 거절하는 등「애경전」보다는「취취전」으로부터 보다 강한 영향을 받았다고 생각한다.

永州野廟記	傘円祠判事錄	소송
令狐生冥夢錄		지옥
	李將軍傳	지옥을 둘러봄
龍堂靈會錄	頁王祠記	이계(異界), 대담

7. 맺음말

중국에서 금지된 『전등신화』가 아시아 각국에 언제 어떠한 경위로 전파되었는지에 관하여는 명확한 기록이 없으나 『전등신화』에 관한 기록은 오래전부터 각국의 역사서나 수필 등에 폭넓게 나타난다. 그리고 이들 기록으로부터 알 수 있는 특징은 『전등신화』의 내용 자체는 환영받았으나 그와 함께 『논어』에 수록된 '괴력란신을 말해서는 안된다'도 의식하지 않으면 안된다는 것이었다. 따라서 『전등신화』는 서문에서 독자들에게 '괴이담'을 주된 내용으로 파악하기 보다는 그 이면에 숨겨진 교훈과 감동을 주는 작품으로 이해해줄 것을 내세우게 되었다. 그러나 이와 같은 구우의 의도는 받아들여지지 않고, 중국에서는 금지되었으며 조선의 역사서에서는 비난을 받았다. 그 이유는 명나라와 조선이 그만큼 경직된 유교윤리에 사로잡혀 자유로운 생각에 의한 작품해석을 용인하지 않았기 때문이다.

그에 비해 일본과 베트남에서 호평을 받은 이유는 『오토기보코』는 서문에서 그리고 『전기만록』은 평어에서, 교훈을 전해주기 위해서는 어떠한 사상이나 가치관이라 할 지라도 적극적으로 이용한다는 작가의 의도가 받아들여졌기 때문이다. 이와 같이 작가의 의도가 받아들여지게 된 배경에는, 일본의 경우 비록 유교가 관학(官學)으로 지정되어 있었다고 하더라도 불교가 주도권을 잡으며 신도(神道)등의 다양성이 동시에 인정된 사회였으며, 베트남의 경우에도 중국의 영향을 받음과 동시에 동남아시아 계열의 문화가 동시에 공존하였던 다양한 문화적 기반이 존재하고 있었기 때문이라 생각된다.

동아시아 한자문화권에서의 「모란등기」의 인식과 「보탄토로」의 성격

1. 머리말

『전등신화』에 수록된 21화 중 에도시대 이래로 일본인들에게 가장 환영받고 사랑받아 온 이야기는 바로 「모란등기(牡丹燈記)」라 할 수 있을 것이다. 다치카와 기요시(太刀川清, 1998)는 「모란등기」가 일본으로 전해진 이래 그 영향작과 계보를 정리하였다. 그의 논고에 의하면 ①번역작품으로는 『기이잡담집(奇異雜談集)』(1687년 간본)의 「여인이 죽은 후 남자를 관 속으로 끌고 들어가 죽인 이야기(女人死後男を棺の内へ引込ころす事)」[1], 하야시 라잔(林羅山)이 편찬한 『유

---

1) 『기이잡담집』의 이전 형태라 생각되고 있는 성립미상의 필사본 『와칸키이(和漢希夷)』에서는 제목이 없이 「모란등기」의 번역문이 수록되어 있으며, 성립미상의 필사본 『기이잡담집(奇異雜談集)』에는 「모단등의 이야기(牡丹灯の事)」라는 제목으로 「모란등기」가 번역되어 수록되어 있다.

령에 대한 이야기(幽霊之事)」, 『아야시구사(霊怪艸)』의 「모란등기(牡丹灯記)」의 3편이 있으며, ②번안한 작품으로는 『오토기보코』의 「보탄토로(牡丹灯籠)」와 『쇼코쿠 햐쿠모노가타리(諸国百物語)』의 「모란당의 여인이 집착의 마음을 가진 이야기(牡丹堂女しうしんの事)」의 2편이 있고, ③「모란등기」를 변형한 작품으로는 『사이카쿠 쇼코쿠하나시(西鶴諸国はなし)』의 「무라사키온나(紫女)」, 『오토기비구니(御伽比丘尼)』의 「물로 씻어내는 번뇌의 때(水で洗ふ煩悩の垢)」, 『다이헤이 햐쿠모노가타리(太平百物語)』의 「쇼키치의 죽은 처가 매일밤 찾아온 이야기(小吉の亡妻毎夜来たりし事)」, 『고젠 오토기보코(御前御伽婢子)』의 「야마시나에서 여우와 뱀이 여인으로 둔갑하여 서로 질투한 이야기(山科にて狐と蛇女に化してたがひに妬あひし事)」의 4편이 있다고 하였다. 또한, ④「모란등기」를 활용한 작품으로는 『이누하리코(狗張子)』의 「무덤속에서 사랑을 맺다(塚中の契り)」와 「유품으로 남긴 황매화나무꽃(形見の山吹)」, 『다마스다레(多満寸太礼)』의 「나오에 쓰네타카의 명혼의 괴이한 일(直江常高冥婚の怪)」, 『도세 지에카가미(当世智恵鑑)』의 「사가의 요정(嵯峨の妖精)」, 『다마하하키(玉箒子)』의 「사악하고 음란한 것의 고통스런 응보(邪婬苦報)」, 『가이슈 야코노타마(怪醜夜光魂)』의 「지쇼지 산의 송화(慈照寺山の送火)」의 6편, ⑤전개양상을 보이고 있는 작품으로는 『우게쓰 모노가타리(雨月物語)』의 「기비쓰의 가마솥 점(吉備津の釜)」과 『아야시노 요가타리(怪世談)』의 「우키구사(浮草)」의 2편을 들고 있으며, ⑥추종작으로는 『미야마구사(深山草)』의 「기생이 죽은 후에 원한을 보복한 일(娼妓死後に怨恨を報ず説)」, 『아사카누마(安積沼)』,

『우돈게 모노가타리(優曇華物語)』, 『쇼세쓰 우키보탄젠덴(小説浮牡丹全伝)』, 『극장꽃 보탄토로(劇場花牡丹灯籠)』, 『오쿠니고젠 게쇼노스가타미(阿国御前化粧鏡)』(1809년 초연)의 6편, 그리고 ⑦메이지시대(明治時代)의 영향작으로는 산유테 엔초(三遊亭円朝)의 고단(講談)『가이단 보탄토로(怪談牡丹灯籠)』, 『야창귀담(夜窓鬼談)』의 2편에 이르고 있다고 지적하고 있다.

이처럼 중국에서 전래된 하나의 이야기가 에도시대 초기부터 메이지시대까지, 그 장르에 있어서도 가나조시(仮名草子), 우키요조시(浮世草子), 요미혼(読本)과 같은 소설 뿐만 아니라 가부키(歌舞伎), 고단(講談) 등의 무대예술에까지 여러 장르에 걸쳐 오랜 기간동안 이용되어 온 것은 전례를 찾아보기 어려울 것이다. 그런데 「보탄토로」에 관한 선행연구를 살펴보면, 국문학연구자료관(国文学研究資料館)의 홈페이지에서 '보탄토로'를 키워드로 검색(검색일:2012.04.04)해 본 결과 총 20편의 논문이 검색되었는데, 그 중 고단에 관한 논문이 11편이며, 나머지는 가바 도요히코(蒲豊彦, 2007)의 논고처럼 중국에서의 지괴(志怪) 및 당전기소설부터 일본에서 산유테이 엔초의 『가이단 보탄토로』에 이르기까지의 일련의 계보 중 하나로서 「보탄토로」를 파악하거나 『우게쓰 모노가타리』의 「기비쓰의 가마솥 점」의 출전 중 하나로서 그 문학성을 찾기 위한 보조적인 수단으로 자주 이용되어 왔다.

따라서 『오토기보코』의 「보탄토로」를 중심으로 놓고 시도한 연구는 사카마키 고타(坂巻甲太, 1990)의 단 한편이다. 그는 『기이잡담집』과 『아야시구사』는 번역작품으로서 중국의 세계를 그려내고 있는데 비

해 「보탄토로」에서는 인물과 시대가 일본의 것으로 바뀌어 있으며, 또한 와카(和歌)를 주고 받는 것을 통하여 대화내용이 서정성 풍부한 내용으로 되어 있다는 점에 착안하여 "료이는 우리나라의 우타모노가타리를 바탕으로 한 서정적인 여운과 등골을 오싹하게 하는 괴이담으로서의 공포를 능숙히 섞어가면서 이야기를 만들었다(了意はわが国の歌物語を踏まえた抒情的な余韻と背筋を凍りつかせる怪異譚としての畏怖を巧みに綯い交ぜながら一篇を結んだ)"라 지적하였다.

다음으로 가와모토 구니에(川本邦衛, 1990)는 「보탄토로」와 「모란등기」 뿐만 아니라 『전기만록』의 「목면수전(木綿樹傳)」까지 넣어 세 작품을 비교하였다. 그의 견해는 이미 제1절에서 검토한 바 있으므로 그의 의견을 간략히 정리해 보면, 『전기만록』은 원작과 마찬가지로 한문으로 쓰여 있기 때문에 번안이 아니라 표절작품이며, 『오토기보코』가 실로 번안문학이라는 것이다.

그렇다면, 일본문학사에서 『오토기보코』가 차지하고 있는 위상, 그리고 「보탄토로」의 중요성에 비해 선행연구는 상당히 부족한 이유는 무엇일까. 그것은 『오토기보코』 자체가 『전등신화』를 너무 충실히 번안한 나머지 인물, 사건, 시대적 배경, 공간적 배경의 '일본화(日本化)'의 방법이 규명되고 나면 더 이상 새로운 해석을 찾아내기 어렵기 때문이다.

따라서 필자는 『전등신화』에 대한 조선과 베트남의 번안작과의 비교를 통해 『오토기보코』를 이해해 보고자 한다. 이에 본절에서는 「모란등기」에 대한 구우의 의도를 비롯하여 같은 한자문화권인 조선과 베트남에서는 「모란등기」에 대하여 어떻게 인식하였는가, 그리고 일본에서 「보탄토로」는 「모란등기」의 수용사적인 관점에서 어떠한 성격과 의미를 지니고 있으며, 이것이 왜 그토록 인기를 얻게 되었는가에 대하여 고찰해 보기로 한다.

2. 「보탄토로」의 번안양상

그럼 논의 전개상 먼저 「보탄토로」의 줄거리를 원작과 비교하여 검토해 보기로 한다.

『전등신화』「모란등기」	『오토기보코』「보탄토로」
매년 1월 15일에는 등불축제가 열린다	매년 7월 15일에는 성령(聖靈)의 등불축제가 열린다
교생(喬生)은 한 미인을 만난다	오기하라(荻原)는 한 미인을 만난다
교생은 여인을 자신의 집으로 데리고 가 사랑을 나눈다	오기하라는 여인을 자신의 집으로 데리고 가 사랑을 나눈다
여인은 매일 밤마다 찾아오고 새벽에 돌아간다	여인은 매일 밤마다 찾아오고 새벽에 돌아간다
옆집의 노인은 여인이 유령이라는 것을 알고 교생에게 충고를 한다	옆집의 노인은 여인이 유령이라는 것을 알고 오기하라에게 충고를 한다
교생은 호심사(湖心寺)에서 여인의 관을 발견하고 여인이 유령이라는 것을 알게 된다	오기하라는 만수사(万寿寺)에서 여인의 관을 발견하고 여인이 유령이라는 것을 알게 된다
교생은 위법사(魏法師)로부터 받은 부적을 문에 붙이자 유령은 더 이상 나타나지 않는다	오기하라는 동사(東寺)의 교노기미(卿公)로부터 받은 부적을 문에 붙이자 유령은 더 이상 나타나지 않는다

술에 취한 김에 호심사를 찾은 교생은 유령에게 죽임을 당한다	술에 취한 김에 만수사를 찾은 오기하라는 유령에게 죽임을 당한다
두 사람의 망령이 마을 사람들에게 해를 입힌다	두 사람의 망령이 마을 사람들에게 해를 입힌다
도술에 능한 철관도인(鐵冠道人)의 명령에 의해 사람들에게 화를 입혔던 요괴들이 끌려나온다	법화경(法華経)의 공덕에 의해 더 이상 유령은 나타나지 않는다.
철관도인은 세명의 요괴에게 진술서를 쓰게 한다	
철관도인은 판결문을 받아들여 재판하고 세명의 요괴를 지옥으로 보낸다	

위 줄거리를 비교하여 보면 「보탄토로」는 중국의 인물을 일본의 인물로, 중국의 시대와 공간적 배경을 일본의 시대와 공간적 배경으로 설정하여 상당히 자연스런 방법으로 '자국화'에 성공하였음을 알 수 있다.

한가지 예로 「모란등기」의 서두부분에서는 매년 1월 15일에 열리는 등불축제 때 남녀가 만나며, 이것이 「보탄토로」에서는 7월 15일에 행해지는 성령의 등불축제로 바뀌어 있다. 이것은 사카마키가 전게서에서 지적한 바와 같이 당시 일본에서 실제로 행해지던 우라본에(盂蘭盆会)를 말하는 것이며, 이때는 죽은 이의 영혼을 맞이하여 제사를 올리고 음식을 바치며 경을 읊는 의식이 행해졌다고 한다. 따라서 중국에서 1월 15일에 열리는 등불축제 대신 료이는 일본인에게 친숙한[2] 성령의 등불축제로 바꾸어 '자국화' 한 것이다.

---

2) 『일본대백과전서(日本大百科全書)』(小学館)에 의하면 우라본에가 일본으로

다음으로 본절의 의도와 관련하여 주목해야 할 점에 대하여 몇가지 언급해 보고자 한다. 첫번째로, 남녀의 만남에서 사랑을 맺기에 이르는 과정이 「보탄토로」의 경우 원작에는 없는 와카(和歌)가 삽입되어 있어 서정적이며 낭만적인 연애담으로 되어 있다는 점이다. 예를 들면, 원작인 「모란등기」에서 두 사람이 맺어지는 과정은 다음과 같이 서술되어 있다.

> 교생은 곧바로 여인 앞으로 다가가 예를 올리며 "제가 사는 곳이 가까우니 아가씨는 잠깐 저의 집에 들렀다 가실 수 있는지요"라 하였다. 여인은 어렵지 않은 듯이 곧바로 시녀를 불러 "금련아. 등불을 들고 같이 가보자"라 하니 금련은 발걸음을 되돌렸다. 이에 교생은 여인과 손을 잡고 집에 도착하여 남녀간의 지극히 즐거운 정을 다했다.[3]

위 인용문에서 교생(喬生)이 여인을 자신의 집으로 유혹하여 사랑을 맺는 장면을 보면, 그 경위가 상당히 간략하게 나타나 있으며, 두 사람의 심정이 어떠했는지는 그려져 있지 않다. 서두부분에서 '그는 아내가 죽어 홀아비 신세로 무료하게 지내(初喪其耦, 鰥居無聊)'고 있다는 것으로 보아 교생은 외로움과 고독으로 가득한 인물이며, 여인은 철관도인의 판결문에서 '부씨 여인은 죽어서도 오히려 음란함을 탐했다(符氏女死尙貪婬)'라 한 바와 같이 음탕한 유령이었기 때문에,

---

전해진 시기는 7세기 중엽이며, 원래는 궁중에서 행해지던 의식이었으나 점차로 민간으로 확대되고, 농경의례나 조령신앙에 불교가 섞여 정월과 함께 중요한 연중행사가 되었다고 한다.
3) 生卽趨前揖之曰、「弊居咫尺、佳人可能回顧否。」女無難意、卽呼丫鬟曰、「金蓮, 可挑燈同往也。」於是金蓮復回。生與女携手至家、極其歡昵。

고독감과 욕정을 해소하는 것 외에는 둘이 사랑을 맺는 데에는 아무런 이유가 필요 없었던 것이다.

이와 같이 원작에서 '만남→사랑을 맺음'의 순서로 되어 있는 둘의 관계는 료이에게는 상당히 어색하게 느껴졌으리라 생각된다. 그 이유는 「보탄토로」의 경우 다음과 같이 바뀌어 있기 때문이다.

> 오기하라(萩原)는 천천히 나서며 말하였다.
> "당신이 돌아가는 길은 먼데다가 밤도 깊었고 사정도 좋지 않구려. 내가 사는 곳은 먼지도 많이 쌓여 있고, 볼품없는 허름한 집이지만 나를 따라와 밤을 보낸다면 내 잠잘 곳을 빌려 드리리다"
> 라며 은근히 유혹했다. 여인은 미소를 머금으며
> "①창밖에서 새어오는 달빛을 혼자 바라보며 날이 밝아오는 외로움을 어찌하나 했는데, 이렇게 기쁜 이야기를 해주시다니요." 〈중략〉
> 오기하라(萩原)는
> ②또 다른 날에 만나 사랑하자는 기약은 없네 오늘 마지막처럼 사랑을 다해보세
> 라고 말하자 여인은 곧바로
> "③매일밤마다 기다린다면 어찌 안오겠나요 걱정하는 얼굴로 얘기하지 마세요"
> 라고 대답하자 오기하라는 더욱더 기뻐하였다. 서로간에 풀어헤치는 아랫도리의 끈은 서로의 사랑을 묶어주고 처음으로 베개를 같이 하며 마음을 나누니 둘 사이를 가로막는 것은 없었다. ④하고 싶은 이야기는 아직 많이 남아있는데 벌써 아침이 되었다.[4]

---

4) 萩原やをらすみていふやう、「君帰るさの道もとをきには、夜ぶかくしてびんなう侍り。それがしのすむところは、塵つかたかくつもりて、見ぐるしげなるあばらやなれど、たよりにつけてあかし給ば、宿かしまいらせむ」とたはふるれば、女うちえみて、「窓もる

위 인용문에서 『신일본고전문학대계(新日本古典文学大系)』의 주석에 의하면, ①의 표현은 와카(和歌)에 자주 사용되는 표현이며, ②의 와카는 『다이린구쇼(題林愚抄)』의 「또 다른 날에 사랑하자는 말은 믿을 수 없네 오늘 마지막처럼 사랑을 다해보세(又のちのちぎりたのまぬ新枕たゝこよひこそかきりなるらめ)」에서 두 번째 구를 바꾼 것이고, ③의 와카는 『묘고키(名語記)』의 「아침 저녁으로는 무슨 뜻인지요···아침에도 만나며 저녁에도 만난다는 뜻으로 생각되네요(アサナユフナノナノ心如何···アシタニアタリユウベニアタリトイヘル義ニヤト推セラレタリ)」에 바탕을 둔 와카라 지적하고 있다. 그리고 ④는 『고킨슈(古今集)』의 「사랑이야기 끝나지 않았는데 날이 새었네 가을밤이 길다고 누가 말하였던가(むつごともまだつきなくにあけぬめりいづらは秋のながしてふよは)」에서 착상을 얻은 표현이라 하고 있다.

이처럼 「보탄토로」에서는 사랑을 나누기 전에 오기하라가 와카를 읊자 여인도 그에 대한 화답가를 보내고, 그 전후의 지문(地文)도 와카에 바탕을 둔 표현으로 구성되어 있다. 즉, '만남→와카의 송답→사랑을 맺음'의 전체적인 골격속에서 와카적인 표현이 곳곳에 배치되어 있으며, 이것은 사카마키의 전게서에서 "우리나라 고전문예인 우타모노가타리의 세계가 있었다(わが国の古典文芸である歌物語の世

月をひとり詠めて、あくるわびしさを、うれしくもの給ふ物かな。〈中略〉萩原、
また後のちぎりまでやはにゐまくらだこよひこそかぎりなるらめ
といひければ、女とりあへず、
ゆふな／＼まつとしいはこざらめやかちがほなるかねことはなぞ
と返しすれば、萩原いよ／＼うれしくて、たがひにとくる下紐の、結ぶ契りやにゐまくら、かはす心もへだてなき、むつごとはまだつきなくに、はや明がたにぞなりにける。

界があった)"고 지적한 바와 같이 헤이안시대의 우타모노가타리를 연상케 하는 서정적인 이야기로 개변되어 있음을 알 수 있다.

두 번째로, 원작에서 '남녀간에 지극한 정을 다했다'와 같은 직접적인 애정묘사의 부분을 료이는 완곡한 애정표현으로 바꾸었다는 것을 들 수 있다. 이와 같은 묘사방법에 대하여 쓰네요시 유키코(常吉由樹子, 2000)는 다음과 같이 지적하고 있다.

> 료이는 성적인 관계를 가졌다는 점에 대하여 직접적으로 언급하거나 그것이 나아가 평소때와 다를 바 없이 좋았다거나 살아있는 여인과 관계를 가지는 것과 같았다고 하는 망측스런 말은 '원전'에 있어도 결코 쓰지 않았다. 이처럼 일관되어 있는 점으로 보아 그곳에는 료이의 도덕, 또는 표현의식이 관철되어 있다고 보아야 할 것이다.[5]

『전등신화』가 중국에서 금서소설로 지정당한 이유로서 비현실세계나 요괴의 퇴치를 주된 내용으로 하는 등 유교의 현실적인 가치관과 어긋났기 때문이기도 하겠지만, 또 다른 이유로서는 남녀의 성애의 묘사가 직접적이며 노골적으로 표현되었기 때문이다. 그러한 점에서 원작의 이와 같은 표현이 「보탄토로」에서는 완곡한 표현으로 바뀌어 있다는 점과 그것을 료이의 도덕의식 또는 표현의식과 관련짓고 있는 쓰네요시의 의견은 필자도 동의하는 바이다.

세 번째로, 원작에는 요괴퇴치의 과정이 상세하게 나타나 있는데

---

5) 了意は性的関係がもたれたことについて直接言及したり、それがさらにいつものようによかったとか、生きた女性とするのと同じだったとかいうあられもないことは、「原拠」にあっても決して書かない。これほど一貫しているからには、そこには了意のモラルなり表現意識なりが貫徹していると見るべきであろう。

비해 「보탄토로」에서는 이 부분을 삭제하고, 법화경의 공덕으로 유령이 다시금 나타나지 못하게 한다는 내용으로 바뀌어 연애담을 바탕으로 한 괴이담으로 일관되어 있다는 점이다. 이 점이 본 절에서 논하고자 하는 가장 주된 부분이므로 이에 관하여는 이하 자세히 고찰해 나가도록 한다.

3. 『전등신화』에서의 「모란등기」의 성격

지금까지 진행되어 온『전등신화』의 「모란등기」에 대한 평가는 주로 이야기의 전반부에 해당하는 교생(喬生)과 유령과의 연애담 및 괴이에 초점이 맞추어져 있었다. 그에 비해 이야기의 후반부, 즉 두 사람이 죽은 후 요괴가 되어 사람들에게 해를 끼치며, 철관도인의 명령에 의해 그 요괴들이 끌려나오고 재판이 이루어지며 요괴들이 진술서를 쓴 후 지옥으로 압송되는 내용에 대하여는 분량으로서는 이야기의 약 절반에 해당되어 간과해서는 안 될 중요한 부분이라 할 수 있겠으나 이에 대한 의미부여는 거의 이루어지지 않은 것은 사실이다.

예를 들면, 염소매(閻小妹, 2008)는 「모란등기」에 대하여 유령이 된 여인이 남성과 사랑을 나누는 유혼담(幽婚譚)으로 정의하고 ①등장인물, ②이야기의 무대, ③유령과의 만남, ④유령의 정체, ⑤혼인생활의 시작, ⑥제3자의 존재, ⑦혼인생활의 파탄으로 내용을 분류하여 교생과 유령의 연애에 관하여는 상세히 논하였다. 그러나, 후반부의 요괴퇴치의 부분에 대하여는 ⑧결말에서 다음과 같이 간략히 언급하고 있을 뿐이다.

관 속에 이끌려 들어가 죽은 교생이 밤에 부여경과 함께 걸어다니
는 모습을 마을 사람들이 보며, 이것을 본 이는 중병에 걸려 죽어버
린다는 소동이 일어난다. 결국, 철관도인이 벌을 내려 세간에서 배제
된다.[6]

이에 필자가 주목하고자 하는 것은 후반부의 요괴퇴치담이 이야기
의 약 절반에 해당하는 비중을 가지고 서술되었다는 것은 구우에게
있어 상당한 의미가 있었다고 보아야 함이 마땅하나 지금까지의 선
행연구에서는 전반부의 연애담에만 주목하였고, 요괴퇴치담에는 거
의 관심을 가지지 않았다는 점이다. 그렇다면, 작자인 구우는 『전등신
화』 속에서 「모란등기」에 대하여 어떻게 생각하고 있었던 것일까. 이
에 『전등신화』에 실려있는 한시와 사곡(詞曲)의 분포에 초점을 맞추
어 분석을 해 보면 다음과 같다.

제목	한시 · 사곡의 수	제목	한시 · 사곡의 수
水宮慶會錄	10	永州野廟記	0
三山福地志	0	申陽洞記	0
華亭逢故人記	4	愛卿傳	6
金鳳釵記	0	翠翠傳	6
聯芳樓記	19	龍堂靈會錄	6

---

6) 棺に連れ込まれ死んだ喬生が夜に符麗卿と一緒に歩く姿を町の人々に見かけられ、
重病に取り付かれ、死んでしまうという騒ぎが起こる。結局鉄冠道人に罰を与えら
れ、世間に排除される。

令狐生冥夢錄	1	太虛司法傳	0
天台訪隱錄	2	修文舍人傳	2
滕穆醉遊聚景園記	3	鑑湖夜泛記	9
牡丹燈記	0	綠衣人傳	3
渭塘奇遇記	5	秋香亭記	8
富貴發跡司志	0	計	84

위 표를 보면 다른 이야기에 비해 한시나 사곡의 삽입이 많은 이야
기와 그렇지 않은 이야기가 있다. 한시나 사곡의 삽입이 많은 경우
는 「연방루기(聯芳樓記)」「위당기우기(渭塘奇遇記)」「애경전(愛卿傳)」
「취취전(翠翠傳)」「추향정기(秋香亭記)」와 같이 남녀의 연애를 그린
이야기와 「수궁경회록(水宮慶會錄)」「화정봉고인기(華亭逢故人記)」
「용당영회록(龍堂靈會錄)」「감호야범기(鑑湖夜泛記)」와 같이 이계(異
界)에서 한시를 부른 이야기이다. 그에 비해 한시나 사곡이 한수도
삽입되어 있지 않은 것도 7편이 있는데, 그 중에서 「영주야묘기(永州
野廟記)」「신양동기(申陽洞記)」「태허사법전(太虛司法傳)」과 같은 요
괴퇴치담이 주목할 만 하다.

따라서 구우는 대체적으로 이야기의 주제와 내용에 맞추어 한시나
사곡을 삽입하였다고 볼 수 있는데, 그렇다면 「등목취유취경원기(滕
穆醉遊聚景園記)」와 「모란등기」의 경우를 검토해 보기로 하자. 두
이야기 모두 전반부에서는 유령과의 사랑이 그려져 있기 때문에 사카
마키는 전게서에서 모두 사생교혼담(死生交婚譚)으로 분류하고 있다.

그러나 텍스트를 자세히 분석해 보면, 「등목취유취경원기」에는 한
시가 있으며 요괴퇴치의 내용이 없이 연애담으로만 일관되어 있고,

「모란등기」는 한시가 없고 후반부에 요괴퇴치의 내용이 있다. 이것이 의미하는 것은 구우는 전자에 대하여는 인간과 유령간의 사랑을 그린 연애담으로, 후자에 대하여는 철관도인이 요괴를 퇴치하는 내용을 주제로 생각하였다고 볼 수 있으며, 따라서 앞서 언급한 철관도인의 판결문과 같이 「모란등기」에서의 둘 사이의 사랑은 배척해야 할 것으로 비판받았던 것이다.

이처럼 도사(道士)가 술법 또는 부적의 영험을 통하여 요괴를 제압하는 도교적인 색채가 강한 이야기는 중국, 특히 명대의 괴이담에 자주 나타나는 전형적인 특징이다. 도술, 선술(仙術) 없이는 중국문학에 대하여 이야기할 수 없을 정도로 도술, 선술에 의한 요괴의 퇴치는 중국문학에서는 흔한 소재이며, 「모란등기」의 후반부의 전개는 당시 중국의 독자들에게 있어서는 상당히 익숙한 내용전개였던 것이다.

그러나 해외의 독자, 구체적으로 말하자면, 일본에서의 아사이 료이, 베트남에서의 완서에게 있어서는 연애담과 요괴퇴치담이 공존하는 매우 중국적인 「모란등기」의 내용전개는 쉽게 받아들일 수 없었으며, 따라서 각 번안작품에서는 저마다의 의도를 반영한 작품으로 재탄생되었다.

그렇다면 다음 과제로 조선과 베트남에서는 「모란등기」에 대하여 어떻게 인식하였는지 검토해 보기로 한다.

4. 조선과 베트남에서의 「모란등기」에 대한 인식

『금오신화』와『전등신화』간의 영향관계에 관하여는 앞서 제1절에서 언급한 바 있으므로 본절에서는 상세히 논하지는 않겠으나, 필자의 견해로 볼 때『금오신화』에는 「모란등기」의 번안작은 보이지 않는다.[7] 그렇다면 김시습은 왜 「모란등기」를 번안하지 않았을까라는 의문에 대하여 필자 나름대로의 견해를 먼저 제시하여 보고자 한다.

김시습의『매월당집(梅月堂集)』(성립연도미상, 1602년간행)에는 약 1,700여수의 한시가 수록되어 있다. 그 중『전등신화』를 읽은 후 그 감상을 적은 「전등신화를 읽은 후에 짓다(題剪燈新話後)」라는 한시가 있는데 이 한시는『전등신화』에 대한 김시습의 인식을 엿볼 수 있어 주목할 만 하다. 그럼 그 일부분을 인용하면 다음과 같다.

①산양(山陽)의 군자(君子)가 베틀과 북을 놀리듯 글을 지어
②손수 등불을 돋우면서 기이한 말을 썼다네
　문(文)이 있고 소(騷)가 있으며 기사(記事)도 있고
③유희와 익살스러운 소리에는 차례와 순서가 있네

---

7) 지금까지『금오신화』와 「모란등기」와의 관련성에 대한 논의가 전혀 없었던 것은 아니다. 예를 들면, 정주동(1961), 조현희(2003), 장용매(張龍妹, 2008)등의 논고에서는 「만복사저포기(萬福寺樗蒲記)」가 「모란등기」의 번안이라 지적하고 있기 때문이다. 그러나 그간 이루어진 양자간의 영향관계를 인정하려는 일련의 시도를 보면, 서두부분 중 남성이 유령과 사랑을 나눈다는 일부분의 구성이 닮았다고 해서 전혀 비슷하지 않은 중후반 부분까지 무리하게 비교하게 되고, 그로 인해 단순히 줄거리를 따라 공통점과 상이점을 나열하는 것 외에는 의미있는 작품해석이 나오고 있지 않았다고 판단된다. 따라서 서두의 일부분의 구성상의 일치는 작품의 해석상 중요한 부분이라 할 수 없으므로 필자는 두 작품에 대한 영향관계를 인정하지 않고 논을 진행해 나가고자 한다.

④아름답기는 봄꽃과도 같고 변화롭기는 구름과도 같아

⑤풍류로운 이야기를 한번 드는데 달렸네

처음에는 근거가 없는 듯 하나 나중에는 맛이 있고

아름다운 지경은 마치 사탕수수를 씹는 것과도 같네

용이 싸우고 귀신이 수레를 몰고 장끼 울음 같은 것을

공자가 없애지 않으신 것은 진실로 이유가 있어서라네

⑥말이 세상의 교화와 관계되면 괴이해도 괜찮으며

사연이 사람을 감동시키면 허망한 말이라도 기쁠 것이라네

〈중략〉

ⓐ김정과 취취(金翠)의 무덤 앞에는 시냇물과 산이 아름답고

ⓑ나애경과 조생(羅趙)의 집안에는 이끼와 풀이 가늘다네

ⓒ취경원(聚景園) 밖에는 연꽃향기가 가득하고

ⓓ추향정(秋香亭) 가에는 달빛이 하얗게 비추네

사람으로 하여금 이 책을 보게 하면 마음이 아득해지니

헛된 것과 거품의 기이한 자취가 눈앞에 있는 듯 하네[8]

위 인용문에서 먼저 ①의 '산양의 군자'는『전등신화』의 작자인 구
우를 지칭하며,[9] ②에서 '손수 등불을 돋'았다는 것은『전등신화』의
'전등(剪燈)'에서 온 것으로, 재미나는 이야기를 밤늦도록 읽다보니

---

8) 山陽君子弄機杼。手剪燈火錄奇語。有文有騷有記事。遊戱滑稽有倫序。美
如春葩變如雲。風流話柄在一與。初若無憑後有味。佳境恰似甘蔗茹。龍
戰鬼車與雛雉。夫子不刪良有以。語關世敎怪不妨。事涉感人誕可喜〈中
略〉金翠墓前溪山麗。羅趙宅中苔草細。聚景園外荷香馥。秋香亭畔月色
白。使人對此心緬邈。幻泡奇踪如在目。

9)『전등신화구해』를 보면 이야기에 들어가기에 앞서 저자 및 편자에 대한 소개
가 있는데, "산양 구우 종길이 지었다. 창주(주:윤춘년, 1514~1567)가 교정하였
으며, 수호자(주:임기, 생몰년미상)가 주석을 붙였다(山陽瞿佑宗吉著 滄洲訂
正 垂胡子集釋)."라 되어 있다.

등불의 심지가 다 타버리면 다시금 등불의 심지를 돋아 그 끝을 잘라 불을 밝혔다는 말에서 유래된 것이다.

다음으로 김시습은 『전등신화』의 내용에 대하여 ②기이한 말, ③유희와 익살스러운 소리[10], ④아름답기는 봄꽃과도 같고 변화롭기는 구름과도 같으며, ⑤풍류로운 이야기라 언급하고 있고, 이같은 이야기들은 모두 ⑥에서 교훈적이며 사람을 감동시키는 내용이라 평가하고 있다. 따라서 김시습이 『전등신화』에 대하여 교훈적이며 사람을 감동시키는 내용으로 이해했던 것은 본장 제1절에서 이미 고찰한 구우의 의도를 적확(的確)하게 이해한 것이라 보여진다.

다음으로 김시습은 『전등신화』 중에서 특히 감명깊게 읽은 작품으로서 ⓐ「취취전」, ⓑ「애경전」, ⓒ「등목취유취경원기」, ⓓ「추향정기」를 들고 있다. 그런데 이들 이야기들을 살펴보면 한가지 공통점을 발견할 수 있는데, 모두 남녀간의 연애를 주된 소재로 한 것이며, 이것은 모두 ④~⑥의 요소를 갖춘 이야기이다. 즉, 최용철(2003)이 지적한 바와 같이 김시습이 『전등신화』에서 관심이 있었던 것은 연애담이었던 것이다.

그런데 여기에서 필자가 주목하고자 하는 것은 김시습이 감명깊게 읽은 이야기들의 목록에서 「신양동기」「수문사인전」「영주야묘기」 등과 같은 요괴퇴치담은 빠져 있으며, 뿐만 아니라 「모란등기」도 빠져 있다는 것이다. 따라서, 김시습은 「모란등기」에 대하여 연애담이 아닌 요괴퇴치담으로 생각하였다는 것을 추론할 수 있다. 그렇다면 이

---

10) '유희와 익살스러운 소리'의 이야기라면 권1의 제1화 「수궁경회록」에서 게의 정령인 곽개사(郭介子), 거북이의 정령인 현선생(玄先生) 등이 우스꽝스러운 노래와 춤을 춘 것을 지칭하는 것이라 생각된다.

를 뒷받침하는 자료로『금오신화』와 같은 시기에 성임(成任, 1421~
1484)에 의해 쓰여진『태평통재(太平通載)』에 대하여 검토해 보기로
하자.

이 서적은 송나라의『태평광기(太平廣記)』를 본따서 고금의 여러
이문기설(異聞奇說)을 수록한 것으로『전등신화』중에서 5편이 전재
(轉載)되어 있다. 그 제목을 살펴보면,「철관도인(鐵冠道人)」「풍대
이(馮大異)」「등목(滕穆)」「하안(夏顔)」「전가이자(全賈二子)」라는 제
목으로 되어 있고, 각각「모란등기」「태허사법전」「등목취유취경원기」
「수문사인전」「화정봉고인기」를 전재한 것이다. 그런데 여기에서『태
평통재』는『전등신화』의 제목을 그대로 따른 것이 아니라 각 이야기
의 주인공의 이름을 제목으로 하였으며「모란등기」는「철관도인」이
라는 제목으로 수록되어 있다는 점이다.

이를 통해『태평통재』의 작자인 성임은「모란등기」에 대하여 철관
도인을 주인공으로 한 요괴퇴치담이 주제인 이야기라 해석하였다는
것을 알 수 있으며, 김시습이 당시 조선전기의 지식인들과 비슷한 가
치관을 공유하였다면 그도 역시 요괴퇴치담으로 이해하였을 가능성
이 높다고 볼 수 있다.

다음으로『전기만록』의 경우를 살펴보기로 한다.『전기만록』에는
「모란등기」를 번안한 이야기로서 권1의 제3화「목면수전(木綿樹傳)」,
권2의 제2화「도씨업원기(陶氏業冤記)」, 권3의 제1화「창강요괴록
(昌江妖怪錄)」의 세 이야기가 있다.[11] 그 중「목면수전」에서 요괴가

---

11)「도씨업원기」는 요괴를 퇴치하는 경위가,「창강요괴록」은 요괴의 진술내용이
   이야기의 중심내용이고 모두「모란등기」로부터 착상을 얻은 것이다.「목면수
   전」은「도씨업원기」나「창강요괴록」과 비교하여 보았을 때 처음부터 끝까지

아사이 료이(淺井了意) 문학의 성립과 성격

퇴치되는 과정을 인용하여 보면 다음과 같다.

　　다음날 그는 마을의 노인에게 자신이 본 것을 모두 이야기하고는 백성들의 풍속이 천박한 것을 한탄하였다. 그러자 노인이 말하였다.
　　"아이구, 이 요물이 오래된 나무에 붙어 산지 여러 해가 되었지요. 어떻게 하면 사악한 것을 베는 칼을 얻어 백성들을 위해 악의 근원을 없앨 수 있겠는지요."
　　도인이 한참 생각하더니 말했다.
　　①"나는 사람을 구하는 것을 업으로 삼고 있습니다. 일이 이 지경에까지 이르게 된 것을 제가 보았으니 만일 손을 쓰지 않는다면 물에 빠진 사람을 보고도 구하지 않는 것과 같습니다."
　　그리고 마을 사람들을 불러 제단과 의자를 준비하도록 하였다. 〈중략〉 곧이어 하늘에는 매질하는 소리와 울부짖는 소리가 들렸다. 사람들이 올려다보니 소의 머리를 한 신병 6~7백명이 두 사람의 목에 목칼을 씌워 잡아가고 있었다.
　　②마을 사람들은 감사의 표시로 도인에게 많은 재물을 주었으나 도인은 옷을 떨치며 거들떠보지도 않고 깊은 산으로 들어가버렸다.[12]

　　위 인용문을 보면 ①에서 도인은 사람을 구하는 것이 자신의 본 '업(業)'이며, 만일 여기에서 손을 쓰지 않는다면, 그것은 물에 빠진

　　「모란등기」의 내용을 가장 충실히 번안한 이야기라 판단되므로, 본절에서는 「목면수전」에 대하여만 검토해 보기로 한다.
12) 翌日、就村中老叟、備言所見、且嘆民風儉薄。叟曰「吁。此妖物依憑古樹、于今有年。安得斬邪之劍、爲斯民斷此惡烖也」。道人沈吟良久、曰「我以濟人爲業。事有至此、已曾面覿。若不垂法手、是見溺而不援也。」乃召鄉人、具嚴壇法椅、〈中略〉繼聞空中有鞭撻泣哭聲。衆人仰視、見牛頭駄卒、可六七百人、枷二人去矣。鄉人以財厚贈。道人拂衣不顧。竟入深山去矣。

이를 보고서도 구하지 않는 것과 같은 것이라 대답하며 요괴를 퇴치
하였다. 그리고 ②에서 마을 사람들이 감사의 표시로 재물을 주자 거
들떠보지도 않고 산으로 들어가버렸다.

이와 같은 도인의 행위는 요괴를 퇴치했다는 점에서 결과적으로는
「모란등기」의 철관도인의 행위와 같으나 그 과정을 보면 상당한 차
이가 있음을 발견할 수 있다. 「모란등기」에서는 철관도인이 사람들
에게 요괴퇴치를 부탁받자

> 이 늙은이는 산에 내려가지 않은지 이미 60년이 지났다오. 그 젊은
> 이(주:위법사)가 공연히 쓸데없는 말을 하여 내가 귀찮게 한번 내려
> 가게 되는구나.13)

라 하여 마을사람들에게 자신이 어디에서 거처하고 있는지 알려준
위법사(魏法師)에 대하여 불평하고 있으며, 요괴를 퇴치한 후에는 위
법사를 벙어리가 되도록 하였다. 따라서, 『전기만록』의 작자인 완서
(阮嶼)가 「모란등기」의 번안을 통해 문제삼고 있는 것은 요괴를 퇴
치하기 위해 그리고 사람들을 구하기 위해 공헌한 위법사가 왜 벙어
리가 되어야 하는가 라는 점이다. 「목면수전」은 이와 같이 원작에 대
한 비판적인 입장에서 요괴를 퇴치한 도인의 행동을 강조하고 있는
것이다. 도인이 요괴를 퇴치한 후 재물을 받지 않았다는 것은 요괴를
퇴치하는 것이 그로서는 당연히 해야 할 일이었기 때문이다.

그럼 아래에 인용한 평어(評語)를 통하여 완서의 의도를 보다 구
체적으로 살펴보기로 하자.

---

13) 老夫不下山已六十年。小子饒舌、煩吾一行。

아아. ①산천과 목석에서 나타나는 온갖 도깨비들은 예부터 천하의 근심거리가 되지 못하였다고 하나 욕심이 많고 어리석은 사람에게는 때로는 달라붙기도 한다. 정충우는 상인으로 무식하였으니 깊이 책망할 필요는 없다. ②그 도인은 백성을 위해 해악을 제거했으니 그 공덕이 크다고 할 수 있다. 후에 ③왕충(王充)의 『논형(論衡)』과 같은 책을 쓰는 이가 있다면 조금이라도 이 말을 인용해야 할 것이다. ④그 학문이 환술(幻術)을 언급한다고 해서 그것이 잘못되었다 배척해서는 안된다. 그 도(道)가 다르다고 해서 그 좋은 점을 덮어버려서는 안될 것이다.[14]

위 인용문에서 ①은 『전등신화』 권2의 제2화 「영호생명몽록(令狐生冥夢錄)」에서 "엎드려 생각건대 혼돈상태에 있던 음양의 기운이 처음으로 하늘과 땅의 형상으로 나누어지고 상하로는 천(天), 지(地), 인(人)의 삼재(三才)가 생겼는데, 귀신은 이 서열에 들지 않았습니다(伏以混淪二氣、初分天地之形。高下三才、不列鬼神之數。)"의 문장에 바탕을 둔 것으로 생각되며 이것은 유교적인 세계관에 의한 괴이해석이 제시되어 있는 부분이다. 다음으로 ③에서 언급하고 있는 『논형(論衡)』은 후한(後漢)의 왕충(王充)이 지은 것으로 유교의 상고사상(尚古思想)이나 음양오행사상(陰陽五行思想)을 미신으로서 일축하고, 합리적으로 사물을 바라보려는 입장에 선 서적이다. 따라서 『논형』을 기준으로 ①의 주장을 판단해 보면, 세계를 구성하고 있

---

14) 嗚呼。魑魅魍魎、雖自古不以爲天下患、然匹夫多欲、庸或犯之。忠遇商人無識、不足深責矣。彼道人爲民除害、功德宏茂。後有秉王充之『論衡』、姑取節焉。不可以其學之幻、而竟斥其非。不可以其途之他、而竟沒其善。

는 것은 실제로 눈으로 확인할 수 있는 하늘, 땅, 인간의 '삼재'이며 눈으로 볼 수 없는 것은 믿을 수 없다는 것이다.

그러나 완서가 강조하고 있는 것은 ①과 ③의 논을 인정한 후에 그와 반대되는 의견인 ②와 ④의 내용이다. 즉, ②에서 도인이 요괴를 퇴치하였으며, 그 공적이 크다고 하는 것은 도교의 가치관이다.15) 그리고 이것은 ④와 관계가 있는데, 여기에 나타나 있는 '환(幻)'이란 도인이 도술을 통하여 요괴를 퇴치한 것을 의미하며, 그것이 비록 유교적인 사고방식과는 다르다 할 지라도 그 장점까지 배척해서는 안 된다고 하는 것이다.16)

결국, 완서는 「모란등기」를 충실히 번안하면서도 특히 요괴퇴치담에 주목하여 철관도인의 행위를 비판하고 위법사의 행위를 지지하며, 이를 통하여 ④를 제시하는 것이 그의 창작의도라 할 수 있다. 따라서 앞서 언급한 「도씨업원기」와 「창강요괴록」을 모두 시야에 넣어 본다면, 완서는 「모란등기」에 대하여 요괴퇴치담으로만 일관하여 번안하였다는 것을 알 수 있다.

---

15) 『전등여화(剪燈餘話)』 권3의 제5화 「호미랑전(胡媚娘傳)」에서 "도교를 신봉하는 이들은 사람들을 구하는 것을 업으로 삼는다(道家以濟人爲事)"라 되어 있으며, 노인의 말 중 ①에 연결된다.
16) 이와 같은 인식은 본장 제1절에서 설명한 바와 같이 교훈을 주기 위해서라면 유교적인 사고방식과는 다르다 할 지라도 얼마든지 이용하겠다는 완서의 적극적인 자세가 표출된 것이라 할 수 있다.

5. 아사이 료이의 「모란등기」의 번안과 특질

그럼 먼저 「보탄토로」의 결말부분을 인용하여 보기로 한다.

> 그 후 비가 내리고 하늘에 구름이 끼는 밤에는 오기하라와 여인이 손을 잡고, 여종에게는 모란꽃으로 장식된 등불을 밝게 하며 걸어 다녔다. 이들을 만나는 사람들은 중병에 걸린다고 하여 가까이 사는 사람들은 두려워 하였다. 오기하라의 일족들은 이것을 한탄하며 1천 부의 법화경을 낭독하고 하루만에 서사하여 그것을 무덤에 묻고 추선공양(追善供養)을 하자 다시는 나타나지 않았다고 한다.[17)

위에서 인용한 「보탄토로」의 결말부분을 살펴보면 원작에서 약 절반정도를 차지하는 요괴퇴치담은 완전히 삭제되어 있고, 그 대신 법화경의 공덕[18)에 의해 유령들이 더 이상 나타나지 않았다는 식으로 간단히 언급되어 있다. 따라서 원작에서의 요괴퇴치의 모티브는 최소한의 그림자만 남기게 되었으며, 결론적으로 연애담을 바탕으로 한

---

17) その後、雨ふり空くもる夜は、荻原と女と手をとりくみ、女のわらはに牡丹花の灯籠ともさせ出てありく。これに行あふものはおもくわづらふとて、あたりちかき人はおそれ侍べりし。荻原が一族これをなげきて、一千部の法華経をよみ、一日頓写の経を墓におさめてとふらひしかば、かさねてあらはれ出ずと也。

18) 『법화경』의 「관세음보살보문품(觀世音菩薩普門品)」25에 의하면, "만일 삼천 대천(三千大千)의 국토에 야차(夜叉)와 나찰(羅刹)이 가득하여 있는데, 이들이 와서 사람을 괴롭히려 할 때, 관세음보살의 이름을 부르는 것을 들으신다면 모든 악한 귀신들은 더 이상 악한 눈으로 우리들을 볼 수 없을 것이다. 하물며 해칠 수 있겠는가(若三千大千國土。滿中夜叉羅刹。欲來惱人。聞其稱觀世音菩薩名者。是諸惡鬼。尚不能以。惡眼視之。況復加害。)라 되어 있다. 「보탄토로」에서 『법화경』의 공덕에 의해 유령들이 나타나지 못하며, 더 이상 사람들에게 피해를 입히지 못한다는 결말부분은 이와 같은 『법화경』의 내용을 전제로 하였기 때문이다.

괴이담으로의 성격을 지닌 작품으로 일관되어 있는 것이다.

그렇다면, 이와 같은 주제의 전환은 일본에서의 「모란등기」의 수용사적인 관점에서 보면 어떠한 의의를 부여할 수 있을까. 이것을 이해하기 위해 「보탄토로」가 창작되기 이전의 『기이잡담집』 권6의 제1화 「여인이 죽은 후 남자를 관속으로 끌고 들어가 죽인 이야기」, 『유령에 대한 이야기』 제20화 「모란등기」, 『아야시구사』 권5의 제1화 「모란등기」에 대하여 검토해 보기로 한다.19)

○ 『기이잡담집』「여인이 죽은 후 남자를 관속에 끌고가 죽인 이야기」

① 그 후 하늘에 구름이 끼는 저녁, 달이 어두운 밤에는 자주 교생(喬生)과 여인이 손을 잡고 같이 걸어다닌다. 한 여종이 두개의 모란등을 들고 앞서 걸어가는 것을 사람들이 보았다. 이를 만나는 사람들은 곧바로 중병에 걸리며 오한과 열병이 같이 온다. 공덕이 있기를 기도하며 동물과 술을 바치고 제사를 지내면 병이 낫지만 그렇지 않으면 병이 낫지 않았다. 마을 사람들은 크게 두려워하여 현묘관(玄妙觀)에 앞다투어 달려가 위법사(魏法師)를 만나 이것을 호소하자 법사는 말하였다. "나의 부적은 단지 그러한 악한 기운이 아직 깊지 않았을 때에는 잘 낫게 할 수 있다네. 지금은 재앙이 깊어 내가 알 수 없는 지경에 이르렀다네. 듣자하니 철관도인(鐵冠道人)이라는 이가 있다네. 사명산(四明山)의 정상에 살고 있으며 영험이 대단하여 귀신을 퇴치시킬 수 있다네. 자네들은 그 곳

---

19) 「보탄토로」에 대한 선행작품과의 비교고찰은 이미 사카마키(1990)에서 시도되었다. 그는 선행작품들의 경우 「모란등기」를 '번역'한 것이고 료이는 중국의 작품을 '번안'하여 일본화(日本化)하였다고만 지적하고 있으며, 요괴퇴치담을 삭제하는 것을 통하여 작품의 주제가 어떻게 바뀌었는지에 관하여는 언급하지 않고 있다.

으로 가서 말해보게나"20)

② 세명의 유령은 모두 엎드려 고분고분 말에 따르며 "두번 다시는 재앙을 내리거나 사람들을 괴롭히는 일은 않겠습니다"라 하며 절하고는 떠나가 보이지 않았다. 도인과 관리들도 함께 자리에서 일어나 돌아갔다.21)

○ 「유령에 대한 이야기」「모란등기」

① 그 후 어둡게 구름이 드리우고 달빛이 희미한 때에는 교생(喬生)과 부여경(符麗卿)이 함께 길을 걸어가며 금련(金蓮)이 모란 등불을 들고 가는 일이 가끔 있었다. 만일 지나가는 이들이 이를 만나면 오한과 열병의 중병을 얻었다. 마을 사람들이 이를 크게 무서워하여 현묘관(玄妙觀)에 가서 위법사(魏法師)에게 호소하였다. 위법사는 "나는 이 일이 아직 일어나지 않으면 모르겠으나 이미 재앙이 시작된 후이므로 나의 힘으로는 역부족입니다." 사명산(四明山)이라는 산에 올라가 산 정상을 보니 풀로 암자를 짓고 도인이 책상에 기대어 있었다.22)

---

20) こののち、空のくもるゆふべ、月のくらき夜、往々に喬生と女と手をたづさへておなじくありく。一の丫鬟、双頭の牡丹とうをかかげて、さきにみちびきゆくをみるなり。是にあふものはすなはち、重病をえて、寒熱往来す。いのるにくどくをもつてし、祭に牢醴をもつてすれば、粗いゆる事をえ、いなやのときんばいへさるなり。在所の衆、おほきにおそれて、玄妙観にきそひゆきて、魏法師にあふて、これをうつたふれば、法師のいはく、「わが府は、たゞその邪気のいまだふからざるをよく治す。いま、たりふかくなれり。我しる所にあらず。きく鉄冠道人といふ人あり。四明山のいたきに居す。行力げんぢうにして、鬼神をがうぶくす。なんぢがともがら、行てこれをもとむべし」といへり。

21) 三人のゆふれい、みな諸伏していはく、「あへてふたびたりをなし、人をわづらはす事あるべからず」といふて、拝しさつて見えず。道人と吏とともにさりてかへるなり。

22) 其後、雲くらく、月かすかなる折からには、喬生、符麗卿と同道し、金蓮、牡丹の灯籠を持行事、時々これあり。若、行逢者は寒熱の重き病を請。里人、大に恐れ、玄妙観に行、魏法師にうつたふ。魏法師の曰、「我は此事のおこらさる以前を、私共既にたり成ぬるうへは力不及。」四明山と云山に上り、山のいたきをみ

② 도인이 꾸짖고 비난하며 붓과 종이를 들고 진술서를 쓰게 하였다.
교생, 부여경, 금련이 제각기 진술서를 다 쓰자 도인은 판결문을
작성하였다. 그리고 나서 세 명 모두 채찍에 맞으며 발버둥치고 슬
피 울며 떠나갔다.23)

○ 『아야시구사』「모란등기」

① 그 후 하늘에 구름이 끼고 달빛이 희미한 때에는 반드시 남자와
여인이 손을 잡고 여종은 모란등불을 들고 앞에 섰다. 이것을 본
이는 곧바로 병에 걸렸다. 공덕이 있기를 기도하며, 사람들이 술
을 바치며 제사를 지내자 병이 나았다. 하지만 소홀히 하면 죽는
이가 많았다. 마을 사람들은 무서워 떨며 현묘관(玄妙觀)의 위법
사(魏法師)에게 가서 호소하자 위법사는 "나의 부적은 그러한 악
한 기운이 일어나지 않았을 때에는 잘 낫게 할 수 있다네. 이미
재앙이 일어났을 때에는 나도 어찌할 수 없다네. 사명산(四明山)
의 정상에 철관도인(鐵冠道人)이라는 이가 있다네. 이 도인은 귀
신을 잘 퇴치시킬 수 있는 영험이 있으니 자네들은 그 곳으로 가
서 말해보게나.24)

② 곧이어 그 여인은 교생(喬生), 금련(金蓮)과 함께 셋이서 목칼과

れは、草の庵、道人机によれり。

23) 道人、責いさひて紙筆を出して、白状を書しむ。喬生、符麗卿、金蓮、めい／
＼に状を書終りて、道人、けつたんの状をかく事をおへて、三人の者共、打たか
れ、足摺し、なき悲みてさりぬ。

24) 是より後、天くもり月くらき夜は、かならす男と女と手をとりくみ、めのわらわ牡丹灯を
持てさきにたつ。是を見る人たちまちにやまいす。すむるに功徳をなし、まつるに人
さけをそなへされは病いゐす。おろそかなればしぬるものおし。其あたりの里人おち
おのきて、玄妙観の魏法師のもとに行うたへけれは、法師のいわく、わか符よく
其まへかとを治む。すてにたりをなす時はわかしる所にあらす。四明山のいたき鉄
冠道人とゆふ人有。此道人よく鬼神をかりおさむるのれいけん有。なんちらかしこに
ゆきて求よ。

수갑을 차고 제단 앞에 나란히 서서 채찍으로 맞았다. 피가 흐르
는 것이 강과도 같았으며, 슬피 우는 소리가 소란스러웠다. 얼마
간 꾸짖은 후 또 도인이 말하였다. "저자들에게 각각 진술서를 쓰
게 하거라. 진술서란 지금의 자백서를 말하는 것과 같다. 신인(神
人)은 그들에게 붓과 종이를 주고 재촉하자 울면서 진술서를 쓰기
시작했다. 먼저 교생의 진술서는 이러했다. 〈후략〉[25]

위에서 인용한 세 작품을 보면 ①은 교생과 부여경의 망령의 재앙
으로 인해 사람들이 피해를 입고 있다는 것과, 위법사의 소개로 마을
사람들이 철관도사를 찾아가는 경위가 나타나 있으며, 이들은 원작인
「모란등기」의 내용을 비교적 충실히 일본어로 옮기고 있다. 다음으
로 ②를 보면, 『기이잡담집』과 『유령에 대한 이야기』에서는 간략히
기술된 데 비해 『아야시구사』는 세명의 유령이 끌려나온 것과 수갑,
목칼을 씌우고 고통받는 모습, 나아가서는 각각 진술서를 쓰는 내용
까지 원작을 가장 충실히 번역하였다. 이처럼 『오토기보코』의 「보탄
토로」가 태어나기 전의 세 작품의 서술양상을 보면 세부적인 내용은
조금씩 다르다고는 하지만 기본적으로는 요괴퇴치담으로서의 원작의
성격을 그대로 살린 형태로 충실히 번역하고 있음을 알 수 있다.

이와는 반대로 료이는 작품의 후반부를 대담하게 삭제하고, 두 사
람의 대화나 지문에 와카(和歌)를 삽입하여 연애담을 바탕으로 한 괴
이담으로 작품의 주제를 전환시켰다. 이를 통하여 그때까지 일본에서

---

25) ほともなくかの女、喬生、金蓮、三人ともにくひかせ手かせを入てたんの前に引なら
へ、しもとをもてうつ。血の流る>事川のことし。なきかなしむ聲かまひすし。かしやく
良久しくして又道人のいわく、其やつはらに一々に供狀をかかせよ。供狀ハ今ノ白
狀ヲサスルト云力如シ。神人かれらに紙筆をとらせてせむれは、なく／＼供狀をか
く。先喬生か供狀にいわく、〈後略〉

있어왔던 「모란등기」에 대한 이해와는 다른, 원작자인 구우의 의도
와도 다른, 조선과 베트남에서의 「모란등기」에 대한 해석과도 다른
「보탄토로」라는 새로운 의미를 지니는 작품을 창작하였다고 볼 수
있다. 그리고 그것이 헤이안시대의 우타모노가타리를 연상케하는 괴
이담으로 재탄생된 결과 결과적으로는 일본에서 이정도로 「보탄토로」
를 비롯하여 원작인 「모란등기」까지 환영받으며 사랑받게 되는 계기
가 되었다고 할 수 있을 것이다.

6. 맺음말

지금까지 「보탄토로」가 일본에서 인기를 얻게 된 결정적인 계기가
된 것은 료이가 「모란등기」를 완전한 일본의 작품으로 재탄생시켰기
때문이라 생각되어 왔다. 이에 필자는 본 이야기가 과연 '일본화(日
本化)'에 성공한 것만으로 이 정도까지 일본에서 커다란 인기를 얻을
수 있게 된 이유가 될 수 있을 것인가에 대한 문제를 제기하였다. 그
리고 본절에서는 『전등신화』 권2의 제4화 「모란등기」의 성격, 조선
과 베트남에서의 「모란등기」에 대한 인식, 일본에서의 「모란등기」에
대한 수용사를 검토해보고, 이를 바탕으로 『오토기보코』 권3의 제3
화 「보탄토로」의 의미에 대하여 고찰해 보았다.

먼저 두 사람의 사랑이 이루어지는 과정을 보면, 원작에서는 '남녀
간의 만남→사랑을 나눔'의 순서로 그려지고 있으며, 고독감과 정욕
의 해소 외에는 둘이 사랑을 이루기 위해 아무것도 필요하지 않았다.

그러나 「보탄토로」는 '남녀간의 만남→와카의 교환→사랑을 나눔'의 순서로 그려져 있고, 그 와카는 『다이린구쇼』『묘고키』『고킨와카슈』 등을 출전으로 하여 헤이안시대의 우타모노가타리를 연상케 하는 서정적인 이야기로 변모되어 있으며, 원작에서 보이는 과격한 성애묘사도 온건한 묘사로 바뀌어 있었다.

뿐만 아니라, 이야기의 절반을 차지하고 있는 원작의 후반부분, 즉 도인의 등장과 요괴퇴치의 모티브도 료이는 과감히 삭제하여 연애담을 바탕으로 한 괴이담으로 일관시키고 있었다. 그러나 이것은 원작을 요괴퇴치담으로 창작하였던 구우의 의도와는 다른 것이었으며, 마찬가지로 요괴퇴치담으로 이해하였던 조선과 베트남에서의 이해와도 다른 양상을 보이는 것이었다. 나아가 일본에서의 「모란등기」의 수용사 속에서 검토하여 보았을 때에도 「보탄토로」에 이르러 요괴퇴치담에서 연애에 바탕을 둔 괴이담이라는 완전히 다른 성격을 지니는 작품으로 주제가 바뀌었다는 것을 알 수 있었다.

그러나 이와 같은 우타모노가타리의 성격을 지니는 이야기로의 재탄생이 있었기에 결과적으로는 「모란등기」와 「보탄토로」가 일본인에게 환영받고 사랑받아 왔으며, 여러가지 형태로 「모란등기」의 추종작 및 영향작이 태어나는 계기가 되었다고 할 수 있다.

「기생 미야기노」에 나타난
현실인식 · 여성관 · 사생관 · 주제

1. 머리말

『오토기보코』 권6의 제3화 「기생 미야기노(遊女宮木野)」는 전란에 의해 비극적인 슬픔을 맞이한 부부의 이야기를 그린 작품으로, 우에다 아키나리(上田秋成)에 의한 게쓰 모노가타리(雨月物語)』의 「아사지가 야도(浅茅が宿)」의 출전으로도 알려져 있는 유명한 이야기이다. 이 「기생 미야기노」에 관하여는 주로 「아사지가 야도」나 『하루사메 모노가타리(春雨物語)』의 「미야기의 무덤(宮木が塚)」을 이해하기 위한 보조적인 수단으로 주로 언급되고 있으며, 「기생 미야기노」 자체에 대한 문학성의 경우 사카마키 고타(坂巻甲太, 1990)가 원작인 「애경전(愛卿傳)」과 비교하여 '자국화'의 독자성과 관련지어 지적하고 있는 것이 거의 유일한 연구라 할 수 있다. 그의 견해를 인용하여 보면 다음과 같다.

237

중국의 괴이담에 의하면서 그 위에 제2의 전거(역사상 사실)를 준비하는 등 시대・장소・인물 그 외 세밀한 부분에 이르기까지 주도면밀하게 계산해서 설정하여 훌륭하게 괴이를 일본화한 상황이 그 곳에 엿볼 수 있다.[1]

이처럼 중국의 시대, 장소, 인물을 '일본화'하는데 성공하였다는 사카마키의 지적 외에는 「기생 미야기노」에 대한 연구는 거의 찾아볼 수 없다. 그 이유는 제2절에서도 언급한 바와 같이 료이가 원작을 너무나도 충실히 번안하였기 때문에 사카마키의 지적을 넘어서 「기생 미야기노」의 새로운 특질을 찾아내는 것이 곤란하였기 때문이다.

그러나 원작과 비교하여 보다 면밀히 텍스트를 분석해 보면, 정절관의 양상, 전생(轉生)과 사생관의 문제, 현실인식의 문제, 작품에 나타난 주제에 관하여 원작과는 다른 특징을 발견할 수 있어 흥미로운 부분이다. 이에 본절에서는 필요에 따라서 조선에서의 「애경전」의 번안작인 『금오신화』 제2화 「이생규장전」의 후반부, 베트남에서의 번안작인 『전기만록』 권4의 제1화 「남창여자록」과의 관계도 언급하면서, 「기생 미야기노」의 문학적 특질에 관하여 논해 나가고자 한다.

---

1) 中国の怪異譚に拠りながら、その上に第二の典拠(歴史上の事実)を用意するなど、時代・場所・人物その他細部にわたるまで周到に計算し設定し、みごとに怪異を日本化した状況がそこにあった。

2. 「기생 미야기노」의 번안양상

『전등신화』「애경전」	『오토기보코』「기생 미야기노」
애경은 재색을 겸비한 유명한 기생이었다.	미야기노는 재색을 겸비한 아름다운 기생이었다.
조생(趙生)은 애경을 아내로 맞아들이며, 애경은 부인으로서의 도를 잘 지킨다.	후지이 세이로쿠(藤井清六)는 미야기노를 아내로 맞아들이며, 미야기노는 부인으로서의 도를 잘 지킨다.
조생은 친척의 추천으로 관직을 주겠다는 약속을 받고 대도(大都)로 향한다.	교토(京都)에 있는 숙부의 병으로 인해 세이로쿠는 교토로 향한다.
친척은 병으로 이미 관직을 그만둔 상태였다. 조생이 대도에서 머물고 있을 때 어머니는 애경의 간병에도 불구하고 죽는다.	숙부가 죽은 후 곧 전쟁이 일어나며 세이로쿠는 고향으로 돌아갈 길이 막히고 만다. 어머니는 애경의 간병에도 불구하고 죽는다.
장사성(張士誠)의 난이 일어나고 적들이 범하려 하자 애경은 정절을 지키기 위해 자결한다.	다케다 신겐(武田信玄)이 스루가(駿河) 지방을 공격한다. 적들이 범하려 하자 미야기노는 정절을 지키기 위해 자결한다.
전쟁이 끝나고 조생은 고향으로 돌아와 옛 하인으로부터 지금까지의 이야기를 듣는다.	전쟁이 끝나고 세이로쿠는 고향에 돌아와 옛 하인으로부터 지금까지의 이야기를 듣는다.
유령이 된 애경은 조생에게 찾아와 지금까지의 사정을 이야기한다. 애경은 무석(無錫)지방의 송씨(宋氏) 가문에 새로 태어날 것임을 이야기하고 다음날 아침 이별을 고한다.	세이로쿠에게 유령이 된 미야기노가 찾아와 지금까지의 사정을 이야기한다. 미야기노는 가마쿠라(鎌倉)의 부유한 집에 새로 태어날 것임을 이야기하고 그대로 자취를 감추어버린다.
조생은 송씨가를 찾아가 지금까지의 일을 이야기하고 두 사람은 친척이 된다.	세이로쿠는 가마쿠라의 집을 찾아가 지금까지의 일을 이야기하고 일족(一族)이 될 약속을 한다.

이상으로 원작과의 줄거리를 간단히 비교하여 보았다. 그럼 원작과 「기생 미야기노」를 보다 자세히 비교검토하여, 료이는 원작으로부터 무엇을 문제로 삼았는가 그리고 「기생 미야기노」는 어떠한 특질이 발견될 수 있으며 그것이 작품의 해석과 어떤 식으로 연결될 수 있는가에 관하여 검토를 해보고자 한다.

3. 「기생 미야기노」에 나타난 현실인식

「애경전」은 원나라 말기의 혼란한 시대에 일어난 장사성(張士誠)의 난(1353~1367)을 배경으로 전란에 의해 짓밟힌 인간의 비극이 그려져 있다. 이를 「기생 미야기노」에서는 1568년에 일어난 다케다 신겐(武田信玄)의 스루가(駿河) 공격으로 바꾸어 일본에서 실제로 일어난 역사적 사실을 바탕으로 자국의 괴이담으로 재창조하였다.

그렇다면, 이야기의 주인공들은 자신들에게 닥친 비극적인 사건에 대해 어떤식으로 이해하고 있는 것일까. 먼저 논의 전개상 세이로쿠가 현실을 비극적인 세계로 인식하게 된 배경에 대하여 검토해 보기 위해 두 사람이 헤어지는 장면부터 원작인 「애경전」과 비교해 보고자 한다. 두 사람이 헤어지는 원인에 대하여 「애경전」에서는 다음과 같이 서술하고 있다.

조생의 아버지의 친척중에 이부상서(吏部尙書)의 벼슬을 하는 이가 있었다. 대도(大都)에서 편지를 보내와 강남에서 관직을 주겠노라며 조생을 불렀다. 조생은 대도로 가자니 어머니와 아내에게 걱정을 끼치는 것이 두렵고 가지 않는다면 출세의 기회를 놓치는 것 같아 주저하며 아직 결정을 내리지 못하고 있었다. 그러자 애경이 조생에게 "제가 듣기를 '남자는 태어나면 뽕나무로 만든 활과 쑥대로 만든 화살을 사방으로 쏜다'고 합니다. 이는 대장부가 장성하면 입신양명하여 부모의 명성을 드러내라는 뜻입니다. 그런데 어찌하여 은정이 두텁다 하여 출세의 기회를 놓칠 수 있겠습니까"라 하였다.[2]

위 인용문을 보면 조생의 아버지의 친척 중 이부상서의 관직에 있는 이가 있어 강남에서의 관직을 준다는 편지가 온다. 이때 조생은 어머니와 아내를 남기고 떠나는 것에 대한 걱정과 입신양명의 기회 사이에서 망설이며, 애경은 입신양명을 통한 효도를 이유로 남편을 대도로 가도록 한다. 그런데 이 부분에 해당하는 「기생 미야기노」는 다음과 같이 바뀌어 있다.

①교토에 숙부가 살고 있었다. 세이로쿠에게는 어머니의 동생에 해당하는 사람이었다. 계속 병을 앓다가 이제 곧 죽을 지경에 이르자 사람을 통해 "세이로쿠를 빨리 올려보내 주시기 바랍니다. 할 이야기가 있습니다"라 하였다. ②어머니는 매우 슬프게 생각하며 "빨리 올라가 보거라. 나는 여자의 몸이니 지금이라도 당장 달려가고 싶어도 그럴수가 없느니라. 너는 남자이니 뭐가 어려울 게 있겠느냐. 임종을 지켜보고 오너라"라 하였다. 세이로쿠는 어떻게 해야 할 지 망설이고

---

2) 趙子有父黨爲吏部尙書。以書自大都召之、許授以江南一官。趙子欲往、則恐貽母妻之憂。不往、則又失功名之會。躊躇未決。愛卿謂之曰『妾聞『男子、生而桑弧蓬矢以射四方。』丈夫壯而立身揚名以顯父母。豈可以恩情之篤、而誤功名之期乎。

있자 미야기노는 "어머니의 말씀대로 이번에 교토로 가지 않으신다면 ③하나는 저에게 마음을 빼앗겼기 때문에 숙부님의 일을 소홀이 했다고 사람들이 이야기할 것입니다. ④또 하나는 어머님의 말씀을 거역했다는 불효자라는 소리를 들을 것입니다. 얼른 교토로 가세요.[3]

이 인용문을 「애경전」과 비교해 보면, 「애경전」에서 입신양명의 기회를 얻기 위해 대도로 가는 부분이 「기생 미야기노」에서는 ①에서 숙부가 위독한 것으로 바뀌어 있으며, 세이로쿠에게 얼른 교토로 올라올 것을 이야기한다. 어머니는 ②와 같이 지금의 상황에서 갈 수 있는 사람은 세이로쿠밖에 없기 때문에 세이로쿠에게 갈 것을 부탁한다. 망설이고 있는 세이로쿠에게 미야기노는 ③에서 가지 않았을 경우에 당해야 할 주위의 따가운 시선과 ④에서 어머니의 말을 거역하는 것은 불효라는 논리로 세이로쿠로 하여금 교토로 가도록 한다.

그런데 여기에서 놓쳐서는 안될 중요한 부분은 「애경전」은 입신양명의 기회가 헤어짐의 원인이 되며, 이것은 주인공에게 있어 다소간의 선택의 여지가 주어진다고 볼 수 있다. 그러나 「기생 미야기노」에서는 그 대신에 ①②③④의 상황이 만들어진다. 그런데 이것은 두 사람의 의지와는 관계 없이 주위의 인물들에 의해 만들어진 상황이

---

3) 京都に叔父あり。清六が母のため弟なり。しきりに心地わづらひしかば死べくおぼえて、人をくだしていひけるやう、「清六をのぼせ給へ。いひをくべき事侍べり」といふに、母かぎりなくかなしく思ひ、「いそぎのぼりてみよ。みづから女の身なれば、飛立ばかりに思へども、そもかなはず。和殿は男なれば、何かくるしかるべき。その有様見どけて給」といふ。清六いかがすべきと案じわづらふ。宮木野いふやう、「老母の思ひ給ふところ此たび京にのぼらずは、ひとつにはみづからに心どまりて叔父の事をわすれたりといはん。ふたつには母の心にそむく不孝の名をうけ給はん。たゞのぼり給へ。

며, 두 사람은 어쩔 수 없이 헤어져야 하는 필연적인 상황으로 빠져
들었다는 것이다.

다음으로 전란이 일어나기 전후의 장면을 비교해 보도록 한다. 「애
경전」에서 조생은 대도에 도착하지만, 친척은 병으로 인해 이미 관직
을 그만 둔 상태였다. 이때 조생은 그대로 고향으로 돌아가지 않고
여관에서 계속 머무르게 된다.

> 대도에 도착하니 이미 친척은 병으로 관직을 그만 두었다. 의지할
> 곳이 없어 여관을 전전하며 머물다가 오랫동안 고향으로 돌아가지
> 못하였다.[4]

위 인용문을 보면, 대도에서 할 수 있는 일이 없어진 조생이 고향
으로 곧바로 돌아가지 않고 그대로 남아있는 장면이 마치 당연한 듯
이 그려지고 있다. 명나라 시대는 지식인이 과거급제 등에 의한 입신
양명의 기회를 얻고자 큰 도시에서 할 일이 없어도 머무는 일이 많았
는데,[5] 조생이 고향으로 돌아가지 않고 그대로 대도에서 머물게 된
것은 입신양명의 기회를 잃어버린 시점에서 그것을 대신할 만한 또
다른 입신양명의 기회를 찾기 위함이었다고 생각하는 것이 타당할
것이다.

그런 가운데 조생의 어머니는 애경의 간병에도 불구하고 세상을
떠나며 그 후에 장사성(張士誠)의 난이 일어난다. 즉, 「애경전」은
'부부의 이별→대도에서 오래 머물게 됨→어머니의 죽음→장사성의

---

4) 至都、則尙書以病免、無所投托。遷延旅邸、久不能歸。
5) 이 부분에 대한 기술은 우에다 노조무(上田望)의 교시(教示)에 따랐다.

난'의 순으로 사건이 전개된다. 따라서 대도에서 오래 머물게 되는 것은 조생에게 얼마든지 선택의 여지가 주어지는 상황이라 할 수 있으며, 또한 애경의 죽음의 원인은 전란이긴 하지만, 어머니의 죽음은 전란과는 직접적인 인과관계가 없다.

그에 비해 「기생 미야기노」의 경우 세이로쿠는 숙부의 임종 후 고향으로 돌아가려 하자 전란이 일어나며 이로 인해 돌아가는 길이 막힌다. 그 사이에 어머니는 애경의 간병에도 불구하고 세상을 떠난다. 즉, 「기생 미야기노」에서의 사건의 배열순서는 '부부의 이별→전란→돌아갈 수 없는 세이로쿠→어머니의 죽음'의 순으로 된다. 이를 원작과 비교하여 보면 전란의 배치가 바뀌게 되며, 전란은 미야기노의 죽음 뿐만 아니라 세이로쿠가 고향으로 돌아가려 해도 돌아갈 수 없게 된 일 및 어머니의 죽음의 직접적인 원인이 되고 있다.

이처럼 「기생 미야기노」에서 세이로쿠와 미야기노는 자신의 의지와는 상관없이 주위에 의해 만들어진 상황에 의해 계속 좌우되고 있으며, 이것은 주인공들이 느낀 현실인식과 중요한 관련성이 있다.

이에 먼저 원작인 「애경전」에서 애경이 유령이 되어 조생앞에 나타나는 장면을 살펴 보도록 한다. 여기에서 애경은 원래는 기생이었으나 신분이 높은 집에 시집온 일, 기생으로서의 습관을 버리고 지체높은 집안으로 살아가기 위해 노력한 일, 시어머니에게 효도를 다한 일 등을 호소하고 아래 인용문과 같이 전란에 의한 비극의 원인을 '하늘'의 탓으로 이야기한다.

> 어찌 알았겠습니까. 하늘이 무심하여 크나큰 화가 닥쳐 독을 품은 손과 사나운 주먹이 사방에서 서로 다툴 것을 〈후략〉[6]

위 인용문에서 '하늘'의 원문은 '민천(旻天)'이다. 『대한화사전(大漢和辭典)』에 의하면, '민(旻)'은 '하늘의 범칭(天の汎称)', '넓게 하늘을 말함(広く天をいふ)'으로 설명되어 있으므로, 애경은 불행의 원인을 구체적인 대상으로서의 무언가가 아니라 막연한 존재로서의 '하늘(天)'의 탓으로 돌리고 있다.[7]

그런데 이 부분에 대한 「기생 미야기노」의 경우를 보면, 세이로쿠는 미야기노를 어머니의 묘에 부장한 후 다음과 같이 한탄한다.

그대는 평소에 재능과 지혜가 있고 현명하였으며 마음씨는 깊고 고상하였습니다. 다른 사람과는 달리 행실도 바르고 도(道)를 지켰습니다. 비록 죽었다고 하더라도 세상의 보통 사람들과는 같지 않습니다. 그렇기는 하지만 오랫동안 소식이 끊어진 것은 제 탓이 아닙니다. 저의 힘으로는 어쩔 수 없는 이 세상이 한 짓입니다. 황천(黃泉)의 밑바닥에 있더라도 저의 말을 들을 수 있다면 한번이라도 저의 앞에 나타나 주십시오.[8]

---

6) 豈料旻天不弔。大患來臨、毒手老拳、交爭於四境。〈後略〉
7) 조선의 「이생규장전」의 경우 영원한 이별의 원인에 대하여 여인은 "운명은 피할 수 없습니다(冥數不可躱也)"라 대답한다. 그리고 여인이 유령의 몸으로 이생 앞에 나타난 이유는 "저와 당신의 인연이 아직 끝나지 않았(以妾與生緣分未斷)"기 때문에 그 인연을 잇기 위함이라 한다. 즉, 그 인연이 다하면 헤어져야 하는 것이 운명이고, 두 사람은 이러한 운명으로부터 피할 수 없기 때문이라는 논리이다. 베트남의 「남창여자록」의 경우에도 아들을 만나지 못한 채 죽어가는 어머니가 한탄하는 부분을 보면, 자신이 경험하고 있는 비극적인 현실에 대하여 그 원인을 '하늘(天)', '운명(命)', '액운(厄運)', '운수(數)'에 의한 것으로 생각하고 있다. 따라서, 「이생규장전」의 '명수(冥數)', 「남창여자록」의 '하늘', '운명', '액운', '운수'는 모두 그 표현은 다르지만 그 발상의 근본은 '운명(運命)' 또는 '천명(天命)'이라는 말로 일괄하여 생각할 수 있을 것이다.
8) 君は平生才智かしこく、心の色ふかし。人に替りて身のおこなひよく道をまもれり。たとひ死すとも世のつねの人にはおなじからず。されば久しく音づれの絶しもわが咎な

이 세상의 일들이 모두 자신이 뜻한 대로 할 수 있다면 둘 사이에 비극은 존재하지 않았을 것이다. 하지만, 이 세상은 인간의 의지대로 움직이지 않으며, 인간은 세계에 의해 좌우되고 휘둘리며 농락당하는 비극적인 존재이기 때문에 현실세계는 '저의 힘으로는 어쩔 수 없는' 비극적인 세계, 즉 '우키요(憂き世)'인 것이다. 따라서, 앞서 언급한 바와 같이 세이로쿠가 경험한 수많은 과정들이 있었기에 세이로쿠는 현실의 비극적인 일들이 '저의 힘으로는 어쩔 수 없는' '이 세상이 한 짓(うき世のわざ)'으로 이해하고 있는 것이며, 세이로쿠가 말하는 현실은 '浮世'가 아니라 '憂き世'의 비극적인 세계로 이해하는 것이 타당할 것이다.

세이로쿠가 경험한 비극적인 현실의 원인은 '이 세상이 한 짓'이다. 이것은 결국 인간이 아무리 해도 극복할 수 없는 초자연적인 존재에 의해 휘둘린 결과인 것이므로, 근본적인 발상의 원점은 원작이나 〈주 7〉에서 언급한 「이생규장전」, 「남창여자록」과 같다고 할 수 있을 것이다.

그러나 여기에서 「기생 미야기노」가 원작과는 다른 점은 미야기노의 말을 빌려 비극적인 현실에 대한 원인에까지 그 통찰의 범위를 넓히고 있다는 점이다.

뜻하지 않게 이런 화를 당한 것도 전생의 업보입니다.[9]

らず。心にまかせぬうき世のわざ也。黄泉の底までもものしることあらば、一たびわれにまみえ給へ。
9) おもひかけずかゝる禍に逢事も、前世のむくひ也。

현실세계를 살아가고 있는 인간인 세이로쿠가 내린 현실해석은 '비극적인 세계'였다. 그러나 세이로쿠는 현실세계라는 한정된 시간과 공간을 살아가는 존재였다. 그와는 반대로 미야기노는 시공을 초월한 존재였기 때문에 세이로쿠의 해석을 넘어선 것까지 이해할 수 있었으며, 따라서 비극적인 현실의 원인은 전생의 인과응보에 의한 것이라는 것을 제시할 수 있었던 것이다.

『오토기보코』권10의 제6화「빈궁한 료센과 덴구도(了仙貧窮付天狗道)」를 보면, 인간으로서 이해 불가능한 일들에 대하여 "이것은 이미 전생의 인연이다. 유교에서는 천명이라 한다(これすでに過去世の因縁なり。儒には天命といふ)"라 하고 있다. 이와 같은 논리로 본다면, 「애경전」「이생규장전」「남창여자록」은 유교적인 가치관에 바탕을 둔 현실통찰이 제시되어 있으며, 「기생 미야기노」는 불교적인 가치관에 바탕을 둔 현실통찰이 제시되어 있다고 볼 수 있다.

4. 기생과 정절

기고시 오사무(木越治, 2008)는 아사이 료이의 창작기법에 대하여 "불필요하다면 얼마든지 생략(不要と思えば省略してしまうようなことをいくらもしている)"하며 또한 "원작의 설정을 그대로 살린 것이라 보이는 부분에서도 료이에게 있어서는 단순히 번안을 넘어선 적극적인 의미를 가지고 있다(原話の設定をそのまま生かしたものとみなされている。しかし、この設定は、了意にとっては、単なる翻案

を超えた積極的な意味を持っていた)"고 지적하였다. 지금까지의 선행연구에서는 원작과 다른 부분에만 주목하여 료이의 의도를 찾으려 했는데 비해 원작과 같은 내용을 지니는 부분에도 경우에 따라서는 료이의 의도를 발견할 수 있다는 그의 견해는 「기생 미야기노」의 문학적 특질을 이해하는데 있어 경청할 만한 설이며 필자도 이러한 지적을 염두에 두고 이하 고찰해 나가고자 한다.

「애경전」의 주인공 애경은 문에 기대어 웃음을 파는 것만을 알고 있을 뿐이며(惟知倚門而獻笑), 손님에게는 아양부리며 교묘한 말로 맞이하고(令色巧言), 새로운 손님을 맞이하고 오래된 손님을 보내며(迎新送舊), 동쪽의 집에서 식사를 하고 서쪽의 집에서 잠자는(東家食而西家宿) 것에 옛부터 익숙하였으며(久習遺風), 장씨의 아내이면서 이씨의 아내이기도 하고(張郎婦而李郎妻) 원래부터 정해진 것이란 아무것도 없는(本無定性) 기생이었다. 일본에서는 이들을 유녀(遊女)라 하는데 이러한 유녀에 해당하는 존재를 중국에서는 기녀(妓女), 조선에서는 기생(妓生), 베트남에서는 창류(倡流)라 부르며, 명칭은 서로 다르지만, 시(詩)·서(書)·화(畵)·무(舞)·가(歌) 등의 예술은 물론이거니와 수준높은 지식을 향유하는 교양인이면서도 남자 손님에게는 성을 제공하는 것으로 살아갔던, 사회의 일상적인 조직으로부터 제외된 여성이었다는 점은 공통적이다.

따라서 기본적으로 기생은 성을 제공하는 것을 본업으로 하는 존재였기 때문에 처음부터 정절을 지킬 수 있는 자격이 주어질 리가 없다. 그럼에도 불구하고,

제가 죽자 저승에서는 저를 정렬(貞烈)이 있다고 하여 무석지방의
송씨 가문에 남자로 다시금 태어나게 하셨습니다.[10)]

라 기술되어 있는 바와 같이 애경은 '정렬(貞烈)'의 공을 인정받아 남
자로 새로 태어나게 된다. 그런데 여기에서 문제가 되는 것은 애경이
다른 이의 아내가 된 후 아무리 정절을 지켰다 하더라도 원래 기생이
었던 시절의 일은 전혀 문제삼지 않아도 되는 것일까라는 점이다.

이와 관련하여 고야마 큐(合山究, 2006)는 명나라 말기의 송무징
(宋懋澄)에 의한 『부정농전(負情儂傳)』이나 청나라 중기의 기경증
(紀慶曾)에 의한 『정기왕금지전(貞妓王金芝傳)』등의 이야기가 기생
의 절렬(節烈)을 소재로 삼고 있다는 점을 들어 다음과 같이 지적하
고 있다.

기녀를 '정절'에 의해 평가하려는 경향이 예전부터 강해지고 종래
라면 정절에 해당하는지 애매한 것까지 '정렬'에 넣어 칭찬하려는 일
이 일어났다.[11)]

라 하여 명청시대에 이르러서는 기생까지 '정절'을 지킨 것에 대하여
칭찬하려는 경향이 일어났다고 언급하고 있다. 또한,

명청시대에는 정절의 여부가 여성에게 있어 가장 중요한 가치기
준의 하나가 되어 많은 절부열녀가 나타났다. 절렬개념의 변용과 확

---

10) 妾之死也、冥司以妾貞烈、卽令往無錫宋家托爲男子。
11) 妓女を「貞節」によって評価しようとする傾向が以前よりも強まり、従来なら貞節に当た
るかどうか分からないようなものまで、「貞烈」に入れて称賛することが行われた。

산은 피할수 없게 되어 절부열녀의 기본개념으로부터 조금 벗어간 것까지 절렬에 의해 칭찬하려는 경향이 나타나 절부열녀의 변종이 태어났다.12)

고 하여, 명청시대에는 절렬(節烈)에 대한 개념의 변용과 확산에 의해 기생에 대하여도 정절을 적극적으로 인정하려는 풍조가 태어났다고 지적하고 있다. 물론 명대의 277년간, 청대의 269년간에 걸친 기간의 여성의 정절에 관한 다양한 인식을 한데 묶어 고찰하는 것은 문제가 있긴 하지만 그의 지적은 「애경전」을 이해하는데 도움이 되는 중요한 설이라 할 수 있을 것이다. 따라서 이러한 배경을 고려해 보면, 애경이 기생이었다 할지라도 '정렬(貞烈)'을 지킨 것으로 인해 칭찬받는 것은 「애경전」이 창작되었을 당시의 가치관으로부터 보면 전혀 이상할 것이 없는 것이라 할 수 있다.13)

---

12) 明清時代には、貞節の如何が女性にとって最も重要な価値基準の一つとなり、多くの節婦烈女があらわれた。節烈概念の変容と拡散は避けられないものとなり、節婦烈女の基本概念からややはずれたものまで、節烈によって顕彰しようとする傾向があらわれ、節婦烈女の変種が生まれた。

13) 그런데 이 부분에 대하여 조선의 「이생규장전」과 베트남의 「남창여자록」의 경우 여주인공이 기생이었다는 부분이 삭제되어 있다. 이는 역시 유교적인 도덕관이 뿌리깊게 존재해 있던 양국에 있어서는 당연한 결과라 할 수 있다. 조선의 경우 기생은 천민의 신분이었으며, 그 신분은 세습되어 일반서민이 되는 것은 불가능하였고, 결혼도 금지되어 가정을 지니는 것도 불가능했다. 따라서 조선시대의 일반적인 가치관으로는 기생은 원래부터 정절을 지킬 자격이 없었던 존재였다. 예를 들면, 류몽인(柳夢寅, 1559~1623)의 야담집 『어우야담(於于野譚)』에는 기생 논개(論介)에 대하여 "그 관기는 음탕한 창녀이며 정렬로 기려질 수 없다(彼官妓汪娼也。不可以貞烈稱)."라 하여 그녀가 기생이었기 때문에 원래부터 '정렬(貞烈)'을 인정할 수 없다고 언급하고 있다. 베트남의 경우에도 권3의 제4화 「취소전(翠綃傳)」의 평어에서는 기생을 아내로 삼은 여윤지(余潤之)에 대하여 '부정(不正)'한 기생을 아내로 삼았기 때문에 비난의 시선을 내리고 있다. 따라서 한국과 베트남 모두 기생은 비난의 대상이었으며, 정절을 인정받을 수 있는 자격은 원래부터 없었던 존재로 생각해도 좋을 것이다. 원작에서 여주인공이 정절을 지킨 것으로 칭송받으나 그녀가 사실은 기생이었

「기생 미야기노」의 미야기노는 스루가(駿河) 지방의 유명한 기생으로 설정되어 있어 원작에서의 애경의 인물상을 그대로 계승하고 있다. 이와 같은 「기생 미야기노」에 대한 인물설정의 방법은 지금까지의 선행연구로는 단순히 원작을 그대로 계승한 것으로 생각되어 왔기 때문에 보다 발전적인 시각에서의 논의는 이루어지지 않았다. 그러나 필자는 기생에 대한 당시의 인식과 관련지어 생각해 보면 미야기노의 인물설정에 대하여 또 다른 해석의 가능성을 찾아볼 수 있을 것이라 생각한다.

기생이었던 미야기노가 정절을 지킨 것으로 인해 칭송받는 것은 중국의 명청시대처럼 '절부개념의 변용과 확산'이라는 정절관의 변화가 있었기 때문은 아니다. 또한 에도시대의 기생은 조선의 기생과는 달리 신분적으로는 천민이 아니며, 세습되지도 않고, 결혼이 불가능했던 것도 아니었다. 가난한 생활로부터 탈피하기 위해 남편이나 부모에게 팔리면 일반 여성이라도 기생이 될 수 밖에 없었으며, 기한이 끝나거나, 병에 걸리거나, 다른 남자와 결혼하게 되는 등으로 기생의 생활을 그만두면 언제든지 일반여성으로 돌아갈 수 있었다.

후지이의 어머니는 이 이야기를 듣고, "①스루가(駿河)에서는 남부러울 것 없는 집안이라 어떻게든 지체높은 집안의 딸을 맞아들여 나의 며느리로 삼아야겠다고 생각했는데, 기생을 아내로 삼는다는 것은 생각도 하지 못했던 일이니라. 하지만 어찌되었건 네가 결정했으니 번거럽더라도 네가 책임을 져야 할 것이니라. 이제는 어쩔 수가

<hr>

다는 설정은 당시의 조선과 베트남의 가치관으로서는 모순된 이야기이며, 따라서 기생으로서의 여주인공을 일반적인 여성으로 개변하는 것은 당연한 결과였던 것이다.

없는 일이 되었으니 얼른 맞아들이거라"라 하였다. 그런데 막상 미야기노를 집에 데려와 보니 ②용모는 아름다울 뿐만 아니라 마음씨도 품격이 있고 성품도 착해서 어머니는 아주 기뻐했다. "제 아무리 ③ 다이묘(大名)나 높은 집안의 딸이라 하더라도 천성이 그릇되어 있으면 무슨 소용이 있겠느냐. 이 아이가 어느 집안의 딸인지는 모르겠으나 드물게 여자로서 지켜야 할 도리를 잘 알고 있지 않느냐. 내 아들이 반하게 된 것도 이해가 가는구나"라며 미야기노를 소중히 여겼다.[14]

위 인용문은 세이로쿠의 어머니가 미야기노를 맞아들였을 때 한 말로, 원작에는 없으며 「기생 미야기노」에서 새롭게 추가된 부분이다. 여기에서 어머니가 문제삼고자 하는 것은 세이로쿠가 기생을 아내로 삼으려 했던 점에 대하여 기생이 천하다거나 정절을 잃어버렸다는 점이 아니다. '기생'의 반대의 의미로 인용문 ①에서 '지체높은 집안의 딸'과 ③에서 '다이묘나 높은 집안의 딸'이란 표현이 사용된 것과, 에도시대에 여성이 기생으로 된 가장 큰 이유가 생활고로부터 벗어나기 위함이었다는 것을 고려해 보면 어머니가 문제삼고 있는 것은 미야기노의 가난한 신분이었던 것이다.

당시 중국, 조선, 베트남 또는 현대의 감각과는 달리 기생이라는

---

14) 藤井が母これを聞て、「府中には人にもさがらぬ家督なれば、いかならん名もある人のむすめをもむかへてわが新婦とも見ばやとこそおもひつるに、遊女を妻とせむはこれ本意なけれども、よしやわが子のみるべきめんだうを、今はいかにいふとも詮なし。はやくよびいれよ」とて、家にむかへとりてみるに、みめかたちうつくしきのみならず、心ざまゆうにやさしかりければ、母かぎりなくよろこび、「たとひ大名高家のむすめなり共、生れつき人がましからずは何にかせむ。この女はいかなる人の末にも侍べれ、たぐひなき女の道しれる人ぞや。わが子のまどひめでけることそはりなれ」とて、世にいとおしみかしづきけり。

직업 자체는 에도시대에는 비난받을 직업도 아니었으며 결혼하기 전에 여성의 직업이 기생이었다는 것은 윤리적으로 전혀 문제될 바가 없었고, 자신의 경력을 숨길 필요도 없는 아주 흔한 보통 직업이었다. 오히려 앞서 언급한 '예술은 물론이거니와 수준높은 지식을 향유하는 교양인' 그리고 인용문 ②에서처럼 아름다운 용모와 품격있는 마음씨와 착한 성품으로, 에도시대에는 가장 인기있는 결혼상대가 바로 기생이었던 것이다.

이러한 배경으로부터 「기생 미야기노」를 다시 해석해 보면, 이야기 속에서 미야기노가 결혼하기 전에 기생이었다는 것은 전혀 문제가 되지 않았으며, 따라서 결혼한 후에 남편에게 정절을 지켰는지의 여부가 중요한 문제가 되는 것이다.

미야기노의 자살 후 적병들 조차도 '그 정절을 불쌍히 여겨(その貞節をあはれみ)', '그 정절을 감탄하여(その貞節を感じ)'라는 원작에는 없는 표현이 추가되어 있는 것을 통하여 미야기노의 정절이 칭송받고 있으며, '정절효행의 덕(貞節孝行の德)'으로 인해 새로 태어날 수 있는 자격을 받은 것은 이러한 에도시대의 기생에 대한 인식과 정절관이 전제되어 있었기 때문이다. 따라서 김시습과 완서와는 달리 료이만이 원작의 내용에 공감하여 미야기노를 기생으로 설정한 것도 이러한 배경이 있었기 때문이라 할 수 있다.

5. 「애경전」과 「기생 미야기노」의 전생(轉生)과 구원

「애경전」의 작품해석에서 가장 문제가 되는 부분은 '제가 죽자 저승에서는 저를 정렬(貞烈)이 있다고 하여 무석지방의 송씨 가문에 남자로 다시금 태어나게 하셨습니다'라 한 바와 같이 '정렬'의 공덕에 의해 애경이 남자로 전생(轉生)하는 후일담을 어떻게 해석하고 의의를 부여해야 하는가이다. 따라서 논의 전개상 원작의 이 부분에 대한 검토를 먼저 행한 후 「기생 미야기노」의 전생담에 대하여 검토해 보기로 한다.

사와다 미즈호(澤田瑞穂, 1988)는 『전등여화』 권2의 제1화 「연리수기(聯理樹記)」에서 다음과 같이 언급하고 있다.

지순한 부부애 또는 사랑을 이루지 못하고 비련한 죽음을 맞이한 남녀의 묘에 연리수(聯理樹)가 자라고, 그 나무에 원앙이 산다는 설정은 이른바 식물화생(植物化生)이나 동물유래(動物由來)의 민간전승에 뿌리를 둔 것 뿐만 아니라 또한, 그것을 이야기하여 전하는 무명의 사람들이 그 비운(悲運)의 남녀에게 바치는 최소한의 진혼(鎭魂)의 공물(供物)이기도 하였다. 그러한 눈 앞의 나무나 동물에 대하여 그 화생(化生)을 증언하고 절실히 추회(追懷)하는 것이야 말로 죽은 이의 원한을 위로하는 길이라 믿었기 때문에 민간전승의 순정비련(殉情悲戀)의 이야기에서 그 결과는 반드시 이러한 모티브가 등장하여 조금이라도 수난(受難)과 참혹(慘酷)함을 완화시키고 미화시키려 한다. 즉, 카타르시스가 지난 후 잠깐 쉬는 것과도 같으며, 인생의 비운에 대한 보상이기도 하다. 그것은 설화전승의 문학적 기공이라기 보다 사실은 원혼(冤魂)을 진정(鎭定)시키기 위한 주술(呪術)로서 설화의 민속적 기능을 무의식중에 계승하고 있는 것이다.15)

이와 같은 사와다의 견해는 「애경전」을 이해하는데 있어 경청할 만한 중요한 설이라 생각된다. 즉, 「애경전」의 작자 구우는 비극적인 인생을 살아간 애경에 대하여 '죽은 이의 원한을 위로하는' 것과 동시에 '조금이라도 수난과 참혹함을 완화시키고 미화'시키기 위해 애경으로 하여금 남자로서 다시 태어나는 형식을 취하게 하였던 것이다. 그러나 여기에서 의문이 드는 것은 애경에게 '인생의 비운에 대한 보상'이 필요했다면 여러 형태가 있었을텐데 왜 굳이 전생(轉生)이라는 형식을 취하였으며, 또한 여자로 전생하여 조생과 사랑을 지속시키는 것이 아니라 남자로 전생시킨 것은 무슨 이유인 것인가이다.

이에 필자는 이야기의 전개상 애경이 반드시 남자로 전생해야 할 필연적인 이유가 이미 설정되어 있다고 생각하고 있다. 그 이유로서 시어머니가 죽기 직전에 애경에게 남긴 유언을 일부분 인용해 보기로 한다.

---

15) 至純の夫婦愛もしくは未遂の悲恋に殉じた男女の墓に連理樹が生じ、その樹に鴛鴦が棲むというのは、いわゆる植物化生や動物由来の民間伝承に根を持つばかりでなく、またそれを語り伝える無名の人々が、その悲運の男女に捧げるせめてもの鎮魂の供物でもあった。そうした眼前の樹木や動物に対して、その化生を証言し、しみじみと追懐することこそ、死せるものの遺恨を慰める途であると信じたがために、民間伝承の殉情悲恋物語には、その結末は決まってこのモチーフが持ち出され、少しでも受難の惨酷さを緩和し美化しようとする。いわゆる吐瀉の後の一服であり、人生の悲運に対する補償でもある。それは説話伝承の文学的技巧というだけでなく、実は冤魂鎮定の呪術としての説話の民俗的機能をも無意識のうちに継承しているのである。

다만 내 아들이 일찍 돌아와서 ①네가 나중에 아들과 손자를 두어 모두 네가 나에게 효도를 다하고 공경한 것처럼 자식들도 그렇게 하기를 바란다. ②하늘이 이를 아신다면 반드시 너를 저버리지 않을 것이다.[16]

애경이 노래한 『심원춘(沁·園春)』에 "한번 이별은 삼년이며 하루는 삼추처럼 긴데 낭군님은 어찌 안돌아오셨나요(一別三年、一日三秋。君何不歸)"라 한 바와 같이 두 사람이 헤어진 기간은 3년이며, 물론 둘 사이에 아이는 없었다. 어머니의 바램은 ①을 보면 아들이 하루라도 빨리 돌아와 애경이 자식을 낳고 자식이 손자를 낳아 그 자손들이 애경부부에게 효도를 다하는 것이었다. 그리고 ②를 보면 하늘이 애경의 '효경(孝敬)'을 알고 있다면 그 바램은 반드시 이루어질 것이라는 것이다.

그러나 애경은 자손이 없이 죽어버렸다. 따라서 어머니가 ①에서 남긴 유언이 ②의 말대로 이루어지기 위해서는 애경이 새로 태어나는 것 밖에 방법이 없었던 것이었다. 즉, 애경의 전생(轉生)은 어머니가 유언을 남긴 시점에서 복선으로 이미 정해져 있었던 것이라 볼 수 있다.

다음은 애경이 남자로 태어나는 것에 관한 문제인데, 이 문제를 풀기 위해서는 『전등신화』에 나타난 유령출현의 원인과 이별에 관하여 검토해 볼 필요가 있다.

---

16) 但願吾子早歸、新婦異日有子有孫、皆如新婦之孝敬。蒼天有知、必不相負。

○권1의 제4화 「금봉채기(金鳳釵記)」

그런데 제가 최낭군님과 인간세상의 인연이 완전히 끝나지 않았기에 특별히 한 해 동안의 말미를 주어 다시 찾아와 인연을 맺어 마치도록 하였던 것입니다.[17]

○권2의 제3화 「등목취유취경원기(滕穆醉遊聚景園記)」

저는 원래 저승의 몸이며 오랫동안 인간세상에 발을 들여놓는 것은 좋은 일이 아닙니다. 다만 당신과 전생의 인연이 있었기 때문에 법률을 어기고 같이 만날 수 있었습니다. 이제 인연이 다했으니 마땅히 이별을 해야 합니다.[18]

○권4의 제5화 「녹의인전(綠衣人傳)」

저는 사실은 이 세상 사람이 아닙니다. 또한 당신에게 해를 입히지도 않습니다. 대개 운명으로 당연히 그러해야 하고, 전생의 인연이 아직 다하지 않았기 때문입니다. 〈중략〉 지금 다행히도 전생의 사랑을 이어 지난 약속을 지킬 수 있었습니다. 이에 3년이 지나 소원이 풀렸습니다.[19]

위 인용문을 검토해 보면, 「금봉채기」에서는 생전의 인연이 끝나지 않았기 때문에 남은 인연을 채우기 위해 유령으로 나타났으나 이제는 인연이 다하였기에 헤어져야 하며, 「등목취유취경원기」의 경우 전생의 인연이 남아있었기 대문에 '법률'을 어기고 다시 만났으나 지

---

17) 妾以世緣未盡、故特給假一年、來與崔郞了此一段因緣爾。
18) 妾本幽陰之質、久踐陽明之世、甚非所宜。特以與君有夙世之緣、故冒犯條律以相從爾。今而緣盡、自當奉辭。
19) 兒實非今世人、亦非有禍於君者。蓋冥數當然、夙緣未盡爾。〈中略〉今幸得續前生之好踐往世之盟。三載于茲、志願足矣。

금은 인연이 다했으니 헤어져야 한다고 되어 있다. 「녹의인전」에서는 주인공에게 나타난 유령은 인간에게 화를 입히는 존재가 아니며 그 이유는 전생의 인연이 다하지 않았기 때문에 우리들이 만나는 것은 '운명'이기 때문이고, 3년간의 못다한 사랑을 채우면 헤어져야 한다고 말하고 있다.

이와 같은 예로부터 알 수 있듯이 유령이 나타나는 원인은 전생에 끊어진 인연을 현생에서 잇기 위함이며, 그 인연이 다하면 헤어져야 하는데 그것은 운명이며 이것이 바로 『전등신화』에 내재된 유령과의 사랑과 이별에 대한 논리이다. 따라서 이때 등장하는 유령들은 공포의 이미지 보다는 친근한 유령이다.[20]

그렇다면 이를 바탕으로 「애경전」의 경우를 검토해 보도록 한다.

> 저는 당신과의 정과 인연이 깊었기 때문에 반드시 당신과 다시 한 번 만나기를 기다려 쌓였던 회포를 풀고자 기다렸더니 이렇게 지체되어 세월이 지났습니다. 지금 이미 당신을 만났으니 내일 곧바로 가서 태어날 것입니다.[21]

위 인용문에서 애경이 조생의 앞에 나타난 이유는 '정과 인연이 깊었기 때문'이며, 조생과 재회하여 회포를 풀고 하룻밤을 같이 보내는

---

20) 권2의 제4화 「모란등기」에서 유령과의 만남이 금기시된 것은 교생(喬生)과 여경(麗卿)의 사랑이 전생에 끊어진 인연을 잇기 위함이 아니라 철관도인(鐵冠道人)이 내린 판결문에서처럼 '탐음(貪婬)'한 짓이었기 때문이다. 이때 여경(麗卿)의 말을 인용해 보면, "등불 앞 달빛 아래에서 오백년 전의 인연을 만나게 되었습니다(燈前月下、逢五百年歡喜冤家)"라 진술하고 있을 뿐이며, 전생에 끊어진 인연을 다시금 잇기 위함이라고는 진술하지 않고 있다.
21) 妾以與君情緣之重、必欲俟君一見、以敍懷抱。故遲之歲月爾。今旣見君矣、明日卽往降生也。

것으로 인해 두 사람의 인연은 끝나게 된다. 따라서 "지금 이미 당신을 만났으니 내일 곧바로 가서 태어날 것입니다"라 말하는 애경의 말은 두 사람의 남녀로서의 인연이 이것으로 끝났음을 의미하는 것이다.

이 부분은 『전등신화』의 작품자체의 논리로 본다면, 남녀로서의 두 사람의 '정과 인연'은 완결되었기 때문에 애경은 더 이상 유령의 몸으로 조생의 앞에 나타날 필요가 없어지게 되며, 여자로 태어나 조생과 사랑을 지속시킬 필요도 없어지게 되는 것이다. 따라서 애경의 전생(轉生)은 어머니의 유언이 지켜지게 됨과 동시에 애경의 영혼이 위로받게 되는 것이며, 남자로서 다시 태어나 송씨가문과 조생이 친족이 되는 것을 계기로 조생과 애경의 관계는 계속 유지될 수 있었던 것이다.[22]

그럼 다음으로 「기생 미야기노」의 해당부분을 살펴 보도록 한다.

너는 꼭 아기를 낳을 것이니라. 나는 손자를 보지도 못하고 죽어버리게 되는구나. 네 아이가 너에게 효도를 다하는 것은 지금 네가 나

---

22) 이 부분에 대하여 조선의 「이생규장전」과 베트남의 「남창여자록」에서는 원작의 전생담을 삭제한 것이 가장 큰 특징이다. 「이생규장전」의 경우 여인이 떠난 후 이생은 여인의 제사를 지내고 추모한다. 원작의 전생담 대신에 제사를 지내는 것은 수난의 인생을 살아간 최씨의 영혼을 위로하여 진혼한다는 의미가 담겨있는 것은 물론이거니와, 제사를 통하여 죽은 이의 명복을 비는 유교적인 사생관이 반영된 것이다. 「남창여자록」의 평어를 살펴보면, 무설의 정절담을 통하여 사실은 무설을 죽음에 이르게 한 장생의 의심많은 성격을 훈계하고 있으며, 작자는 이 이야기가 남성을 위한 교훈담으로 해석해야 할 것을 의도하고 있다. 「남창여자록」과 마찬가지로 「애경전」의 번안에 의한 『전기만록』권1의 제2화 「쾌주의부전(快州義婦傳)」의 평어를 보더라도 예경을 죽음에 이르게 한 중규(仲逵)의 행위를 비판하고 남성으로서의 '수신(修身)'을 강조하고 있는 것을 보면, 『전기만록』의 작자 완서는 처음부터 「애경전」을 남성을 위한 교훈담으로 번안하려 한 의도가 있었던 것으로 보여진다.

를 섬기고 정성을 다한 것과 같이 할 것이니라. 아아 안타깝구나. 하늘이 이 사실을 알고 있다면 나의 말은 틀림없이 이루어질 것이니라. 〈중략〉 하지만 정절과 효행을 행한 덕으로 천제님과 명계의 대왕님께서 저를 새롭게 태어나게 하여 남자로 하셨습니다. 지금 가마쿠라(鎌倉)에 가시면 산을 깎아 만든 도로가에 부유한 집이 있습니다. 다카쿠라(高座) 아무개라는 사람입니다.23)

위 인용문을 살펴보면, 어머니의 유언과 미야기노의 전생담(轉生譚)은 원작을 완전히 충실히 번안한 것을 알 수 있다. 물론 이것은 사카마키의 전계서에서의 견해처럼 원작의 전개에 따라 충실히 '일본화'시켰다는 것으로 결론짓는 것도 일리있는 말이지만, 본절에서는 조금 더 나아가 『오토기보코』 자체에서의 전생의 논리를 살펴보고, 이에 따른 「기생 미야기노」의 독자성에 대해 검토해 보기로 한다.

에이로쿠 11년(1568) 다케다 신겐이 스루가(駿河)로 향하여 군사를 일으켜 성을 공격하고 백성들의 집에는 불을 질러 태워버렸다. 이마카와 우지자네(今川氏真)는 싸움에 패해 도망쳐버렸다. 다케다(武田)의 군사들은 백성들의 집집마다 들이닥쳐 물건들을 약탈하였는데 그 행패는 이루 말할 수 없을 정도였다. 또 미야기노의 모습이 아름다운 것을 보고 군사들이 잡아서 겁탈하려 하자 미야기노는 구석진 곳으로 도망가 있다가 스스로 목을 매 자결하였다.24)

---

23) 和君かならず子をうみ給はん。われは孫をも見ずして死なむ。その子和君に孝行なる事、又今和君の我につかへてこまやかなるがごとくなるべし。あなかしこ。天道ものしる事あらば、此ことばたがふべからず。〈中略〉さりながら貞節孝行の徳により、天帝地府われを変じて男子となし、今鎌倉の切どをしに富祐の家あり。高座の某と名づく。

24) 永禄十一年武田信玄駿州に発向して府の城にとりかけ、民屋に火をはなちて焼たて

「기생 미야기노」에서 '에이로쿠 11년 다케다 신겐이 스루가로 향하여 군사를 일으켜 성을 공격'하였다고 되어 있는 바와 같이 다케다 신겐이 스루가 지방을 공격한 것은 에이로쿠(永禄) 11년(1568)이다. 『고요군칸(甲陽軍鑑)』[25]에 의거해서 본다면, 다케다 신겐이 스루가를 공격한 것은 에이로쿠 11년 12월 6일이며, '다음날 13일에는 슨푸의 성을 불태웠(次日十三日には、駿府の城を焼払)'다고 되어 있다.

따라서 「기생 미야기노」에서 다케다 신겐의 군사들이 쳐들어와 미야기노를 겁탈하려 하자 미야기노는 정절을 지키기 위해 자살한 것은 『고요군칸』에 의거하여 본다면 에이로쿠 11년 12월 13일이거나 그보다 그다지 멀지 않은 시기인 것은 분명하다. 그렇다면 세이로쿠(清六)는 유령이 된 미야기노와 몇년만에 재회한 것일까가 문제가 된다.

부부가 헤어진 후 전란이 일어나자 세이로쿠는 여관과 여관을 전전하며 이곳 저곳을 떠돌아다니는 동안에 1년여의 시간이 지난다. 그후로 반년 후 어머니가 죽게 되어 49일재를 지내는데, 일단 여기까지는 시간의 경과가 확실하다. 그러나, '얼마 지나지 않아 슨푸지방은 다케다의 손에 들어가 조용해지고, 길도 열려 쉽게 다닐 수 있게 되었고, 동해도의 여러 장군들도 화친(いくほどなく駿府は武田の手にいりてしづかになり、道ひらけて通路たやすく、海道の諸大名も和ぼく)'을 도모하는 등 그 후로는 어느정도의 시간이 경과하였는지 확

ければ、今川氏真は落うせらる。武田方の軍兵家／＼にみだれ入て、乱妨分捕して狼藉いふはかりなし。宮木野が眉目かたちうつくしかりければ、軍兵ども捕ものにして犯し汚さんとす。宮木野おくふかくにげこもり、みづから縊れて死侍べり。

25) 가이(甲斐)지방의 다이묘(大名)인 다케다(武田)씨의 전쟁기록이다. 본서는 전략, 전술을 기록한 군학서(軍學書)로 료이가 다케다(武田) 가문에 관한 역사적 사실에 대해 언급할 때 본서를 참조하였다는 것은 이치코 나쓰오(市古夏生, 1983)에 의해 밝혀진 바 있다.

실히 명기되어 있지 않다.

즉, '얼마 지나지 않아'가 어느정도의 시간의 경과를 나타내는 지 알 수 없기 때문에 '동해도의 여러 장군들도 화친'한 것이 구체적으로 무엇을 지칭하는지 확실히 알 수는 없다. 그러나 필자의 견해로는 아마도 료이는 젠키(元亀) 2년(1571) 12월에 다케다 신겐과 호조 우지마사(北条氏政) 사이에 이루어진 고소동맹(甲相同盟)을 염두에 두고 본 이야기를 구성하지 않았는가 생각된다. 그렇다면 미야기노가 죽은 지 꼭 3년만에 세이로쿠와 재회하게 된 것이며, 따라서 미야기노가 전생(轉生)하게 되는 것도 죽은지 3년만이 된다.

또한『오토기보코』권7의 제4화「중유의 영혼이 나타나 사랑을 나누다(中有魂形化契)」에서는 죽은이에게 있어 3년이라는 시간이 지니는 의미에 대하여 다음과 같이 서술하고 있다.

> 저는 이오 신시치(飯尾新七)의 딸입니다. 나이 열일곱에 병에 걸려 죽어 내일이면 이미 꼭 3년이 되는 날입니다. 죽어서 중유(中有)에 머무는 일은 3년을 한도로 하고 있습니다. 3년이 지나면 그 업보에 의해 어디로 가든지 생을 이어받아 그곳으로 갑니다.[26]

위 인용문에서 '중유(中有)'의 의미에 대하여 당시의 국어사전인『쇼겐지코 세쓰요슈(書言字考節用集)』를 찾아보면, '저승의 중간을 말한다(冥途ノ中間ヲ曰フ)'라 되어 있다. 그리고「중유의 영혼이 나타나 사랑을 나누다」에서는 '중유'에 있는 기간, 즉 이승에 있는 것도

---

26) みづからは飯尾新七がむすめ也。年十七にして病によりてむなしくなり、明日はすでに第三年にあたれり。死して中有にとゞまる事、三年をかぎりとす。三年過ぬれば、その業因にまかせて、いづかたになりとも生を引ておもむく。

아니며 그렇다고 저승에 도달하지도 않은 채 이승과 저승의 중간에 있는 유령으로서 존재할 수 있는 기간에 대해 3년을 한도로 하고 있으며, 3년이 지나면 그 '업인(業因)'에 의해 어디로 가든지 다시 태어난다는 것이다.

미야기노가 '정절효행(貞節孝行)'의 '업인'에 의해 가마쿠라의 부유한 집에 가서 다시 태어나고, 그 기간을 역사적 사실에 비추어 계산해 보면 꼭 3년이었다. 이것은 원작을 충실히 번안하였기 때문인 것도 있겠지만, 「중유의 영혼이 나타나 사랑을 나누다」에서 제시된 바와 같이 『오토기보코』 자체의 전생(轉生)의 논리, 나아가 사생관이 반영되었기 때문이라 보는 것도 타당할 것이다.

6. 정절의 의미 및 주제의 전환

'정절'이란 아내가 남편에 대하여 지조와 절개를 지키는 것을 말하는데, 「애경전」에서 애경이 지킨 정절은 이야기 속에서 어떠한 의미를 지니며 료이는 이것을 어떤 식으로 해석하여 번안하였는가에 대하여 검토해 보기로 한다. 다음 인용문은 유령이 되어 나타난 애경이 조생에게 지금까지의 사정에 대하여 서술한 말 중에서 마지막의 결론에 해당하는 부분이다.

어찌 목숨을 아끼는 것이 좋은 줄 몰랐으며 욕됨을 참는 것이 오래 살며 좋은 일인 줄 몰랐겠습니까. 그러나 옥이 부서지듯 마음을 달게

먹고 구슬이 잠기듯이 죽기로 결심했습니다. 마치 나방이 등불로 날아드는 것과도 같고 어린 아이가 우물로 들어가는 것처럼 제가 선택한 일이고 남들이 용납하지 않아서 억지로 한 것이 아닙니다. <u>대개 남의 아내가 되어 남편을 배신하고 가정을 버리며, 남의 신하가 되어 녹봉을 받아 먹으면서 임금을 잊고 나라를 배반하는 자를 부끄럽게 하기 위함이었습니다.</u>[27]

위 인용문에서 밑줄을 친 부분을 살펴보면, 애경은 자신이 죽음으로 정절을 지켜냈던 과정을 호소하고 있으나 이것은 작자인 구우의 표면적인 의도라 보여지며, 심부(深部)에서 포착할 수 있는 의도는 주군에 대한 신하의 불충(不忠)을 비판하는 것이다. 『전등신화』는 사회나 정치에 대하여 강한 비판적 태도가 담겨있는 작품이란 것은 잘 알려져 있는 사실이다. 구우는 결국 「애경전」에서 '남편에 대한 정절'의 이야기를 통하여 '주군에 대한 충절'의 논리를 제시하고 있으며, 이 이야기가 신하의 불충을 훈계하는 이야기로 읽혀지기를 의도하였던 것이다.

남편에 대한 정절이라는 부부관계의 이야기에서 주군에 대한 충절이라는 군신관계의 이야기로 주제를 전환한 「애경전」의 의도는 「이생규장전」과 「남창여자록」에서는 전혀 반영되어 있지 않았다. 심지어 『전등신화』를 가장 충실히 번안하고 또한 사회비판적인 시선이 강하게 나타나 있는 『오토기보코』마저도 「기생미야기노」에서 신하의 불충을 훈계하는 내용은 삭제하여 번안하지 않았다.

---

27) 豈不知偷生之可安、忍辱之耐久。而乃甘心玉碎、決意珠沈。若飛蛾之撲燈、似赤子之入井。乃己之自取。非人之不容。蓋所以愧夫爲人妻妾而背主棄家、受人爵祿而忘君負國者也。

이것이 의미하는 바는 결국 료이는 「애경전」의 결말부분에 대하여 '주제의 전환'이라기 보다 '주제의 분열'이라 판단하였던 것으로 보여지며, 따라서 마지막까지 슬프고 비극적인 정절의 이야기로만 일관하여 번안하고자 하였던 의도가 있었다고 할 수 있다.

7. 맺음말

본 절에서는 「기생 미야기노」와 「애경전」과의 비교를 통하여 현실인식과 그 해석의 차이, 정절관의 이동(異同), 전생(轉生)과 사생관의 문제, 작품에 나타난 주제를 중심으로 고찰하였다.

먼저 작품에 나타난 현실인식에 대하여 각 작품 모두 비극적인 현실로 인식하고 있다는 점, 또한 그 원인을 인간의 힘으로는 극복할 수 없는 초자연적인 존재에 의한 것이라 생각하고 있다는 점에서 그 발상의 근본은 같다고 할 수 있다. 그러나 「기생 미야기노」의 경우 이 세계의 횡포의 원인에 대한 통찰까지 제시하고 있는 점이 차이점이라 할 수 있다. 그것은 바로 '전생의 업보'라 생각하고 있다는 점이며, 이것은 불교적인 사상에 바탕을 둔 현실인식과 이해가 담겨져 있다고 볼 수 있다.

미야기노의 기생으로서의 인물상의 경우, 종래에는 단순히 「애경전」을 그대로 '일본화'시킨 것으로만 생각되어 왔다. 이에 중국과 일본에서의 기생 및 정절관을 비교하여 본 결과, 중국에서는 명청시대에 이르러 정절에 대한 인식의 변화와 범위의 확대가 있었다. 그러나

에도시대는 기생이라는 직업이 천한 존재가 아니며 일반인과 전혀 다를바 없고, 중요한 것은 결혼한 후의 정절이라는 인식의 차이가 있었다는 것을 알 수 있었다. 따라서 료이가 원작의 내용에 공감하여 충실히 번안한 것은 에도시대 나름대로의 기생에 대한 인식과 정절관이 반영되어 있었기 때문이다.

원작에서의 전생은 비극적인 인생을 살아간 애경에 대한 구원의 역할을 하고 있으며, 어머니가 유언을 남긴 시점에서 애경의 전생은 이미 예정되어 있었다. 또한 여자가 아닌 남자로 다시 태어난 것은 조생과 남녀로서의 인연이 완결되었기 때문이다. 여기에서 애경이 3년만에 조생과 재회한다는 원작의 설정을 료이가 충실히 번안할 수 있었던 배경으로는 『오토기보코』 자체에 죽은 이가 3년만에 되살아난다는 전생의 논리가 존재해 있기 때문이었다.

또한, 원작의 경우 '남편에 대한 정절'을 통하여 '주군에 대한 충절'의 논리를 제시하고 있다. 그러나 료이는 이에 대하여 주제가 분열된 이야기라 생각하였다고 보여진다. 따라서 「기생 미야기노」에서 끝까지 슬프고 비극적인 정절의 이야기로서만 일관하여 번안하였던 것이다.

「유령이 편지를 부모에게 전하다」의
성격과 주제

1. 머리말

『오토기보코』권12의 제2화 「유령이 편지를 부모에게 전하다」는 『전등신화』권3의 제5화 「취취전(翠翠傳)」의 충실한 번안작이다. 본 이야기의 문학성에 관하여는 이미 사카마키 고타(坂巻甲太, 1990)가 "원작인 「취취전」의 플롯을 거의 충실히 번안하면서 번안으로서는 훌륭하게 일본화가 되어 있다. 우리 나라에서 일어난 이야기로 전혀 의심을 품을 만한 여지가 없다(原話「翠翠傳」のプロットにほぼ忠実に従いながら、翻案としてみごとなまでに日本化がはかられていた。わが国にあった話としていささかも疑念を生ずる余地がない)"라 하여 일본에서 일어난 이야기로 훌륭히 번안되었다는 점을 높게 평가하고 있는 것이 거의 유일한 연구이다.

그러나 제1절부터 고찰한 바와 마찬가지로, 본 이야기도 『오토기

보코』를 대표하는 뛰어난 문학성을 지닌 작품으로 평가받고 있음에
도 불구하고, 사카마키의 지적 이래로 거의 연구가 진행되지 않았던
것은 본 이야기 자체가 「취취전」을 너무나도 충실히 번안하였기 때
문에 그의 지적을 넘어 새로운 특질을 찾아내는 것이 어려웠기 때문
일 것이다.

이에, 본 절에서는 같은 「취취전」의 번안작인 『금오신화』 제2화 「이
생규장전(李生窺墻傳)」의 전반부, 『전기만록』 권3의 제4화 「취소전
(翠綃傳)」과 권4의 제3화 「여랑전(麗娘傳)」과의 비교도 염두에 두면
서, 「유령이 편지를 부모에게 전하다」에 대하여 '효'와 관련된 료이의
창작의도를 중심으로 비교검토해 보고자 한다.

2. 「유령이 편지를 부모에게 전하다」의 번안양상

『전등신화』「취취전」	『오토기보코』 「유령이 편지를 부모에게 전하다」
김정(金定)과 취취(翠翠)는 같은 학교에 다니면서 자연스럽게 친해진다.	가즈마(数馬)와 다쓰코(龍子)는 어릴 적부터 같이 놀던 중에 자연스럽게 친해진다.
부모가 취취를 결혼시키려 하자 취취는 김정과 결혼하고 싶다며 부모를 설득시킨다.	부모가 다쓰코를 결혼시키려 하자 다쓰코는 가즈마와 결혼하고 싶다며 부모를 설득시킨다.
김정의 부모는 빈부의 차이를 이유로 결혼을 반대한다. 그러나 결혼의 비용을 취취쪽이 부담하는 조건으로 두 사람은 결혼한다.	가즈마의 부모는 빈부의 차이를 이유로 결혼을 반대한다. 그러나 결혼의 비용을 다쓰코쪽이 부담하는 조건으로 두 사람은 결혼한다.

장사성(張士誠)의 난(1353~1367)이 일어난다.	오다 노부나가(織田信長)가 고슈(江洲)지방을 공격(1571)한다.
취취는 이장군(李將軍)의 첩이 된다.	다쓰코는 사쿠마 노부모리(佐久間信盛)의 첩이 된다.
고생끝에 김정은 취취를 찾아내며, 취취의 오빠라 속여 적장의 서기를 담당한다.	고생끝에 가즈마는 다쓰코를 찾아내며, 다쓰코의 오빠라 속여 적장의 서기를 담당한다.
김정과 취취가 죽는다.	가즈마와 다쓰코가 죽는다.
두 사람은 같은 곳에 묻힌다. 우연히 그곳을 지나가던 옛 하인이 유령이 된 두 사람을 만나고 취취는 편지를 부모에게 전한다.	두 사람은 같은 곳에 묻힌다. 우연히 그곳을 지나가던 옛 하인이 유령이 된 두 사람을 만나고 다쓰코는 편지를 부모에게 전한다.
부모는 유령이 된 딸과 재회한다.	부모는 유령이 된 딸과 재회한다.
그 묘는 지금도 '김정과 취취의 묘'라 불리고 있다.	부모는 고향으로 돌아온 후 울적한 마음이 원인이 되어 세상을 떠난다.

이상으로 원작과의 줄거리를 간단히 비교하여 보았다. 그렇다면 앞으로의 논의를 위해 필요한 과제로서 먼저 원작인 「취취전」은 어떠한 성격을 지니는 작품인가에 대하여 규명하여야 할 것이다.

원작에서 문제가 되는 것은 먼저 취취가 정절을 잃었어도 사랑을 이루기 위하여 남편과의 재회를 기다리며, 김정은 취취가 정절을 잃어버렸다는 점을 이미 알고 있음에도 불구하고 이에 관하여는 문제삼지 않고 취취와 사랑을 이루기 위해 적장의 서기를 맡으면서 갖은 고초를 감수한다는 점이다.

이 문제와 관련지어 제3절에서 인용한 고야마 큐(合山究, 2006)의 논고에서 검토한 바와 같이, 명청시대에는 '절렬개념의 변용과 확산'으로 인해 육체적인 정절 뿐만 아니라 정신적인 정절도 중요시되는 정절관이 나타났다. 따라서 고야마가 지적한 관점으로부터 「취취전」을 바라본다면, 취취의 육체적인 실절(失節)은 작품 속에서 그다지 중요하지 않으며, 두 사람에게 있어 중요하였던 것은 취취의 마음의 정절이었던 것이다.

「취취전」은 가정에서의 시련, 전란이라는 사회적인 시련, 죽음이라는 운명에 의한 시련과 같이 시련의 양상은 점점 커지더라도 그 시련을 넘어 영원한 사랑을 성취하는 이야기이다. 두 사람에게 있어 사랑의 성취와 지속만이 가장 중요한 목적이었기 때문에 사랑은 육체적인 정절을 잃어서라도 성취해야 하는 가장 중요한 가치였던 것이다.

이처럼 「취취전」의 연애담이 아름답게 빛나는 것은 가정·사회·운명에 의한 여러 시련과 불행을 극복하였기 때문이다.[1] 김정과 취취의 묘를 찾은 아버지가 취취를 만나 나눈 대화의 일부분을 인용하여 보면,

> 너는 이미 죽었으니 너의 유골이라도 거두어 선영 아래에 장사하려 한다. 여기까지 온 것이 헛걸음이 되지 않겠구나. 〈중략〉 하지만

---

1) 구우는 이처럼 「취취전」을 연애담으로 일관시키는 것을 통하여 무엇을 제시하려 하였던 것일까. 여기에서 제1절에서 인용하였던 『전등신화』의 서문을 다시금 확인하여 보면, 구우 자신은 『전등신화』를 창작한 목적에 대하여 '억눌린 자를 가엽게 여기'는 것이라 하고 있다. 따라서 「취취전」은 전란으로 인해 '억눌린 자'의 슬픈 이야기를 통하여 독자로 하여금 이를 '가엽게 여기'도록 하는 것이었다고 생각된다. 한편, 구우가 이와 같은 목적을 달성하기 위해서는 이 이야기가 지어낸 이야기가 아니라 정말로 있었던 이야기라는 것을 전할 필요가 있으며, 그러기 위해 효과적으로 사용된 것이 명대(明代)에 들어서도 생생한 기억으로 남아있던 장사성(張士誠)의 난이었다. 김정과 취취의 이야기에 대하여 독자가 가여워하는 감정을 일으키며, 이를 통해 감동할 수 있게 되는 밑바탕에 있는 것은 이 이야기가 확실한 역사적 사실을 배경으로 하여 독자들이 정말로 있었던 이야기라 믿을 수 있었기 때문이다.

땅의 도리는 고요한 것을 숭상하고 신의 이치는 편안한 것을 좋아합니다. 〈중략〉 더욱이 이곳은 산수가 수려하고 초목이 무성하여 이미 편안히 쉬고 있습니다. 묘를 옮기는 것은 저의 소원이 아닙니다.[2]

아버지는 취취의 유골을 거두어 선조의 무덤에 장사지내고 싶다고 하자 취취는 이곳에 계속 남고 싶다는 뜻을 전한다. 하지만 취취는 과연 위 인용문과 같은 이유로 이곳에 남고자 하는 것일까? 취취의 유골이 옮겨져 버린다는 것은 김정의 유골과 헤어짐을 의미하기 때문에, 사실은 김정과 계속 이곳에 남고 싶은 것이 진정한 이유라 생각된다. 결국 취취는 죽은 후에도 김정과 영원히 계속 사랑을 나누고 싶다고 주장하고 있었던 것이다.

그렇다면 다음 단계로는 「이생규장전」「취소전」「여랑전」의 번안 양상을 살펴보고 이와의 비교를 통하여 료이가 문제로 삼은 부분에 대한 특질에 대하여 고찰해 보기로 한다.

3. 『금오신화』「이생규장전」 - '사랑의 성취'와 '정절'의 대립

김시습이 「취취전」을 번안함에 있어 문제로 삼은 것은 취취가 적장의 첩이 되어 정절을 잃어버렸다는 점으로 생각된다. 전란 때 죽음으로써 정절을 계속 지킬 것인가 아니면 정절을 잃어버려도 좋으니 사랑을 계속 추구할 것인가? 여기에서 「이생규장전」이 내린 선택은

---

2) 今汝已矣。將取汝骨、遷於先壟、亦不虛行一遭也。〈中略〉然而地道尙靜、神理宜安。〈中略〉況溪山秀麗、卉木榮華、旣已安焉、非所願也。

홍건적(紅巾賊)의 난이 일어나자 최씨는 마지막까지 정절을 지키며 결국에는 적병에게 죽임을 당하는 것이었다.[3]

다음으로 두 사람의 만남의 과정을 원작과 비교하여 보기로 한다. 김정과 취취는 '같은 곳에서 배우는(同學)' 것을 계기로 만난다. 친구들이 같은 나이라면 결혼해야 한다며 놀리자 두 사람도 남몰래 후에 결혼하리라 마음을 먹고 있었다. 이 부분에 대한 구상은 취취가 "평생에 언제나 축영대를 원망하였네(平生每恨祝英臺)"라 노래한 한시로부터 알 수 있듯이 양산백(梁山伯)과 축영대(祝英臺)의 이야기를 바탕으로 한 것이다. 그런데 이 부분은 「이생규장전」의 경우 최씨가 살고 있는 누각에 이생이 부모님의 눈을 피하여 찾아가며 한시를 서로 읊으면서 며칠이고 사랑을 나누고, 불안해하는 이생을 최씨가 안심시키는 등 초반부의 사건전개의 양상은 『전등신화』 권1의 제5화 「연방루기(聯芳樓記)」에 의한 것은 분명하다.

즉, 「이생규장전」의 서두부분은 원작에서의 양산백과 축영대의 이야기 대신에 「연방루기」를 바탕으로 이야기가 진행되는 것으로 전환되어 있으며, 이를 통하여 「취취전」 보다 사랑에 대한 두 사람의 태도는 보다 주체적이며 적극적으로 그려지고 있다. 따라서, 이야기 속에서 나타나 있는 사랑은 원작보다 극적인 긴장감 속에서 달성된다는 것을 알 수 있다.

다음으로 「취취전」에서는 취취의 부모가 결혼시키려 하자 취취는 울면서 식음을 전폐하고 결국 김정과 결혼하고 싶다며 부모를 설득

---

3) 박태상(1996)은 「이생규장전」의 장소가 선죽교로 설정되어 있는 것은 고려시대의 충신인 정몽주의 충절을 연상시킨다고 하여, 「이생규장전」은 처음부터 정절을 주제로 이야기가 전개될 것이라는 것을 암시하고 있음을 지적하였다.

한다. 이 부분은 「이생규장전」에서는 이생이 학문을 소홀히 하는 것을 이유로 지방으로 유배를 가게 되며, 이생이 놀러오지 않는 것을 이상히 생각한 최씨는 이생이 유배를 갔다는 이야기를 듣자 식음을 전폐하다 병에 걸리고, 결국 최씨는 이생과 결혼하고 싶다며 부모를 설득하는 내용으로 되어 있다. 이와 같이 「이생규장전」은 「취취전」에 비해 가정에서 일어나는 시련의 양상이 보다 강하고 복잡한 형태를 띠고 있다.

그런데 여기에서 주목해야 할 점은 「이생규장전」에 나타난 두 사람의 사랑이 원작보다 극적이면 극적일 수록, 그리고 절실하면 절실할수록 그 사랑에 대한 가치는 원작보다 높아지게 마련이다. 또한, 사랑의 가치가 높아지면 높아질수록 그토록 소중했던 사랑을 버리고 지켜낸 신념, 즉 '정절'에 대한 가치는 더욱더 높아지는 효과를 올리고 있는 것이다.

따라서, 「이생규장전」에서 나타난 가정에서의 시련은 원작보다 강조되어 있는 것 뿐만 아니라 이야기속에서 담당하고 있는 역할과 의미도 다르다. 원작의 경우 '만남→가정에서의 시련→극복→사회적인 시련→극복→죽음이라는 시련→영원한 사랑의 성취를 통한 극복'이라는 순환구조로 이야기가 진행되며, 가정에서의 시련은 사랑을 보다 높은 고차원적인 것으로 하기 위한 하나의 과정으로 그려지고 있다. 그러나, 「이생규장전」의 시련의 양상은 사랑에 대하여 원작보다 높은 차원의 것으로 그리는 역할을 하고 있으나 주인공은 그토록 소중한 사랑을 버리고 정절을 선택하는 것으로 인해 결국에는 '정절'이 무엇보다 소중한 것으로 만드는 역할을 하고 있다.

4.『전기만록』「취소전」과「여랑전」- 정절과 가문의 존속 -

「취소전」과「여랑전」의 두 이야기는 원작에서의 여성의 정절을 문제로 삼은 후, 남성을 훈계하기 위한 교훈담으로 읽혀지고자 한 의도가 보여진다.

먼저,「취소전」의 경우를 살펴보면, 제목으로부터도 알 수 있듯이『전등신화』의「취취전」을 연상시키는 것은 두말할 필요도 없다. 이 이야기의 첫 부분에서 취소(翠綃)가 기생으로 설정되어 있는 것은 원작과는 다르나 여윤지(余潤之)가 당시의 대신(大臣)인 신주국(申柱國)에게 취소를 빼앗기며, 결국에는 신주국의 집에서 체류하면서 재회할 기회를 엿보는 것은 원작과 거의 같은 내용이다. 그러나 결말부분의 경우 원작에서는 두 사람이 죽는 비극적인 이야기로 되어 있는데 비해「취소전」의 두 사람은 탈출하고, 여윤지는 과거에 급제하여 해로한다는 내용으로 되어 있어 원작과는 정반대의 이야기로 개변되어 있다. 즉, 원작에서 살아있는 동안에는 사랑을 성취하지 못하다가 죽은 후에야 겨우 영원한 사랑을 성취한다는 설정을「취소전」에서는 두 사람이 현실세계에서 해로한다는 해피엔드의 이야기로 바꾼 것이다.

그런데 여기에서 문제가 되는 것은, 취소는 신주국의 첩이 되어 정절을 잃었음에도 불구하고 취소는 여윤지와의 재회를 희망하고 있으며, 여윤지도 취소가 신주국에게 몸을 잃어버린 것에 관하여는 아무런 문제를 삼고 있지 않다는 것이다. 이것은 원작에 나타난 김정과 취취의 정절에 대한 태도와 같은 것이라 볼 수 있겠는데, 그렇다면「취소전」이 이 부분의 구상에서 원작을 충실히 번안할 수 있었던 것은 어떠한 이유인가가 중요한 포인트가 되는 부분이라 할 수 있다.

취소가 만일 남편인 여윤지 외에는 잠자리를 한 적이 없다면, 적장에 의해 몸을 잃게 된 것에 대하여 정절이 문제가 될 수 있을 것이다. 그러나 「취소전」의 경우 원작과는 달리 취소는 서두부분에서 기생으로 설정되어 있으며, 그렇기 때문에 원작과 마찬가지로 취소의 정절에 대하여 여윤지는 이를 문제삼지 않는 내용으로의 이야기전개가 가능해 진 것이다.

다음으로 「취취전」의 또다른 번안작 「여랑전(麗娘傳)」의 경우를 보면, 여랑은 「취소전」과는 달리 기생이 아닌 일반 여성으로 설정되어 있다. 여랑은 명나라의 침략에 의해 적장의 첩이 되는데, 명나라의 장군이 여랑을 북쪽으로 데려가려 하자 스스로 목숨을 끊어 버린다. 이 이야기에서 여랑이 적장의 첩이 되었다고 해서 그녀가 정절을 잃었다고는 할 수 없다. 그 이유는 여랑이 죽은 후 명나라 장수가 "장군이 그녀의 정조를 불쌍히 여겨(將軍憫其有操)"라 하여 여랑의 정조를 불쌍히 여겨 한탄하는 장면이 나오며, 또한 "순정하고 강한 절개를 지킨 이는 오로지 이 세사람 뿐이다. 나머지는 모두 몸을 더럽혔다(貞純剛烈、只此數人、其餘不勝汚辱矣)"라 하여 끝까지 정절을 지킨 여랑을 칭찬하였기 때문이다. 즉, 기생이었던 취소와는 달리 여랑은 처음부터 일반여성으로 설정되었기 때문에 전란이 일어나자 마지막까지 정절을 지키며, 결국에는 스스로 자살을 결심하게 되는 것이다.

또 다른 문제점으로 후사(後嗣)의 문제를 언급해 보고자 한다. 제1절에서 상세히 언급한 바와 같이 『전기만록』의 평어에는 작자인 완서(阮嶼)가 이야기 속에 직접 개입하여 자신의 의도를 전달하고 있다. 그 내용은 주로 남성의 관점에 서서 이야기의 내용에 대하여 평판하는 것이 많으며, 한편으로는 원작인 『전등신화』에 대한 비판적인 관점으로도 해석할 수 있어 상당히 흥미로운 부분이다.

예를 들면, 「취소전」의 평어의 일부분을 인용해 보면 다음과 같다.

아아. ①보통 임금이라면 불충한 사람을 신하로 삼은 것을 수치스럽게 생각한다. 보통 선비라면 부정한 여인을 아내로 삼은 것을 수치스럽게 생각한다. 취소는 원래 기생 출신으로서 본래 덕을 지닌 여인이 아니다. 여윤지는 과연 무슨 이유로 그녀를 사랑하기를 이와 같이 했던 것인가. 〈중략〉 ②생각해 보건대 여생은 거취를 경솔히 하여 욕됨을 참아 적에게 의지하였다. 호랑이의 머리를 만지고 수염을 꼬았으니 거의 호랑이에게 잡아먹힐 뻔하였다. 여윤지와 같은 이는 정말로 어리석다 할 만하다.[4]

위 인용문을 보면, ①은 여윤지와 같은 사대부가 기생과 결혼한 것에 대하여 임금이 불충(不忠)한 이를 신하로 삼은 것에 비유하여 비판하고 있다. 다음으로 ②에서 비판하고 있는 것은 여윤지가 그 '거취(去就)'를 경솔히 하여 신주국에게 '의지'함으로 인해 죽임을 당할 뻔한 것이다. 그렇다면, 어째서 ②와 같은 행위가 비판을 받아야 하는 것인가가 문제가 되는데, 이것은 「여랑전」의 평어와 함께 읽었을 때 원작인 「취취전」에 대한 완서의 태도를 확실히 엿볼 수 있다. 「여

---

4) 嗚呼。不忠之人、中君羞以爲臣。不正之女、中士羞以爲婦。翠綃出自倡流、本非令德。潤之果何所取而戀戀若是。〈中略〉顧乃輕於去就、忍辱投人。編虎頭、摩虎鬚。幾不免於虎口。若潤之者、誠可謂愚矣。

랑전」의 평어는 다음과 같다.

아아. 약속이 의에 가까우면 그 말을 실천해야 한다. 그런데 의에
합당하지 않다면 어찌 그 말을 실천해야 할 것인가. ①그 이생이라는
이는 은정(恩情) 때문에 예전의 맹세를 굳게 지켰다. 환난을 당하고
떠돌아다니는 중에도 신의와 약속을 잊지 않았으니 그 정은 슬퍼할
만 하지만 의에 있어서는 올바르지 않다. 왜 그런 것일까? ②정에 이
끌려 여랑을 찾고자 하는 것은 옳은 일이다. 그러나 죽음을 무릅쓰며
여랑을 찾으려 한 것은 옳지 못한 것이다. ③하물며 재혼을 하지 않
고 조상으로부터의 후사를 끊은 일이야 말로 이것이 올바른 일이겠
는가? 이로 인해 군자는 권도(權道)를 행하며 반드시 하나만을 고집
하지 않는다. ④"얻은 것은 적고 잃은 것은 크다"란 것은 이생을 두고
한 말이다.[5]

완서는 ①에서 이불생이 여랑과의 옛 맹세를 잊어버리지 않고 여
랑과 재회를 하기 위해 '환난을 당하고 떠돌아 다녔(患難流離)'던 것
은 '은정(恩情)'에 의한 것이며 이는 실로 슬퍼할 만한 것이긴 하지만
'의(義)'에는 합당하지 않다고 평가하고 있다. 그 이유는 ②에서 말한
바와 같이 이불생의 행위는 죽음을 각오한 행위이기 때문이다. 그렇
다면 죽음을 각오하고 여랑과 재회하려 한 이불생의 행위에 대하여
완서는 어째서 의롭지 못하다 비난하고 있는 것일까. 그 이유는 「여

---

5) 嗚呼。信近於義、言可復也。義或未安、何其言之復。彼李生者、以恩情之
故、堅守前盟。患難流離、不忘信約、其情可哀、於義則未安也。何則。
感情而求之則可、冒死以求之則不可。冒死以求之猶不可、況不娶而絶先
人之嗣其可乎。是故君子有權焉、未嘗執一也。「所存者小、所失者大。」
其李生之謂歟。

랑전」의 본문에서 '여랑의 이와 같은 정에 감동하여 아직 다른 곳에 장가가지 않았다(感娘此情、未忍他娶)'라 하여 다른 여인에게 장가 가지 않고 결국 후사를 남기지 않았기 때문이며, 이것은 바로 ③에서 제기한 문제에 해당되기 때문이다.

후사를 남기지 않는 다는 것은 『맹자(孟子)』에서 "불효에는 세가 지가 있다. 후사를 남기지 않는 것은 가장 큰 불효이다(不孝有三。 無後爲大)"라는 말에서도 잘 알려져 있듯이 불효 중에서도 가장 큰 불효이다. '조상으로부터의 후사를 끊은' 행위에 관하여 완서가 ④에 서 '얻은 것은 적고 잃은 것은 크다'며 비난한 것은 영원한 사랑을 손 에 넣은 대신에 부모에게 불효를 저지른 원작의 김정과 취취에 대한 비판이라 할 수 있다.

5. 「유령이 편지를 부모에게 전하다」의 주제와 성격

지금까지 조선과 베트남의 각 번안작이 원작인 「취취전」에 대해 제기한 문제점 및 번안의 양상에 대하여 검토해 왔다. 「유령이 편지 를 부모에게 전하다」의 경우를 살펴보면 다쓰코에게 있어 정절보다 는 사랑의 성취가 무엇보다 중요한 문제가 되고 있으며, 가즈마도 다 쓰코가 정절을 잃었다는 것을 알고 있으면서도 그것을 배신이라 생 각하지 않고 다쓰코를 찾기 위해 온갖 고생을 다하며 적장의 서기를 지내다 결국에는 두 사람이 죽어 한데 묻히는 것으로 영원한 사랑을 성취한다. 즉, 원작의 김정이 가즈마로, 취취가 다쓰코로 바뀐 것 뿐이며, 세부에 이르기까지 원작을 충실히 번안하였기 때문에, 사카마키의 전게서의 지적처럼 훌륭하게 '일본화(日本化)'가 이루어진 이야기로 변모해 있다고 볼 수 있다.

그렇다면, 필자가 여기에서 주목하고자 하는 문제는, 과연 「유령이 편지를 부모에게 전하다」는 원작의 줄거리를 따라 충실히 번안하기만 한 것일까, 아니면 작자인 료이가 나름대로의 시각에 서서 원작에 대하여 어떠한 문제를 제기하였으며, 이를 통하여 새로운 이야기로서 재창조하였는가이다.

그럼, 해결의 첫번째 단계로 『전등신화』와 『오토기보코』의 각 이야기의 제목에 관하여 검토해 보기로 한다. 예를들면, 「위당기우기(渭塘奇遇記)」는 꿈속에서 서로 만나 사랑을 나눈 것이 현실세계에서 확인된다는 내용이며, 『오토기보코』에서는 「꿈속에서의 사랑(夢のちぎり)」으로 제목이 되어 있다. 다음으로, 유령이 되어 전생에 못다한 사랑을 나눈다는 내용의 「녹의인전(綠衣人傳)」은 「다시 태어나 사랑을 나누다(易生契)」로, 요괴를 퇴치한 이야기 「영주야묘기(永州野廟記)」는 「사악한 귀신을 꾸짖어 죽이다(邪神を責殺)」로, 지옥을 체험한 이야기 「영호생명몽록(令狐生冥夢錄)」은 「지옥을 보고 다시 살아나다(地獄を見て蘇)」로 바뀌어 있다.

즉, 『전등신화』의 경우 제목을 짓는데 있어 '영호생(令狐生)'이나 '녹의인(綠衣人)'처럼 인물에 초점을 맞춘 것도 있고, '영주(永州)'와 같이 장소에 주목한 것도 있는 점 등 여러가지 요소가 고려되어 있다. 그에 비해 『오토기보코』에 나타난 각 이야기의 제목을 살펴보면, 료이는 작품의 전체적인 내용을 가장 효과적으로 나타낼 수 있도록 제목을 지으려 하였다는 방침이 있었다는 것을 엿볼 수 있다.

그렇다면, 료이는 「취취전」을 번안할 때 「유령이 편지를 부모에게 전하다」로 제목을 지은 것은 「취취전」의 어떤 점에 주목한 것일까.

「유령이 편지를 부모에게 전하다」의 경우 다쓰코라는 여주인공의 연애, 시련의 극복, 죽음에 이르기까지의 과정 등 다쓰코를 중심으로 한 그녀의 비극적인 인생 및 사랑의 성취에는 관심이 없다. 따라서 원작에서는 '취취'라는 여주인공을 제목으로 하여 전면에 내세우고 있는데 비해 료이는 제목에서 여주인공의 이름을 삭제하였다. 그리고 이야기의 후반부, 즉 전란으로 인해 죽은이가 유령이 되어서도 부모에게 편지를 통하여 소식을 전하려 했다는 점에 주목하였으며, 이것이 본 이야기에서 가장 중요한 것이라 판단하였기 때문에 「유령이 편지를 부모에게 전하다」로 제목을 지었던 것으로 보여진다.

> 고향에 계시는 가즈마님의 부모님은 이미 예전에 돌아가시고 그 후에는 아저씨되시는 곤시치님이 이으셨습니다. 다쓰코님의 부모님은 별일 없으시며, 오로지 다쓰코님의 행방을 알기 원하셔서 아침저녁으로 우시고 몸도 약해지시면서 천지신명께 빌고 계신데 왜 빨리 돌아가시지 않는 것입니까?[6]

위 인용문은 예전에 다쓰코의 집에 하인으로 있었던 이가 덴노지절(天王寺)의 주변을 지나가다 우연히 다쓰코 부부를 만나자 이야기

---

6) 故郷には、数馬殿の御父母は、とくむなしくならせ給ひ、その跡は舅にておはする権七殿こそつがせ給へ。龍子公の二人の御親はつゝがなくて、只御人のゆくゑをきかまほしく、朝夕はなきしほれて、神ほとけにいのり給ふに、などやとく／＼かへりたまはぬ。

한 말로서, 「취취전」에는 없으며 료이가 새롭게 추가한 것이다. 여기에서는 전란이 끝난 후 가즈마의 부모의 생사를 전하고, 딸의 안부를 걱정하는 부모의 마음이 옛 하인의 말을 통하여 생생히 전달되고 있으며, 따라서 서로의 소식을 전하는 것이 상당히 중요한 문제로 인식되고 있다.

그렇다면, 전란을 통해 끊어진 서로의 소식을 전한다는 것은 「유령이 편지를 부모에게 전하다」에서 어떠한 의미를 지니는 것일까. 여주인공이 부모에게 보낸 편지의 마지막 부분을 비교하여 보면 다음과 같다.

취취전	유령이 편지를 부모에게 전하다
부모님께 맛있는 음식을 대접해 올리지도 못하고 우선 여기에서 아뢰옵니다.[7]	소식을 전해드리지 못한 불효의 죄는 은혜를 잊어버린 것과 같습니다. 부디 용서해 주시기 바랍니다.[8]

위 인용문을 보면, 취취는 맛있는 음식이라도 대접해 올리지도 못한 죄송스런 마음을 이야기하고 있는데, 이것은 결국 부모에게 효도를 다하지 못한 죄송스런 마음을 표현한 것이라 할 수 있다. 그에 비해 「유령이 편지를 부모에게 전하다」에서는 원작과 같은 '효'의 논리를 제시하고는 있으나 원작과는 달리 부모에게 소식을 전해드리지 못한 것을 통하여 이것을 '불효(不孝)의 죄'라고 생각하고 있다.

이처럼 「취취전」에서 「유령이 편지를 부모에게 전하다」로 제목이 바뀐 점 및 상기 인용문에서 료이가 효에 대한 논리를 강조하고 있는

---

7) 未奉甘旨。先此申覆。
8) 音づれ絶たるふけうのとが、恩をわするに似たる事をば、まげてゆるし給へ。

점을 함께 검토해 보면, 료이는 본 이야기에 대하여 연애담이 아니라 효행을 주제로 한 이야기로 만들고자 한 의도가 있었음을 지적할 수 있다.

이처럼 료이가 「취취전」을 효행의 이야기로 주목할 수 있었던 배경으로는 그 자신이 지은 『효행이야기(孝行物語)』,『간닌키(堪忍記)』 권3의 제13「부모님을 모시는 감인(父母につかうる堪忍)」, 『야마토 이십사효(大倭二十四孝)』,『삼강행실도(三綱行実図)』의 「효자편(孝子篇)」등의 저작물로부터 알 수 있듯이 그는 효행이라는 테마 자체에 대하여 상당히 많은 관심을 가지고 있었기 때문이라 할 수 있을 것이다.

따라서 「유령이 편지를 부모에게 전하다」는 「취취전」의 내용전개를 충실히 지키면서 번안하였으며, 제목을 바꾸고 부분적인 표현을 삭제, 추가, 개변하여 효행을 주제로 하는 이야기로 재창조하였던 것이다.

6. 맺음말

본 절에서는 『전등신화』 권3의 제5화 「취취전」의 번안에 의한 『오토기보코』 권12의 제2화 「유령이 편지를 부모에게 전하다」,『금오신화』 제2편 「이생규장전」의 전반부,『전기만록』 권3의 제4화 「취소전」과 권4의 제3화 「여랑전」을 비교하여 이를 통해 볼 수 있는 「유령이 편지를 부모에게 전하다」의 번안의 특질에 대하여 고찰하였다.

원작의 경우 가정·사회·운명이라는 시련과 불행을 극복하고 영원한 사랑을 이루는 연애담으로 일관되어 있었다. 그러나 「이생규장전」의 경우, 원작의 '사랑의 성취'와 '정절'의 대립에 대하여 문제를 제기하고, 여주인공은 정절을 지켜 죽임을 당하는 인물로 바꾸었다. 또한, 「취소전」의 경우에도 취소를 기생으로 설정하여 원작에서 취취의 정절의 문제를 의식한 개변의 양상이 보이며, 「여랑전」에서는 여랑의 정절을 칭찬하는 한편 후사를 남기지 않는 것에 대하여 비판하고 있다.

「유령이 편지를 부모에게 전하다」의 경우 다른 번안작과 비교하여 보았을 때 원작을 처음부터 끝까지 충실히 번안하였다는 점을 지적할 수 있으며, 그 가운데 료이는 유령이 편지를 부모님에게 보냈다는 점에 초점을 맞추어 연애담에서 효행담으로 주제를 바꾸었다. 료이가 원작을 효행담으로 주목할 수 있었던 배경으로는 『효행이야기』『간닌키』『야마토 이십사효』『삼강행실도』 등의 저작물로부터 알 수 있듯이 그는 효행이라는 테마에 큰 관심을 가지고 있었기 때문이라 생각된다.

「지옥을 보고 다시 살아나다」에 나타난 현실비판의 양상 및 지옥경험의 의미

1. 머리말

『전등신화』와 그 번안작에 나타난 이계(異界)는 크게 용궁·신선세계·지옥으로 나눌 수 있으며, 그 내용은 현실세계에 있는 주인공이 어떠한 기회를 통하여 이계로 들어가 현실세계에서는 맛볼 수 없는 다양한 경험을 한 후 돌아온다는 패턴으로 이루어져 있다. 이러한 구조 속에서 이계는 모순이나 부조리가 존재하지 않는 이상적인 세계로 나타나 있으며, 그 공간 속에서 주인공은 여러가지 의문이나 모순점을 제기하는 것을 통하여 현실세계의 여러문제를 투영시키고 있다. 그리고 이계에서의 경험이 끝난 후 현실세계로 돌아온 주인공이 그 모순을 어떤 형태로 극복하느냐가 작품 해석의 중요한 포인트가 되고 있다고 할 수 있다.

본절에서는 지옥을 소재로 한 『전등신화』 권2의 제1화 「영호생명

몽록(令狐生冥夢錄)」을 원작으로 하고 있는『오토기보코』권4의 제
1화「지옥을 보고 다시 살아나다(地獄を見て蘇)」를 중심으로 비교고
찰해 나가고자 한다. 고찰에 있어 같은「영호생명몽록」을 원작으로
하고 있는『금오신화』제4편「남염부주지(南炎浮州志)」,『전기만록』
권2의 제3화「산원사판사록(傘円祠判事錄)」과의 비교도 염두에 두
면서,「지옥을 보고 다시 살아나다」의 인물설정의 특성, 가나조시(仮
名草子)로서의 서술 방법, 지옥에서 던져진 현실비판의 성격, 지옥경
험 후의 '인간의 성장'의 양상 및 아사이 료이의 의도에 주안을 두고
논을 진행해 나가고자 한다.

2. 선행연구

『오토기보코』는 앞서 인용한 서문에서 언급한 바와 같이 일반서민
에 대한 교훈을 전면에 표방하고 있는 작품이다. 그러나, 우사미 기
소하치(宇佐美喜三八, 1935)가 "하지만 각 설화에 있어서 교훈적인
어투는 반드시 적극적인 경향을 띠지 않고 있다(然し各説話に於い
て、教訓らしい口吻は、必ずしも積極的な傾向とはなってゐない)"
라 지적한 바와 같이『오토기보코』의 텍스트 내에서는『곤자쿠 모
노가타리슈(今昔物語集)』등의 설화문학과 같은 직접적인 교훈성은
찾아보기 어렵다는 점이 문제로 제기되어 왔다.

이러한 상황 속에서 최근에 새롭게 주목을 받고 있는 것이『오토
기보코』를 사회비판적인 관점에서 해석하려는 움직임이다. 즉, 마쓰

다 오사무(松田修, 1963)는 료이의 가나조시를 "비판적 리얼리즘(批判的リアリズム)"으로 파악하고, 「지옥을 보고 다시 살아나다」에 대하여는 다음과 같이 언급하였다.

> 비록 표면적으로는 '아녀자'에 대한 교화를 목적으로 하는 서적(서문)에서 조차 료이는 자신의 비판정신을 숨기지 못하였던 것이다.[1]

이 논고의 영향으로 하나다 후지오(花田富二夫, 2003)도『오토기보코』에 나타난 비판정신의 양상을 출전과의 비교를 통하여 구체적으로 검토하고, 「지옥을 보고 다시 살아나다」의 경우 유교와 불교의 사상적 대립에 중점을 두어 다음과 같이 언급하였다.

> 결과적으로는 지옥의 고통을 보면서 돌아다니는 것을 통해 불법의 공력을 깨닫게 되며, 이것은 유교의 천리성분(天理性分)의 가르침보다 우위에 있다.[2]

또한 그는 아사이 료이의 비판적 시선은 특히 지방수령이나 관리들을 향해 발언되어 있다는 점과 이것은 농민측의 입장에 서서 압정(壓政)에 대한 비판의 시선을 획득하고 있다고 지적하고, 이와 같은 태도는『우키요 모노가타리(浮世物語)』와도 연결된다고 언급하였다.

다음으로, 가와모토 구니에(川本邦衛, 1992)는『전기만록』의 「산

---

1) たとえ表面的にせよ『児女』の教化を目的とする読み物(序文)においてすら、了意は己れの批判精神を包みきれなかったのである。
2) 結果的には地獄の苦しみを見て回ることによって仏法の功力を知らされるのであり、それは儒教の天理性分の教えより優位に立った。

원사판사록」을 넣어 3작품을 비교하였다. 그는 「산원사판사록」에 대하여는 복수의 원작의 합성에 의해 새로운 이야기를 창작하였으므로 이것은 번안이라기 보다는 표절에 의한 합성의 문장이라 비판하고, 「지옥을 보고 다시 살아나다」야말로 진정으로 번안이라 평가해야 할 작품이라 하였다.

다음으로 『금오신화』의 「남염부주지」를 넣어 4작품을 비교한 것으로는 이학주(1999)의 연구가 있다. 그는 「남염부주지」와 「산원사판사록」은 작가의 창작성이 돋보이지만 「지옥을 보고 다시 살아나다」는 번안작품이기 때문에 작가의 역량이 떨어진다고 지적하였다. 그리고 「영호생명몽록」과 「지옥을 보고 다시 살아나다」는 개인적 우의, 「남염부주지」는 개인적·정치적 우의, 「산원사판사록」은 민족적·역사적 우의가 담겨진 작품이라 하고, 각 작품에 나타난 우의는 "작가가 현존세계에서 느끼는 욕망의 좌절과 불우에 대한 무의식적 보상심리의 표출"이라 하였다.

3. 「지옥을 보고 다시 살아나다」의 번안양상

그럼 다음으로 「지옥을 보고 다시 살아나다」의 번안양상에 대하여 원작인 「영호생명목록」과의 비교를 통하여 그 특징을 살펴보면 다음과 같다.

「영호생명목록」	「지옥을 보고 다시 살아나다」
영호선(令狐譔)은 강직한 유학자였다.	아사하라 신노조(浅原新之丞)는 강직한 유학자였다.
이웃에 사는 부자이고 욕심 많으며, 불의하고 흉악한 오로(烏老)가 죽는다. 그러나 가족의 불공으로 다시 살아난다.	이웃에 사는 부자이고 욕심 많으며 간탐방일(慳貪放逸)하고 후세를 믿지 않으며 강에서 사냥을 즐기는 손페이(孫平)가 죽는다. 그러나 가족의 불공으로 다시 살아난다.
영호선은 지옥의 부정(不正)을 비판하는 한시를 읊는다.	아사하라는 지옥의 부정(不正)을 비판하는 교카(狂歌)를 읊는다.
한시가 원인이 되어 영호선은 지옥으로 불려간다.	교카가 원인이 되어 아사하라는 지옥으로 불려간다.
불교의 폐해와 부조리한 현실을 비판하는 진술서를 짓는다.	불교의 폐해와 부조리한 현실을 비판하는 진술을 한다.
진술서의 내용에 대해 염라대왕은 납득하고, 오로는 다시 지옥으로 끌려온다.	아사하라의 이야기에 염라대왕은 납득하고 손페이는 다시 지옥으로 끌려온다.
영호선은 지옥을 구경한다	아사하라는 지옥을 구경한다
영호선은 꿈에서 깨어나고 오로의 죽음을 확인한다.	아사하라는 꿈에서 깨어나고 손페이의 죽음을 확인한다.
	아사하라는 유학(儒學)을 버리고 겐초지 절(建長寺)에 들어가 수행하며 불교에 귀의하여 깨달음을 얻는다.

이상으로 살펴본 바와 같이 주인공은 원래 강직한 유학자로 설정되어 있으며 두 이야기는 모두 '현실계→지옥에서의 소송·대담→지옥구경→현실계→후일담'의 구조를 이루고 있다. 그리고 표의 내용을 비교해 보면 알 수 있는 바와 같이 「지옥을 보고 다시 살아나다」의 사건진행은 거의 원작에 의거하여 전개시켜가면서 중국적인 부분만

을 일본풍으로 바꾸는 충실한 번안을 하고 있다.

그런데 이 이야기를 통하여 필자가 주목하고자 하는 점은 지옥경험을 통하여 무엇이 제시되어 있는가, 지옥경험은 이야기 속에서 어떠한 역할을 하고 있는가, 또한 주인공이 지옥에서 현실세계로 돌아온 후의 후일담은 어떠한 의미를 지니고 있는가이며, 이를 통하여 「지옥을 보고 다시 살아나다」의 문학성에 대하여 검토해 보기로 한다.

4. 인물설정의 일관성

먼저 인물조형의 방법과 갈등의 양상에 대하여 살펴보면, 두 이야기의 주인공은 모두 전형적인 유학자로서 설정되어 있다. 그럼, 원작의 「영호생명몽록」의 기술을 살펴보면 다음과 같다.

> 그는 나면서부터 신령(神靈)에 대해서는 믿지 않고 오만하고 자득(自得)한 사람이었다. 어떤 사람이 귀신의 변화라든가 저승의 인과응보에 대하여 말하면 반드시 큰 목소리로 말하여 이를 꺾었다.[3]

위의 인용문처럼 영호선은 불교와 민간신앙에 대해 비판하며 자득(自得)한 강직한 유학자로 묘사되어 있다. 여기에서 '자득'이란 『일본국어대사전』 제2판(小学館)에 의하면, "자기 스스로 깨닫는 것(自分自身で会得すること)"이라 설명되어 있는 바와 같이 누군가의 가르

---

3) 生而不信神靈、傲誕自得。有言及鬼神變化、幽冥果報之事、必大言折之。

침을 받아 깨닫는다는 경지를 넘어 스스로 탐구하여 독자적인 깨달음을 얻을 수 있는 경지에 들어서 있는 것을 의미한다. 따라서 영호선은 한편으로는 유학자로서는 이상적인 인물로서 묘사되어 있으나, 한편으로는 상대방의 의견에 대해 자신의 견해와 어긋난 경우 이를 논리적으로 설득한 것이 아니라 '큰 목소리로 말하며' 반박하는 인물로 묘사되어 있다.[4]

그럼 「지옥을 보고 다시 살아나다」를 살펴보도록 하자. 아사하라 신노조(浅原新之丞)는

> 유학을 업으로 삼고, 불법을 믿지 않았다. 저승과 윤회에 관한 일, 인과응보에 관한 이치를 들으면 갖가지 이유를 대면서 비난하고, 승려와 법사를 공경하지 않고 입에서 나오는 대로 비난하며, 올바른 이치라도 그릇되게 이야기하여 비난하였다.[5]

이처럼 아사하라는 불법을 믿지 않으며, 현실에 존재하는 것 또는 눈에 보이는 것 외에는 믿지 않고 있어 전형적인 현실주의적 유학자의 모습으로 묘사되어 있다. 「지옥을 보고 다시 살아나다」에 나타난 아사하라의 유학자로서의 강직함은 원작의 설정을 거의 그대로 따른

---

4) 「남염부주지」에서도 원작의 인물조형을 그대로 계승하여 민간신앙에서 말하는 귀신의 설, 불교에서 이야기하는 천당지옥의 설과 같은 이론적인 측면에 대하여 의문을 품고 있으며, 나아가서는 속물적인 세속불교의 현실까지 함께 비판하고 있어 원작보다 불교에 대한 비판의 범위가 넓고 유교적인 측면이 보다 강하게 나타나 있다. 또한, 「산원사판사록」의 오자문(吳子文)도 '성현의 경전'을 읽고 '유학을 업'으로 삼는 유학자로서 그 강직함은 중국에서도 그 이름이 드높았다고 묘사되어 있다.

5) 儒学をもつぱらとして、仏法を信ぜず。冥塗流転の事、因果変化のことはりを聞ては、さま%\言かすめて、誹あなどり、僧・法師といへどもうやまはず、口にまかせて誹謗し、理を非にまげて難じやぶる。

것이지만, 그의 유학자로서의 강직함은 원작의 영호선 보다 더 일관된 양상을 보이고 있다. 예를들면 지옥에 도착한 영호선은 그 풍경에 압도되어 다음과 같이 이야기한다.

> 우연히 불평을 토로했다가 결국 말 많다는 죄명을 받게 되었습니다. 궁지에 빠진 노루가 제 배꼽을 물어뜯어도 이미 때가 늦었듯이 지금은 후회해도 때가 늦었고, 덫에 걸린 범이 꼬리를 치며 애걸하듯이 동정을 구하는 것도 부끄러운 일입니다. 지금 저의 죄명(罪名)을 들어 꾸짖음을 받고 진술서를 쓰라고 다그치시니 이미 거슬려 난 용의 비늘을 치고, 용의 턱 밑에 구슬을 찾으려고 더듬은 격이니 어찌 감히 살기를 바라겠습니까? 범의 머리를 쓰다듬고 범의 수염을 건드려 꼬았으니, 화를 피할 수 없다는 것을 잘 알고 있습니다. 저의 진술은 이상입니다. 바라옵건대, 부디 굽어 살펴 주시옵소서.6)

위 인용문을 보면 영호선은 불필요한 것을 말한 것으로 인해 대왕의 화를 자초한 자신의 잘못을 후회하는 비굴한 태도를 보인다. 영호선의 이러한 태도는 이야기의 서두부분에서 설정되어 있는 강직한 인물상과는 모순되며 일관성이 결여된 모습이다. 그에 비해 「지옥을 보고 다시 살아나다」에서는 이 부분에 해당하는 표현은 삭제되어 번안되지 않았다. 아사하라는 눈 앞에 펼쳐진 잔혹한 지옥의 모습에는 끄떡없이 염라대왕 앞에서 불교의 그릇됨을 강하게 호소하는 강직한 유학자로서 일관되어 있는 것이다.

---

6) 偶以不平而鳴、遽獲多言之咎。悔噬臍而莫及、恥搖尾而乞憐。今蒙責其罪名、逼其狀伏。批龍鱗、探龍頷。豈敢求生。料虎頭、編虎鬚。固知受禍。言止此矣。伏乞鑒之。

인간은 천리(天理)와 천도(天道)에 의해 부여받은 오상오륜(五常五倫)을 지키면서 자신을 수양하고, 집안을 바로잡으며, 나라를 다스리고, 나아가서는 이상적인 세계를 건설하는 것이 유교의 근본적인 이념이라 할 수 있다. 그러나 주인공이 목도한 현실세계는 그렇지 않았다. 돈만 있으면 탐관오리들은 '비도(非道)'라 하더라도 '정도(正道)'로 만들고 죄가 없는 이라도 죄를 뒤집어 씌우는 사회였다. 즉, 주인공들이 유교적 관점에서부터 생각해 왔던 이상적인 세계는 현실 속에서는 존재하지 않았던 것이다. 그렇다면 주인공들은 지옥경험을 통하여 무엇을 제시하고 있으며, 료이의 서술방법과 내용은 어떠한 특질이 있는지 이하, 5와 6에서 검토해 보기로 한다.

5. 가나조시(仮名草子)로서의 서술방법

영호선과 아사하라가 지옥으로 불려가게 된 직접적인 계기가 된 것은 주인공의 언행이 지옥의 염라대왕의 심기를 건드렸기 때문이다. 원작인 「영호생명몽록」의 경우를 보면,

> 일찍이 나는 인간세상의 탐관오리들은 재물을 받고 법을 멋대로 하기에 부자는 뇌물을 바쳐 탈이 없고 가난한 사람은 재물이 없어 죄를 받는다고 여겨왔다. 그런데 어찌 저승에서 이보다 더 심할 줄이야 생각이나 했겠는가?[7]

---

7) 始吾謂世間貪官汚吏、受財曲法、富者納賄而得全、貧者無賫而抵罪。豈意冥府乃更甚焉。

영호선은 공평한 세계로 생각해 왔던 명부(冥府)가 인간세계와 마찬가지로 뇌물에 의해 좌우되어 있는 사실을 비판하고 있다. 이 부분은 영호선의 말을 빌려 지옥을 비판하는 형식을 취하고는 있지만, 실제의 목적은 당시의 탐관오리들에 의해 행해진 비도(非道)와 뇌물이 횡행하는 현실을 고발하고, 부패한 정치현실과 지배자들을 비판하고자 하였던 것이다.[8]

이에 해당하는 「지옥을 보고 다시 살아나다」의 경우 원작의 내용과 거의 동일함을 알 수 있다.

"세상의 욕심많고 사악한 ①지방수령과 관리들은 뇌물을 받고서는 비도(非道)를 정도(正理)로 만드는데, 뇌물이 없으면 죄가 없는 사람도 죄를 뒤집어 씌운다네. 이 때문에 부자들은 죄를 지어도 재판에는 이기고, 돈이 없는 이들은 도리(道理)에 맞아도 재판에는 지게 된다네. 나는 이 일이 이 세상에서만 일어나는 일이라고 생각했는데, 저승의 관리도 사사로운 감정이 있는 것은 마찬가지로구나. ②금과 은을 많이 뿌리고 불공을 잘 드리기만 한다면 죽은 사람이라도 살아

---

8) 『금오신화』의 「남염부주지」의 경우에는 원작으로부터 불교비판이라는 전체적인 구조만을 취하고, 구체적인 내용전개는 거의 창작에 가깝다. 그 중 박생이 『일리론』을 지어 불교에서 말하는 천당지옥의 존재를 비판하였다는 것은 '기' 이외의 세계에서는 '이'가 따로 존재하지 않는다는 '이기일원론(理氣一元論)'적인 주기론에 해당하는 것이다.
한편 『전기만록』의 「산원사판사록」에서 중점을 두고 있는 것은 유학자로서의 오자문의 언행을 통해 민간신앙을 비판하고, 민족의식을 고취시키는 것이었다. 베트남은 10세기경에 중국으로부터 독립한 후에도 송나라의 침략, 13세기의 몽고의 침략, 1407년부터 1427년에 걸쳐서는 명나라의 지배하에 놓이는 등 항상 중국으로부터의 침략을 강하게 의식할 수 밖에 없었다. 따라서 베트남의 역사서나 문학작품에는 자연적으로 민족의식을 고취시키는 내용이 다수 포함될 수 밖에 없게 된다. 「산원사판사록」에서 명나라 병사들이 요괴가 되어 횡포를 부리며, 오자문은 이들이 묻혀있는 사당을 불태워버리게 되는 것은 이와 같은 배경을 바탕으로 한 역사의식의 소산이라 할 수 있다.

나고 지옥에 떨어지더라도 용서를 받는다네. 돈이 없는 사람은 힘도 없다네. 선악에 대한 응보란 돈을 많이 쓴 사람을 말하고, 이 사람이 야말로 내세(來世)가 걱정이 없다네. ③옛날 한나라 위현(韋賢)의 말 중에 '자식에게 황금 만냥의 바구니를 남겨주는 것은 자식에게 경전을 가르치는 것보다 못하다'라는 말이 있지만, 지옥의 일도 돈으로 좌우되고 염라대왕도 돈만 있으면 죄를 용서해 주니 위현의 말은 아무 쓸모도 없다네"라 말하고는 손뼉을 치면서 조롱하며 웃었다.[9]

위 인용문을 보면, 이상적인 세계라 생각해 왔던 지옥의 세계가 현실과 다를바 없이 모순으로 넘친다고 호소하는 아사하라의 말은 바로 '지옥'을 빌려서 '현실'을 비판한 것이며, 원작의 의도를 그대로 이어받은 부분이다.

다음으로 그 서술방법에 대하여 구체적으로 검토해 보면, ①의 부분은 약간의 차이는 있으나 원작의 번역과 거의 가까운 문장이다. 굳이 차이점을 들어보자면, 비판이 되고 있는 대상이 원작에서는 막연하게 '탐관오리'로 되어 있는 것을 '지방수령과 관리'로 구체화시켜 놓았다는 점과, '뇌물이 없으면 죄가 없는 사람도 죄를 뒤집어씌운다'는 부분이 추가되어 있다는 정도이다. ②의 부분은 ①을 알기쉽게 다시 설명해 놓은 부분이다. 이처럼 반복적으로 다시 설명하는 것을 통하

---

9) 「世のむさぼりふかき邪欲奸曲の地頭・代官どもは、賄を得ては非道をも正理になし、物をあたへざれば科なきをもつみにおとす。此故に富ものは非公事にも勝、まづしきものは道理にも負をとる。これ此世ばかりの事かとおもふに、迷塗の冥官も私あり。金銀だにおほく散じて仏事をだによくいとなめば、あるひは死してもよみがへり、或は地ごくもうかぶとかや。貧ものは力なし。善悪のむくひは、おほく銭金を散す人こそ来世もこゝろやすけれ。むかし漢の韋賢がことばに、「子に黄金万籯をのこさむより、如じ子に一経をゝしへんには』といへり。地ごくの沙汰も銭によるべし。閻魔王も金だにあれば罪はゆるす。韋賢がことばは全なし」といふて、手をうちてわらひあざける。

여 내용을 확인시키고, 그 주장을 강조하는 것은 가나조시의 상투적인 수법이라 할 수 있다. 또한 ③의 부분은 ②를 통하여 강조된 부분이 고사(故事)를 통하여 재확인 된 부분이며, 고사를 인용하거나 평판하면서 그 설득력을 높이는 것도 가나조시의 전형적인 논의 전개방법이다.

이처럼「지옥을 보고 다시 살아나다」는 내용적인 면에서는 원작에 충실히 의거하면서도, 표현적인 면에서는 알기쉽게, 구체적으로, 반복하여 설명하고 있다. 이것은『오토기보코』의 의도가 제1절에서 인용한 서문에서 나타난 바와 같이 그 독자를 '학식있는 사람'이 아닌 '아녀자'가 '듣고 깨우쳐 스스로 마음을 고치고 바른길로 향하게 하고자 하기' 위해 집필되었기 때문이다.

6. 지옥구경과 현실비판

「지옥을 보고 다시 살아나다」의 경우 지옥을 구경하는 부분도 거의 원작 그대로 번안되어 있다. 한편, 재판을 주재하는 곳과 고통을 당하는 죄인들의 모습에 2장씩의 삽화가 들어가 있는데, 이것은 지옥묘사를 함에 있어서 계몽적인 의도를 높이는 효과를 가지고 있다고 할 수 있다. 그럼 지옥묘사의 부분을 상세히 검토해 보기로 한다.

원작에서는 4군데의 지옥을 구경하는데「지옥을 보고 다시 살아나다」에서는 5군데의 지옥을 구경하는 것으로 되어 있으며, 따라서「지옥을 보고 다시 살아나다」에서 새롭게 추가되거나 개변된 곳을 주목해야 하는 것은 당연할 것이다.

그럼 먼저 논의 전개상 아사하라(浅原)가 3번째로 도착한 지옥에서 그 지옥에 빠진 이들에 대하여 서술되어 있는 부분을 소개하면 다음과 같다.

> 인간세상에 있을 때 비구니가 되고 승려가 되어 밭도 갈지 않으면서 배불리 먹고 옷도 만들지 않으면서 따뜻하게 입고, 겉으로는 출가한 사람이면서 계율(戒律)을 지키지도 않고, 자비심도 없으며, 불경을 공부하지도 않고, 헛되이 공양을 축낸 자들입니다.[10]

위에서 묘사된 지옥의 경우 승려와 비구니라는 것을 구실로 하여 공양을 받기만 하고, 계율을 지키지 않으며, 자비심도 없고, 불경을 공부하지도 않는 타락하고 부패한 불자가 소와 말이 되어 '반석을 짊어지(磐石を負せ)'며 '철로 된 채찍(くろがねの鞭)'으로 맞고 있는 곳이다. 이것은 부패한 당시 세속불교의 실태를 적나라하게 전달하고 있는 묘사로서, 승려였던 료이의 시점에서부터 바라본 현실인식과 비판이 제시되었다고 볼 수 있다.

다음으로 아사하라가 도착한 4번째의 지옥은 3번째의 지옥과 같은 죄를 범한 이들이 고통을 당하고 있는 곳으로, 원작에는 없으며 료이가 새롭게 추가한 부분이다.

---

10) 人間にありし時、尼となり、法師となりて、田つくらずして飽までくらひ、織をらずして暖に着て、かたちは出家ながら戒律をまもらず、心に慈悲なく学道なくして、いたづらに施物をくらひける。

또 다른 곳을 보니 많은 속인(俗人)이 소와 말이 되어 괴로움을 당하고 있었다. "이들은 예전에 관리였던 사람으로서 백성들에게 무자비하게 세금을 징수하고 그 처자식을 팔도록 한 사람입니다. 피눈물로 이루어 낸 백성들의 고생을 착취해 간 것은 승려들이 공양을 마음대로 쓴 것과 같지 않겠습니까?"라고 하였다.[11]

이 지옥에서 소와 말이 되어 괴로움을 당하고 있는 것은 관리들이며, 비판의 대상은 세번째 지옥의 승려로부터 관리로 이동된다. 이처럼 3번째의 지옥과 동일한 성격을 지니는 지옥을 첨가하여 다시금 강조하고 있는 것은 압정(壓政)에 의해 고통당하고 '처자식을 팔아(妻子を沽却)'버릴 수 밖에 없는 서민들의 잔혹한 현실을 있는 그대로 고발하기 위함이었다. 이것은 료이가 고통을 당하고 있는 서민들에 대하여 얼마나 동정의 시선으로 바라보고 있었는지 알 수 있는 대목이다.

「영호생명몽록」에서 주인공이 마지막으로 방문한 지옥은 오국의 문(誤國之門)이다.

그 안에 들어가 보니 수십명이 철상(鐵床) 위에 앉아 있었다. 몸에는 쇠고랑을 채우고 푸른 돌로 만든 형틀이 그들을 누르고 있었다. 두 사자는 그 중 한명을 가리키며 영호선에게 말하기를 "저 자는 바로 송(宋)나라 진회(秦檜)입니다. 충신과 어진이를 모해하고 임금님을 미혹하게 하여 그르쳤으므로 이런 무거운 형벌을 받는 것입니다.

---

11) 又ある所をみれば、俗人おほく牛馬となりて苦をうく。「これは昔代官として百姓をとりたをし、妻子を沽却せしめたり。百姓辛苦の脂を虐とる、これも施物におなじからずや」といふ。

그리고 이외 다른 놈들도 모두 나라를 망치게 한 역대 간신들입니다. 혁명이 일어나 세상이 바뀔 때마다 이들을 즉시 몰아내어 독사를 시켜 그들의 살을 물게 하고, 굶주린 매가 그들의 골수를 쪼아 뼈와 살이 다 문드러지게 한 다음 신성한 물로 씻고 업보의 바람을 불어 다시 원래의 형체로 되돌려 놓습니다. 이들은 비록 억만겁이 지나도 인간 세상에 갈 수 없을 것입니다"라 하였다.12)

이 지옥은 그 묘사에 있어 지금까지 없었던 가장 잔혹한 양상을 보이고 있다. 특히 억만겁(億萬劫)의 세월이 지나도 용서받을 수 없으며, 영원히 고통속에서 지내야 한다는 말은 그 처벌을 받고 있는 죄인들의 죄가 얼마나 무거운가를 여실히 나타내고 있다.

여기에서 원작인 「영호생명몽록」에서는 이 지옥에 떨어져 있는 인물을 진회(秦檜)로 설정하고 있다. 진회는 침략을 반복하는 금(金)에 대해 악비(岳飛)와 같은 강경론을 주장하는 세력을 제압하고 금과 화약을 도모한 인물이다. 그것은 중국영토의 남쪽을 보전하는 대신에 금과 군신관계를 맺는 것으로서, 신흥강대국이었던 금의 세력에 대해 바람앞의 등불과도 같았던 송(宋)을 지키기 위해 진회가 내린 결정은 어쩔 수 없는 선택이었는지도 모른다. 또한 금과의 화친 이래로 남송(南宋)은 원(元)에게 멸망할 때까지 약 100여년간 번성한 역사적 사실을 생각해 보면, 결과적으로 진회의 외교적 수완을 반드시 부정적으로 생각할 수 없다고 보여진다. 그러나, 『전등신화』가 창작되던 명

---

12) 見數十人坐鐵床上。身具桎梏、以靑石爲枷壓之。二使指一人示謙曰、「此卽宋朝秦檜也。謀害忠良、迷誤其主。故受重罪。其餘亦皆一代誤國之臣也。每一朝革命、卽驅之出、令毒虺噬其肉、飢鷹啄其髓。骨肉糜爛至盡、復以神水洒之、業風吹之。仍復本形。此輩雖歷億萬劫、不可出世矣。

초(明初)의 주자학적인 이상주의, 대의명분론적인 관점에서 보면 악비는 충신이었고, 오랑캐에게 굴복하도록 한 진회는 최악의 매국노로 평가받고 있었던 것이다.

「지옥을 보고 다시 살아나다」에서는 오국의 문(誤國之門)의 진회에 해당하는 인물을 메카타노 신스케(妻鹿田新介) 일족으로 설정하고 있다. 이것은 중국의 역사적인 사실에 근거한 원작의 지옥담이 일본의 역사적인 사실에 근거한 지옥담으로 바뀌어짐을 통해 완전히 일본의 이야기로서 번안된 것으로 평가할 수 있다는 점 뿐만 아니라 료이의 역사인식이 반영된 결과라고도 할 수 있다. 그럼 해당부분을 인용하면 다음과 같다.

마지막에는 어느 지옥에 도착했다. 맹렬한 불꽃이 더욱더 불타올랐고 수백명이 쇠로 된 땅에 앉아있었으며, 손과 발에는 족쇄가 채워져 있었고, 불꽃은 사람들의 온몸을 이글이글 태워 불꽃이 가득했다. 독사가 와서 그 몸을 감싸고 피를 빨아먹었으며, 부리가 쇠로 된 매가 날아와서 죄인들의 어깨위에 앉아 눈알을 쪼아먹고 살점을 물어뜯었다. 울며 소리지르려 하자 불꽃과 연기가 목안으로 들어와 그 괴로움은 이루 말할 수 없었다. 살점이 다 떨어져 나가고 뼈가 나타나 죽어버리게 되면 차가운 바람이 불어와 다시 원상태 대로 돌아왔다. 아사하라(浅原)는 그 이유를 묻자 이렇게 대답했다. "이 사람들은 옛날 가마쿠라(鎌倉)의 우에스기 노리마사(上杉則政)의 아들 류와카(龍若)의 유모의 아들인 메카타노 신스케(妻鹿田新介)와 그 동생 조사부로(長三郎), 사부로스케(三郎助) 그 외 친척들 20여명입니다. 노리마사(則政)가 몰락할 때 신스케는 주군인 류와카를 데리고 적군인 호조 우지야스(北条氏康)에게 건네주어 항복한 이들입니다. 주군을 죽인

천벌을 받아 여기에 있는 20여명은 모두 우지야스에게 죽임을 당하고, 죽어서도 지옥에 떨어져 억만겁의 세월이 지나더라도 구원받지 못할 것입니다. 그 외의 이들도 모두 주군을 죽이고 충성을 다하지 않았으며, 나라를 멸망에 이르게 한 이들입니다.〈후략〉"[13]

이 지옥도 '맹렬한 불꽃이 더욱더 불타올랐'다는 묘사와 '울며 소리지르려고 하자 불꽃과 연기가 목안으로 들어와 그 괴로움은 이루 말할 수 없었다'는 묘사로부터 알 수 있듯이 특별히 중죄를 저지른 죄인들이 참혹히 괴로움을 당하고 있는 지옥이다. 또한 원작의 '오국의 문'이라는 일본인에게 익숙하지 않은 명칭을 번안할 때 '충성을 다하지 않았으며, 나라를 멸망에 이르게 한 이들'이 떨어진 지옥으로 친절히 설명하면서, 잔혹한 상황속에 놓여 있는 죄인들의 고통을 눈에 보이듯이 생생히 묘사하고 있다.

이러한 지옥에서 고통을 당하고 있는 메카타노 신스케(妻鹿田新介)는 우에스기 노리마사(上杉憲政)의 신하로서 〈주14〉의 『고요군칸(甲陽軍鑑)』에 의하면 노리마사의 적자인 류와카마루(龍若丸)의 유모(乳母)였다. 호조 우지야스(北条氏康)가 우에노(上野)지방을 공

---

13) 最後にある地ごくにいたる。猛火こと更にもえあがり、数百人くろがねの地に座し、手枙首械をさ〻れ、五体さながらもえこがれ、ほのほみち／＼たり。毒蛇来りてその身をまとひ、血を吸。又くろがねのくちばしある鷹とび来り、罪人の肩をふまへてまなこを啄はみ、肉を引さきくらふ。なきさけばんとすれば、猛火のけふり咽にせまり、くるしみいふはかりなし。肉つきて骨あらはれ、死すれば涼しき風ふき来り、又もとのごとくにして、よみがへる。浅原そのゆへをとふにいはく、「これは往昔かまくらの上杉則政の子息龍若殿のめのとご妻鹿田新介、その弟長三郎、同三郎助、その外親類都合廿人、すでに則政没落のとき、主君龍若殿をつれて敵北条氏康に渡して降人に出たり。主君をころしたる天罰あたり、此廿人みな氏康にころされ、死して此地ごくに落て、億万劫を経るといふともうかふ時あるべからず。其外の輩も、みな主君をころし、不忠をいだき、国家をほろぼしけるもの共也。〈後略〉

격했을 때 노리마사는 류와카마루를 우에노 히라이성(上野平井城)에 남겨두고 에치고(越後) 지방의 우에스기 겐신(上杉謙信)을 찾아 피신하였다. 그때 메카타노 신스케 일족은 히라이성에 남겨지게 되었는데, 결국에는 류와카마루를 호조 우지야스에게 넘겨주고 항복하여 선처를 구하였다.

더 이상 싸우더라도 어차피 죽을 수 밖에 없을 바에야, 메카타노 신스케 일족의 항복은 자신과 일족의 목숨을 보전하기 위해 행한 어쩔 수 없는 마지막 선택이었는지도 모른다. 그러나 이에 대해 호조 우지야스는 주군에게 충절을 지키지 않으며 배신한 것을 이유로 메카타노 신스케 일족을 처형한다.

메카타노 신스케 일족의 불충(不忠)의 일화는 『고로군 모노가타리(古老軍物語)』 권5의 16화 「우에스기 노리마사의 아들을 적 우지야스에게 넘겨준 일(上杉則政公の子息を、敵氏康へ出す事)」이나 『고요군칸(甲陽軍鑑)』 품제31(品第卅一)[14] 등에도 그 전말이 자세히 실

---

14) 『甲陽軍鑑』品第卅一에는 다음과 같이 실려 있다.
　　우에스기님은 때가 때인지라 분별이 없으시고 매사에 상황판단을 잘 못하셔서 에치고로 도망가셨다. 그때 아들인 류와카님을 버려두시고 노리마사공만 도망가셨는데, 류와카님의 하녀의 아들인 메카타노 신스케, 동생인 조사부로, 그 동생인 사부로스케, 백부인 구리 우네메와 요에몬, 그리고 하녀까지 여섯명과 그 외 친인척까지 모두 스무명이 의견을 모아 아들인 류와카도노를 호조 우지야스에게 데리고 가서 충절을 맹세하였다. 우지야스공은 나이가 서른 일곱이었는데, 다른 오십 육십대의 대장보다 활과 화살의 솜씨가 능숙하셨다. 충절을 맹세한 우에스기의 하인들을 모두 붙잡아 죽이셨다.
　　(上杉殿、世が世の時、御分別あしくして、よろづ無穿鑿故、越後へ御牢人の時、御曹司龍若殿を捨をき、則政公斗にげ給へば、御曹司御局の子、めかた新介、弟長三郎、其弟三郎介、其伯父九里采女・同与右衛門、局共に六人、其外縁類親類迄、合て廿人組談合して、御曹司龍若殿を、北条氏康へつれて出て、忠節に仕る。氏康公其年卅七歳なれ共、余所の五十六十の大将より、弓箭穿鑿を能被成候間、忠節の上杉衆を皆搦取、殺給ふ)

려 있다.

특히 『고요군칸』의 경우 오와다 데쓰오(小和田哲男, 2006)에 의하면 "에도시대에는 고슈류 군학서로서 교과서처럼 읽혔(江戸時代には、甲州流の軍学書として教科書のように読まれ)"던 서적이었다. 료이는 이와 같이 당시에 권위있던 역사서의 기술을 바탕으로 하여 '먼 옛날 일을 이야기하는 것이 아니라 가까이 전해들은 이야기를 모아 실어 나타낸 것이다(遠く古へをとるにあらず。近く聞つたへしことを載あつめてしるしあらはすもの也)'라고 그 서문에서 서술한 바와 같이 이야기에 대한 신빙성을 부여하였으며, 이를 통해 지식전수와 교훈적 효과를 극대화시켰던 것이다.

7. 결말구조로부터 본 지옥경험의 의미

각 작품에서 나타나 있는 지옥은 공평하고 사사로움이 없으며, 불의가 통하지 않는 이상적인 세계였다. 그러나 문제는 주인공들은 반드시 현실세계로 돌아올 수 밖에 없었다는 점과 그들이 경험한 이상적인 세계는 현실세계에서는 존재하지 않는다는 점이다. 따라서 지옥경험이 끝난 후의 주인공들의 태도를 비교해 보는 것은 각 작품의 특징을 파악하는데 있어 중요한 의미를 지닌다고 할 수 있다. 이에 우선 원작의 마지막 결말부분을 인용하여 보면 다음과 같다.

하품을 하고 깨어보니 한바탕 꿈이었다. 아침이 되어 오로(烏老)의 집으로 찾아가서 안부를 물어보았다. 오로(烏老)는 지난 밤 삼경(三更)에 이미 죽었다고 한다.15)

「영호생명몽록」의 결말구조는 영호선이 오로(烏老)의 죽음을 현실세계에서 확인하는 형태를 통하여 지옥경험이 한 개인의 환상적인 체험이나 거짓으로 지어낸 이야기가 아니라 모두가 납득할 수 있는 신빙성이 있는 사실이었다는 것을 증명하는 형식을 취하고 있다. 이와 같은 서술방식은 지옥체험이 신빙성이 있으면 있을수록 그것을 읽는 독자는 이 이야기가 정말로 있었던 이야기로 생각하게 되며, 그로 인해 지옥에서 제시된 문제가 더욱더 설득력을 가지게 되기 때문에 교훈적인 의도를 높이는 데에는 효과적이 된다.

이에 비해 「지옥을 보고 다시 살아나다」에서는 현실세계로 돌아온 후 원작에는 없는 주인공의 후일담이 첨가되어 있다. 이 후일담을 통하여 지옥경험 후의 주인공의 가치관의 변화를 통한 '인간적인 성장'의 모습을 엿볼 수 있으며, 이것은 현실로 돌아온 주인공의 갈등의 원인이 됨과 동시에 현실부정의 계기도 되므로 중요한 부분이라 생각된다.16)

---

15) 欠伸而覺、乃一夢也。及旦、扣烏老之家而問焉。則於是夜三更逝矣。
16) 「남염부주지」의 경우 지옥에서의 논쟁 결과 박생은 염라대왕을 설득시켰다. 그리고 염라대왕은 박생의 강직한 유학자로서의 행동을 칭찬하며, 결국 자신의 지위를 박생에게 물려주게 된다. 현실세계로 돌아 온 박생은 지옥에서의 일을 실제로 일어난 일로 믿고 염라대왕과의 약속 대로 다시금 남염부주로 돌아갈 준비를 한다. 따라서 이것은 박생이 지옥을 경험함을 통하여 그의 세계관은 확대되었으므로 그의 사상적 배경이었던 『일리론』이 무너진 것을 의미한다. 따라서 현실세계로 돌아 온 박생의 태도를 보면 현실의 모순을 적극적으로 해결하려 노력하는 모습은 보이지 않는다. 그 이유는 현실세계의 모순은 인간 개인의 능력으로는 극복할 수 없었다는 것을 깨달았기 때문이다. 박생은

이에 「지옥을 보고 다시 살아나다」의 결말부분을 살펴보면 다음과
같다.

> ①"옆집의 손페이(孫平)는 어떻게 되었습니까?"라고 묻자, 그날 밤
> 다시 죽었다고 하였다. ②이에 아사하라는 유학(儒學)을 버리고 겐초
> 지 절(建長寺)에 들어가 불도를 배우고 크게 깨달음을 얻은 도인(道
> 人)이 되었다.[17]

위 인용문에서 ①의 부분은 현실세계로 돌아 온 아사하라가 손페
이의 죽음을 실제로 확인하는 장면으로, 「영호생명몽록」의 결말부분
을 충실히 번안한 것이다. 그런데 문제가 되는 것은 새롭게 추가된
②의 부분인데, 아사하라가 '유학을 버리고 겐초지 절(建長寺)에 들
어'갔다는 것은 현실세계의 문제는 현실세계에서 해결이 불가능하였
기 때문에 불교에 귀의함을 통하여 해결하려 하였다는 것을 의미하
는 것이다.

따라서 이 후일담의 경우 아사하라가 지옥이라는 불교적 사상의

지옥에서 일리론을 주장하고 논쟁을 통해서는 염라대왕을 설득한 듯이 보였으
나 텍스트를 자세히 읽어보면 실제로는 남염부주와 현실세계를 동시에 경험하
면서 염라대왕에게 설득당한 것이다.
「산원사판사록」의 경우에도 「남염부주지」의 결말구조와 마찬가지로 오자문은
산원사(傘円祠)의 판사(判事)가 될 것을 권유받자 그 제안을 기꺼이 받아들인
다. 여기에서 볼 수 있는 오자문의 태도도 박생과 마찬가지로 현실을 바꾸려
는 적극적인 의지는 보이지 않는다. 이것은 이상세계를 경험한 오자문에게 있
어 현실세계에서는 희망을 가질 수 없다는 것을 깨달았기 때문이다. 그런데
여기에서 박생과 오자문이 다시금 비현실세계로 돌아가게 되었다고 해서 두
사람의 사상이 유교에서 불교로 바뀌었다고는 할 수 없다. 왜냐면 「남염부주
지」와 「산원사판사록」의 어디를 보더라도 '남염부주' 또는 '산원사'가 불교적
사상의 소산이라고는 나타나 있지 않기 때문이다.

[17] 「隣の孫平はいかに」と問ければ、その夜又むなしくなれり。これによりて、浅原儒學
をすて建長寺にこもり、参学して、醒悟発明の道人となりけり。

소산을 방문한 후 정신적인 성장을 이루게 되며, 이것은 곧 유학자가 불교에 설득되었다는 것을 의미한다. 불교로부터 유교로 지배이념이 바뀌는 에도(江戶)시대 초기의 사상적 전환기에 있어서「지옥을 보고 다시 살아나다」의 결말구조는 당시의 사상적 조류와는 반대로 유교보다 불교가 우위에 서 있다는 것을 보여주는 것[18]이며, 이는 불교적인 이념을 전달하는 창도적 이야기로서의『오토기보코』의 창작의도가 효과적으로 달성되어 있는 부분이라 할 수 있다.

8. 맺음말

본 절에서는『전등신화』의「영호생명몽록」과 그 번안작인『오토기보코』의「지옥을 보고 다시 살아나다」를 중심으로『금오신화』의「남염부주지」와『전기만록』의「산원사판사록」과의 비교를 염두에 두고 고찰하였다. 고찰을 통하여 현실세계에서의 모순이나 부조리 등의 문제가 지옥에서 어떤식으로 제시되어 있으며, 어떠한 형태로 극복되었는가를 검토하고, 이를 통해「지옥을 보고 다시 살아나다」는 어떤 특질을 지닌 이야기인가를 중심으로 고찰하였다.

각 작품의 주인공은 모두 강직한 유학자로 그려져 있었으나 원작에서의 일관성이 결여된 인물을 료이는 일관성이 있는 인물로 재설

---

18) 마에다 쓰토무(前田勉, 1998)에 의해 이미 지적된 바와 같이 에도시대 초기는 유교가 관학으로 지정되었기 때문에 권위를 가졌으며, 승려가 재야의 존재였던 것이 아니라 오히려 그 반대였다. 즉, 불교에 대하여 유교는 언제나 도전자적인 위치관계에 있었다는 것이다.

정하였다. 서술방식을 살펴보면, 「지옥을 보고 다시 살아나다」의 경우 원작을 충실히 번안하면서 재차 설명하거나 알기 쉬운 표현을 사용하여 내용을 확인시키고, 고사(故事)를 인용하여 설명하는 등 교훈과 계몽을 주안으로 하는 가나조시의 특징을 곳곳에서 발견할 수 있었다.

현실세계에 대한 비판의식은 지옥으로 끌려간 주인공과 염라대왕과의 논쟁을 통해 본격적으로 표출되어 있었다. 그 중「지옥을 보고 다시 살아나다」의 특징으로서는 그 비판의 시선이 지방수령이나 관리, 타락하고 부패한 불교도들을 향해 있으며, 압정(壓政)에 의해 고통을 당하고 있는 일반 민중의 처참한 실태를 있는 그대로 생생히 고발하는 것에 중심이 놓여 있었다. 또한 중국 역사상 최악의 매국노로 평가받고 있던 진회(秦檜)가 고통을 당하고 있는 '오국의 문(誤國之門)'이라는 지옥을 일본의 전국시대 동란기의 실제 인물인 메카타노 신스케(妻鹿田新介)로 바꾸었다. 이것은 이야기에 대한 신빙성을 부여하여 교훈적인 효과를 극대화시키려 한 의도와 함께 료이의 역사 인식을 엿볼 수 있는 부분이다.

이와 같은 지옥담을 해석하는데 있어 가장 중요한 것은 지옥경험이 끝난 후의 주인공들의 태도를 비교하는 것이었다. 일단 원작에서는 오로(烏老)의 죽음을 현실세계에서 확인하는 것을 통하여 지옥경험이 거짓으로 지어낸 이야기가 아니라 신빙성이 있는 진실된 이야기였다는 점을 강조하고 있었다. 이것의 의도는 독자가 지옥의 체험담을 정말로 있었던 이야기로 믿는 것을 통하여, 지옥에서 제시된 문제가 더욱더 설득력을 지니게 되며 이로 인해 교훈적인 의도를 극대화 시키는 것에 있었다.

　그에 비해 「지옥을 보고 다시 살아나다」에서는 지옥경험 후의 주인공의 ‘인간적 성장’을 그리는 데 주안점이 놓여 있었다. 이러한 ‘인간적 성장’은 현실세계로 돌아온 주인공의 갈등의 원인이 됨과 동시에 현실부정의 계기가 되기도 하였다. 따라서 아사하라는 유학을 버리고 불교로 귀의하는 것으로 이야기는 종결되는데, 이것은 유학자가 불교적 세계인 지옥을 보고 불교에 설득당한 것을 의미한다.

　「지옥을 보고 다시 살아나다」는 유교가 관학으로 지정되어, 당시 주도권을 지니고 있던 불교에 도전장을 내밀던 당시의 사상적인 분위기에서 유교보다 불교가 우위에 서 있다는 것을 제시함을 통하여 불교적인 이념을 전달하는 창도물로서의 『오토기보코』의 창작의도가 효과적으로 달성된 이야기라 할 수 있을 것이다.

종 장

　본서에서는 아사이 료이의 문학의 성립에는 조선과 중국의 문학이 큰 영향을 미쳤으며, 이로 인해 어떠한 성격을 지니는 작품으로 재탄생되었는가에 대하여 번역물인 『삼강행실도』와 번안물인 『오토기보코』를 중심으로 고찰하였다.

1. 일본에서의 『삼강행실도』의 수용과 아사이 료이의 번역

　본 장에서는 지금까지 미상이었던 화각본 『삼강행실도』의 저본 및 화역본의 저본을 밝힌 후 출전과의 비교를 통하여 료이의 화역본 『삼강행실도』의 특징에 대하여 고찰하였다. 이와 아울러 일본에서의 『삼강행실도』의 수용에 대한 양상에 대하여 필자의 조사결과를 소개하였다.

　일단, 『조선왕조실록』의 기록을 중심으로 조선에서의 『삼강행실도』

에 대한 출판의 양상을 정리하고, 선조개역본의 경우 한국과 일본의
각 기관을 방문하여 서지학적인 조사를 통해 그 계보를 제시하였다.

화각본은 1630년에 하야시 라잔(林羅山)이 도쿠가와 막부(德川幕
府)에게 헌상하였다. 이에 라잔이 『삼강행실도』의 열녀편을 번역한 『데
이조 와지키(貞女和字記)』와 『게조슈(化女集)』의 내용 그리고 화각
본의 훈점의 내용을 비교해 본 결과, 동일인에 의한 시훈(施訓)이라
볼 수 없다는 것을 알게 되었다. 따라서, 화각본의 시훈자(施訓者)는
별도로 존재하였으며, 이것을 라잔과 게이안이 도쿠가와 막부에게 바
친 것이라 추정된다.

화각본의 저본의 경우, 종래에는 선조개역본일 것이라는 식으로 막
연하게 생각되어 왔다. 이에 필자는 매목(埋木)에 의한 보수부분과
이체자(異體字), 글자의 일부분이 파손된 부분까지 충실히 복각본(覆
刻本)으로 만든 것으로 미루어 보아 화각본이 저본으로 한 것은 교
토부립종합자료관(京都府立総合資料館) 소장본과 동일한 종류의 것
임을 밝혀냈다.

다음으로 료이의 화역본 『삼강행실도』와 조선간본 및 화각본을 비
교검토해 본 결과 화역본에는 많은 오역이 보이는 것을 발견하고, 그
원인은 화각본의 훈점의 오류를 그대로 충실히 일본어로 옮겼기 때
문에 생겨난 것임을 밝혀냈다. 이로 인해 료이가 일본어로 옮길 때
사용한 것이 조선간본이 아니라 화각본이라는 것이 판명되었다. 그러
나, 료이는 오역이 태어나면 그것을 그대로 방치한 것이 아니다. 전
체적인 내용의 모순을 피하고, '효자·충신·열녀의 행실을 칭찬한다'
는 원작의 의도를 해치지 않기 위해 원작에는 없는 내용을 새롭게 추

가하거나 이야기의 전개를 바꾸는 등 전체적인 내용에 일관성을 유지하도록 하였다.

다음으로 『신속열녀전(新続列女伝)』의 경우, 나카무라 유키히코 (中村幸彦)를 비롯한 지금까지의 선행연구에서는 『삼강행실도』와의 관계는 미해결인 상태로 남아있었다. 그러나, 제1절에서 제시한 『삼강행실도』의 계통과 종류를 바탕으로 재검토해 본 결과 『신속열녀전』은 사실은 초간본 『삼강행실도』로부터 55개의 이야기를 전재하였다는 것을 알 수 있었다. 그 외에도 『야마토 쇼가쿠(大和小学)』『겐조모노가타리(賢女物語)』의 경우 초간본 『삼강행실도』로부터 직접적으로 영향을 받았으며, 『훈몽고사요언(訓蒙故事要言)』은 화역본 『삼강행실도』를 전재한 것임을 새롭게 지적하였다. 이와 아울러 초간본 『삼강행실도』에서 제목만 있고 그림과 본문이 없었던 결화(欠話)가 일본에서 출판된 『신속열녀전』에 동일한 이야기가 실려 있어 그 내용을 파악할 수 있었다.

마지막으로 화역본 『삼강행실도』를 통하여 료이는 어떠한 효자·충신·열녀관을 제시하였는가를 문제로 지적하였다. 조선의 『삼강행실도』는 주인공의 실천 그 자체에 중점을 두었는데 비해, 료이는 주인공의 효·충·열의 행위에 '진실된 마음가짐'이 수반되어 있다는 점을 높게 평가하고 강조하려 하였다는 것을 지적하였다.

2. 동아시아 비교문학적인 관점에서 본『오토기보코』의 특질

본장에서는『오토기보코』뿐만 아니라 조선의『금오신화』와 베트남의『전기만록』도 마찬가지로『전등신화』의 번안작이라는 점에 착안하여 이들 작품과의 비교를 통한『오토기보코』의 특질에 대하여 고찰하였다.

권3의 제3화「보탄토로(牡丹灯籠)」의 경우 지금까지의 연구결과에 의하면「보탄토로」가 일본에서 인기를 얻게 된 결정적인 계기가 된 것은 료이가「모란등기」를 완전한 일본의 작품으로 재탄생시켰기 때문에, 즉 '일본화(日本化)'에 성공하였기 때문이라 생각되어 왔다. 이에 필자는 본 이야기가 과연 '일본화'에 성공한 것 만으로 이정도까지 일본에서 커다란 인기를 얻을 수 있게 된 이유가 될 수 있을 것인가에 대한 문제를 제기하였다.

이에『전등신화』권2의 제4화「모란등기」의 성격, 조선과 베트남에서의「모란등기」에 대한 인식, 일본에서의「모란등기」에 대한 수용사를 먼저 검토해 보았다. 그 결과 중국에서의 원작, 조선과 베트남의 번안작품 모두 요괴퇴치담으로 인식하였으며, 일본의 경우에도 료이의 번안 이전까지는 요괴퇴치담으로 인식하고 있었음을 알 수 있었다.

그러나 료이에 이르러「보탄토로」와 같은 헤이안시대(平安時代)의 우타모노가타리(歌物語)를 연상하게 하는 서정적인 연애담을 바탕으로 한 괴이담으로서의 주제의 전환이 있었기에 결과적으로는「모란등기」와「보탄토로」가 일본인에게 환영받고 사랑받아 왔으며, 여러

가지 형태로 「모란등기」의 추종작 및 영향작이 태어나는 계기가 되었다고 할 수 있다.

권 6의 제3화 「기생 미야기노(遊女宮木野)」의 경우 「애경전」과의 비교를 통하여 현실인식과 그 해석의 차이, 정절관의 이동(異同), 전생(轉生)과 사생관의 문제, 작품에 나타난 주제를 중심으로 고찰하였다.

먼저 이야기 속에 나타난 현실인식에 대하여 비교해 본 결과 원작과 「기생 미야기노」 모두 비극적인 현실인식이 제시되어 있었다. 그러나 「기생 미야기노」는 비극적인 현실의 원인에 대한 통찰까지 제시되어 있고 그것을 '전생의 업보'라 생각하고 있다는 점이 특징이다. 따라서 「기생 미야기노」에는 불교적인 사상에 바탕을 둔 현실인식과 이해가 담겨 있다고 볼 수 있다.

미야기노의 인물설정에서 볼 수 있는 '기생'과 '정절'의 모순에 대하여, 종래에는 단순히 「애경전」을 그대로 번안한 것으로만 생각되어 왔다. 그러나 료이가 원작의 내용에 공감하여 충실히 번안할 수 있게 된 배경으로는 중국과는 다른 에도시대 나름대로의 기생에 대한 인식과 정절관이 반영되어 있었기 때문이라는 것을 알 수 있었다. 또한 원작과 마찬가지로 미야기노가 죽은 후 3년만에 남자로 전생하게 되는 것도 『오토기보코』 자체에 죽은 이가 3년만에 되살아난다는 전생의 논리가 존재해 있기 때문이었다.

원작의 경우 '남편에 대한 정절'을 통하여 '주군에 대한 충절'의 논리를 제시하고 있다. 그러나 료이는 이에 대하여 주제가 분열된 이야기라 생각하였던 것으로 보여진다. 따라서 「기생 미야기노」에서 끝까지 슬프고 비극적인 정절의 이야기로만 일관하여 번안하고자 하였던 의도를 엿볼 수 있었다.

권12의 제2화 「유령이 편지를 부모에게 전하다(幽靈書を父母につかはす)」의 경우 『금오신화』와 『전기만록』에서는 원작에서의 '사랑의 성취'와 '정절'의 대립을 문제삼고 있었다. 따라서 여인이 정절을 지켜 죽임을 당하는 이야기로 개변하거나 또는 여인의 출신을 기생으로 바꾸었다. 그에 비해 「유령이 편지를 부모에게 전하다」에서 가장 중요시 생각한 것은 전란으로 인해 죽어서 유령이 되어서도 부모에게 편지를 보내어 소식을 전했다는 것이며, 료이는 이를 통해 연애담으로만 일관되어 있는 원작을 효행담으로 주제를 바꾸었다.

아사이 료이가 원작을 효행담으로 주목할 수 있었던 배경으로는 『효행이야기』『간닌키』『야마토 이십사효』『삼강행실도』 등의 저작물로부터 알 수 있듯이 그는 효행이라는 테마 자체에 큰 관심을 가지고 있었기 때문이라 생각된다.

권4의 제1화 「지옥을 보고 다시 살아나다(地獄を見て蘇)」의 경우 료이는 원작을 충실히 번안하여 그 의도를 그대로 받아들이면서, 지옥의 묘사에 있어서는 알기 쉽게 다시 설명하거나 반복설명을 통하여 내용을 다시금 확인하고 고사(故事)를 인용하여 설명하는 등 서민을 대상으로 한 가나조시(仮名草子)의 전형적인 특징이 여러 곳에서 나타나 있었다.

다음으로 인물설정의 경우 원작에서는 강직한 유학자로서의 일관성이 결여되었으나 료이는 지옥의 참혹한 광경을 보고서도 굴하지 않는 일관성있는 인물로 전환하여 내용의 모순을 피하려 하였다는 점을 지적할 수 있었다.

이와 같은 지옥담을 해석하는데 있어 가장 중요한 것은 지옥경험이 끝난 후의 주인공들의 태도를 비교하는 것이었다. 그 중「지옥을 보고 다시 살아나다」의 특징으로는 현실세계로 돌아온 주인공이 유학을 버리고 불교로 귀의하는 것으로 이야기가 끝난다는 점이다. 이것은 에도시대 초기의 사상의 전환기라는 시대적 배경 속에서 유학자가 불교적인 세계인 지옥을 보고 불교에게 설득당하였다는 것을 의미하며, 본 이야기는 불교적인 이념을 전달하기 위한 창도물로서의 『오토기보코』의 창작의도가 가장 효과적으로 나타난 이야기라 할 수 있다.

괴이담을 소재로 하고 있는 『전등신화』가 그 서문에서 교훈적인 의도를 표방하고 있음에도 불구하고 중국에서는 금지되었으며 조선의 역사서에서는 비난받았다. 그러나 그와는 반대로 일본에서는 크게 환영받았는데 그 이유는 『오토기보코』의 서문에서 알 수 있듯이 '괴력란신(怪力亂神)'을 이야기하는 것에 대한 금기를 어기고는 있으나 사람들에게 교훈을 전하기 위해서라면 어떠한 사상이나 가치관이라 할 지라도 자유롭게 이용한다는 료이의 적극적인 의도가 있었기 때문이라 할 수 있을 것이다.

그렇다면 중국이나 조선에서는 비판받았는데 비해 일본에서는 료이의 의도가 받아들여지게 된 배경은 무엇일까. 그것은 당시 비록 유교가 관학(官學)으로 지정되어 있었다고는 하지만 여전히 불교가 중심적인 사상이었으며 이에 더하여 신도(神道)등의 다양한 문화적 기반이 동시에 공존하고 있었기 때문이라 생각된다.

일본문학사 속에서 『오토기보코』가 차지하는 중요성에 대해서는 새삼 말할 필요도 없을 것이다. 그러나 일본의 문학을 동아시아 문학이라는 보다 넓은 시야속에서 바라보았을 때『오토기보코』는 일본의 문학을 보다 객관적인 시점에서 바라보기 위해, 그리고 우리 자신의 문학에 대하여 돌아보기 위해 더할 나위 없이 중요한 자료라 평가할 수 있을 것이다.

참고문헌

제1장. 일본에서의 『삼강행실도』의 수용과 아사이 료이의 번역

▶ **일본의 잡지논문 및 학위논문**

・伊藤幸司(2007) 「(寄稿)桜圃寺内文庫所蔵資料から−『三綱行実』について−」 山口県立大学附属図書館報YPU Library第4号
・小川陽一(2008) 「日本近世文学の中の中国善書」『江戸文学』38号
・笠井清(1961) 「仮名草子に及ぼした「列女伝」の影響」『比較文学』4号
・勝又基(1998) 「『本朝孝子伝』の流行」『金沢大学国語国文』第23号
・木村三四吾(1964) 「西鶴織留諸版考」『ビブリア』第28号
・金永昊(2010) 「浅井了意の『三綱行実図』翻訳−和刻本・和訳本の底本と 了意−」『近世文芸』91号
・志部昭平(1992) 「宣祖時改訳の三綱行実について−主に壬辰之乱前古本に ついて−」『朝鮮学報』145輯
・趙賢姫(2003) 「韓国と日本における古典小説の比較研究−『二十四孝』・『剪 灯新話』の影響−」専修大学大学院博士学位論文
・中嶋隆(1983) 「早大図書館蔵『三綱行実図』について」『近世文芸研究と評 論』25号
・中村幸彦(1982) 「朝鮮説話集と仮名草子−『三綱行実図』を主に−」『中村幸 彦著述集』第5巻所収, 中央公論社
・成沢勝(1998) 「東北大学附属図書館所蔵「江戸刊『三綱行実図』」を中心に −漢土の徳行人物に李朝の求めたもの江戸期の求めたもの−」

　　　　　『木這子』23巻1号
・徳田進(1961)「三綱行実孝子図の覆製とその影響」『高崎経済大学論集』5号
・三栖隆介(1993)「女訓物仮名草子における『列女伝』受容」(和漢比較文学
　　　　　叢書第17巻『江戸小説と漢文学』所収, 汲古書院)

▶ 일본의 연구서

・青山忠一(1982)『仮名草子女訓文芸の研究』桜楓社
・朝倉治彦編(2002)『三綱行実図』(『仮名草子集成』第32巻所収)東京堂出版
・朝倉治彦・大久保順子編(2000)『孝行物語』(『仮名草子集成』第27巻所収)
　　　　　東京堂出版
・荒井秀夫編・名古屋市蓬左文庫監修(1999)『尾張徳川家蔵書目録 第一巻』
　　　　　ゆまに書房
・大島建彦校注(1973)『日本古典文学全集36 御伽草子集』小学館
・神谷勝広(2001)『和製類書集』(『江戸怪異綺想文芸大系』第三巻所収)国
　　　　　書刊行会
・志部昭平(1990)『諺解三綱行実図研究—本文・校註・翻訳・開題篇—』汲
　　　　　古書院
・塚本哲三編(1920)『新続列女伝』(『古列女伝(全)・女四書(全)』所収)友朋
　　　　　堂文庫
・徳田進(1963)『孝子説話集の研究 近世篇—二十四孝を中心に—』井上書房
・中野三敏(1995)『書誌学談義 江戸の板本』岩波書店
・横山重(1979)『書物捜索(下)』角川書店

▶ 1차자료 및 한국의 연구서

・『동국신속삼강행실도・동국신속삼강행실도 撰集応儀軌』(홍문각, 1992)
・『삼강행실도』 한국 고려대학교 중앙도서관소장 만송문고 소장본[貴296]
・_____ 한국 고려대학교 중앙도서관소장 만송문고 소장본[貴296C]
・_____ 한국 고려대학교 중앙도서관소장 만송문고 소장본[貴296D]
・_____ 한국 고려대학교 중앙도서관소장 만송문고 소장본[晩松B12A
　　　　　231H]
・_____ 일본 고마자와대학(駒澤大学) 도서관 가나자와 쇼자부로(金澤
　　　　　庄三郎) 구장본[灌足632]

- _____ 일본 고마자와대학(駒澤大学) 도서관 가나자와 쇼자부로(金澤 庄三郎) 구장본[選足貴636 - 1]
- _____ 일본 국립공문서관 내각문고 소장본[林3 - 299 - 151]
- _____ 일본 국립공문서관 내각문고 소장본[子248 - 0005]
- _____ 일본 동경대학교 법학부 법제사자료실 소장본[乙7 - 763]
- _____ 일본 동경대학교 법학부 법제사자료실 소장본[乙7 - 764]
- _____ 한국 서울대학교 중앙도서관 소장본[心岳古170.951SE63sv.13]
- _____ 한국 서울대학교 중앙도서관 소장본[一石貴170.951SA44g]
- _____ 한국 서울대학교 규장각 소장본[一簑貴170.951 - SE63s]
- _____ 한국 서울대학교 규장각 소장본[古1149 - 12]
- _____ 일본 와세다대학교(早稲田大学) 중앙도서관 소장본[口9 - 1076])
- _____ 일본 교토부립종합자료관(京都府立総合資料館) 소장본[貴244]
- _____ 일본 미야기현도서관(宮城県図書館) 다테문고(伊達文庫) 소장 본[80015]
- _____ 일본 마에다케(前田家) 손케이카쿠문고(尊経閣文庫) 소장본
- _____ 한국 연세대학교 중앙도서관 국학자료실 소장본
- _____ 한국 국립중앙도서관 소장본[한古朝57 - 가36]
- _____ 일본 가나자와시립(金沢市立) 다마카와(玉川) 도서관 가도문 고(稼堂文庫) 소장본
- _____ 일본 시즈오카시(静岡市) 세리자와 게이스케(芹沢銈介) 미술 관 소장본
- _____ 화역본, 히젠(肥前) 시마바라(島原) 마쓰다이라문고(松平文庫) 소장본
- _____ 화각본, 나고야시(名古屋市) 호사문고(蓬左文庫) 소장본[111 - 1]
- _____ 화각본, 한국 국립중앙도서관 소장본[古朝57 - 가686]
- _____ 화각본, 한국 서울대학교 규장각 소장본[古1149 - 21 - 00]
- 『삼강행실도 고려대본 · 성균관대본 · 상백문고본 · 규장각본』(홍문각, 1990)
- 『삼강행실도 효자편』(세종대왕기념사업회, 1982)
- 『삼강행실도 충신편』(세종대왕기념사업회, 1982)
- 『삼강행실도 열녀편』(세종대왕기념사업회, 1982)
- 『속삼강행실도 原刊本 · 重刊本二種』(홍문각, 1988)

· 『오륜행실도』 서울대학교 중앙도서관 고문헌실 소장본[心岳古173 J466o2]

▶ **한국의 잡지논문 및 학위논문**

· 김항수(1997) 「『삼강행실도』 편찬의 추이」(제25회 한국고전심포지움 『『삼
　　　　　　　 강행실도』의 종합적 검토』에 수록)
· 김훈식(1997) 「『삼강행실도』 보급의 사회사적 고찰」(제25회 한국고전심포지
　　　　　　　 움 『『삼강행실도』의 종합적 검토』에 수록)
· 송일기·이태호(2001) 「조선시대 「행실도」 판본 및 판서에 관한 연구」『서
　　　　　　　 지학연구』21권
· 송종숙(1988) 「『삼강행실도』 판본고」중앙대학교 대학원 석사학위논문
· 이혜순(1997) 「열녀상의 전통과 변모」(제25회 한국고전심포지움 『삼강행
　　　　　　　 실도』의 종합적 검토』에 수록)
· 장향실(2004) 「중국 북경대 도서관 소장 『삼강행실도』에 대하여」『우리어
　　　　　　　 문연구』23권
· 정병모·이성미(1997) 「『삼강행실도』의 판화사적 연구」(제25회 한국고전심포
　　　　　　　 지움 『『삼강행실도』의 종합적 검토』에 수록)
· 최박광(1990) 「『신속열녀전』과 상국사 소장자료에 관하여」『성대문학』27호
· 홍윤표(1997) 「『삼강행실도』의 서지 및 국어사적 의의」(제25회 한국고전심포
　　　　　　　 지움 『『삼강행실도』의 종합적 검토』에 수록)

제2장. 동아시아 비교문학적인 관점에서 본 『오토기보코』의 특질

▶ **일본의 잡지논문**

· 市古夏生(1983) 「『伽婢子』における場の設定」『国文白百合』14号
· 井波律子(1998) 「遊里の恋」『月刊しにか』102号
· 岩谷めぐみ(2005) 「朝鮮時代における妓生」『江戸文学』33号
· 宇佐美喜三八(1935) 「伽婢子に於ける翻案について」『国語と国文学』12巻
　　　　　　　 3号
· 江本裕(1972) 「了意怪異談の素材と方法」『近世文芸研究と評論』2号
· ＿＿＿＿(1999) 「『狗張子』注釈(一)」『大妻女子大学紀要文系』31号
· ＿＿＿＿(2000) 「『狗張子』注釈(二)」『大妻女子大学紀要文系』32号

아사이 료이(浅井了意) 문학의 성립과 성격

・_____(2001)「『狗張子』注釈(三)」『大妻女子大学紀要文系』33号
・_____(2001)「浅井了意−了意の感懐と存疑作序説−」『国文学 解釈と鑑賞』
　　　　　　66巻9号
・_____(2005)「『狗張子』注釈(四)」『大妻女子大学紀要文系』37号
・_____(2006)「『狗張子』注釈(五)」『大妻女子大学紀要文系』38号
・闇小妹(2007)「読む「愛卿伝」と「翠々伝」を読む−『剪灯新話』の構成−」『日
　　　　　　本文学』648号
・_____(2007)「『剪灯新話』と『伝奇漫録』」『近世部会誌』第2号
・_____(2008)「『剪灯新話』の神婚譚と冥婚譚」『近世部会誌』第3号
・大桑斉(2004)「近世初期における思想と説話」『国文学 解釈と教材の研究』
　　　　　　49巻5号
・奥野信太郎(1940)「安南文学の一例として見たる伝奇漫録」『中国文学』67号
・笠井清(1956)「西鶴の剪灯新話系説話」『西鶴研究』9号
・加藤みちこ(2001)「一七世紀仏教者における「世法」と「仏法」−浅井了意の
　　　　　　場合−」『学習院大学文学部研究年報』47号
・加藤良輔(1993)「『伽婢子』論−乱世を語る方法−」『日本文学誌要』47号
・川本邦衛(1974)「「伝奇漫録増補解音集註」にみえる字喃について(一)」『慶
　　　　　　応義塾大学言語文化研究所紀要』6号
・_____(1984)「『伝奇漫録』研究ノート(二)」『慶応義塾大学言語文化研
　　　　　　究所紀要』16号
・_____(1985)「『伝奇漫録』研究ノート(三)」『慶応義塾大学言語文化研
　　　　　　究所紀要』17号
・_____(1987)「『伝奇漫録』研究ノート(四)」『慶応義塾大学言語文化研
　　　　　　究所紀要』19号
・_____(1988)「黎朝言語資料の解音について−字喃の転写に関する覚書
　　　　　　(『伝奇漫録』研究ノート(五)−」『慶応義塾大学言語文化研究
　　　　　　所紀要』20号
・_____(1990)「阮嶼における剽窃と翻案−「木綿樹伝」および「傘円祠
　　　　　　判事録」−」『慶応義塾大学言語文化研究所紀要』22号
・_____(1991)「『伝奇漫録』研究ノート(六)」『慶応義塾大学言語文化研
　　　　　　究所紀要』23号
・_____(1992)「阮嶼における剽窃と翻案(続)−「令狐生冥夢録」と「傘円

祠判事録」ー』『慶応義塾大学言語文化研究所紀要』24号

・_____(1993)「「夜叉部帥録」について」『慶応義塾大学言語文化研究所
紀要』25号

・_____(1994)「覆刻本『新編伝奇漫録』俗語訳の性格」『慶応義塾大学言
語文化研究所紀要』26号

・木越治(2008)「恋と死ー西鶴作品の「語り」を通してー」『国文学 解釈と鑑賞』
第73巻3号

・金永昊(2008)「『剪灯新話』の翻案とアジア漢字文化圏怪異小説の成立ー地
獄譚「令狐生冥夢録」の翻案を中心にー」『二松』22号(二松学
舎大学創立130周年記念若手研究者懸賞論文佳作受賞)

・_____(2009)「『剪灯新話』「翠々伝」の影響の諸相ー日本・朝鮮・ベトナム
の翻案作が求めたものー」『中国古典小説研究』14号

・_____(2009)「アジア漢字文化圏の中の『伽婢子』ー「遊女宮木野」の翻案の
特質を中心にー」『人間社会環境研究』18号

・近衛典子(2008)「日本近世小説における白話小説研究の今後」『江戸文学』
38号

・坂巻甲太(1980)「了意怪異小説試論(その序章)ー近世怪異小説論の基礎稿
として」『東横国文学』12号

・_____(1980)「了意怪異小説試論(その二)ー近世怪異小説論の基礎稿と
して」『就実語文』1号

・_____(1981)「了意怪異小説試論(その一)ー近世怪異小説論の基礎稿と
してー」『就実論叢』10号

・_____(1981)「了意怪異小説試論(その三)ー近世怪異小説論の基礎稿と
して」『就実語文』2号

・_____(1982)「了意怪異小説試論(その四)ー近世怪異小説論の基礎稿と
して」『就実語文』3号

・_____(1984)「了意怪異小説試論(その五)ー近世怪異小説論の基礎稿と
して」『就実論叢』14号

・_____(1986)「了意怪異小説試論(その六)ー近世怪異小説論の基礎稿と
して」『就実論叢』(人文篇)15巻1号

・_____(1986)「近世怪異小説の虚構ー翻案を基軸として」『日本文学』35
巻8号

・_____(1987)「了意怪異小説試論(その七)―近世怪異小説論の基礎稿として」『就実論叢』(人文篇)16号

・_____(1988)「了意怪異小説試論(その八)―近世怪異小説論の基礎稿として」『就実論叢』(人文篇)17号

・_____(1989)「浅井了意の怪異小説(その一)―近世怪異小説論の基礎稿として」『愛知淑徳大学国語国文』12号

・_____(1989)「近世怪異小説に於ける夢―『伽婢子』中の一篇を中心に―」『愛知淑徳大学論集』14号

・_____(1990)「浅井了意の怪異小説(その二)―近世怪異小説論の基礎稿として―」『愛知淑徳大学国語国文』13号

・澤田瑞穂(1938)「剪灯新話の舶載年代」(『中国文学月報』第35号所収)

・白倉一由(1994)「浅井了意―謎に包まれた人物」『国文学 解釈と鑑賞』59巻8号

・高野昌彦(2003)「『伽婢子』論―怪異小説の生成―」『同志社国文学』58号

・竹田晃(1992)「怪異の原型―中国志怪小説の世界」『国文学 解釈と教材の研究』37巻9号

・太刀川清(1973)「『諸国百物語』成立の背景」『長野県短期大学紀要』28号

・_____(1977)「『伽婢子』の創作意図」『長野県短期大学紀要』32号

・_____(1978)「『百物語評判』の意義」『長野県短期大学紀要』33号

・趙賢姫(2003)「『剪灯新話』の「人鬼交歓譚」をめぐって―『金鰲新話』・仮名草子・『雨月物語』の比較―」『文学・語学』176号

・張龍妹(2008)「東アジアにおける『剪灯新話』の受容―『伝奇漫録』における恋物語の特質―」『アジア遊学』114号

・鄭琦鍋(1973)「『金鰲新話』と『伽婢子』における受容の様態」『朝鮮学報』68輯

・土屋順子(1999)「『狗張子』の和歌」『大妻女子大学大学院文学研究科論集』9号

・常吉幸子(1991)「『伽婢子』試論―〈作者〉によるひそかな画策と勝利について―」『活水論文集』(日本文学科編)34号

・_____(1998)「『伽婢子』における≪恋愛譚≫と和歌的伝統」『活水日文』36号

・常吉由樹子(2000)「『伽婢子』恋愛譚に見る了意の性愛観」『活水日文』39号

・_____(2004)「浅井了意の和歌意識の根元―〈普遍〉への糸口―」『活水

　　　日文』45号
・野間光辰(1972)「了意追跡」(北条秀雄『改訂増補浅井了意』所収)，笠間書院
・花田富二夫(1981)「『伽婢子』教訓的要素の考察—原話離れを中心に—」『有
　　　明工業高等専門学校紀要』17号
・＿＿＿＿(2008)「仮名草子と中国小説」『江戸文学』38号
・河智弘(2004)「韓・中・日の小説の比較研究—『剪灯新話』『金鰲新話』『伽
　　　婢子』を中心に—」『就実修士論文報』3号
・玄昌廈(1960)「『伽婢子』と『金鰲新話』—龍宮物語の独自性に関して—」『比
　　　較文学』3号
・檜谷昭彦(1994)「近世小説の系譜」『国文学解釈と鑑賞』59巻8号
・黄昭淵(1998)「『伽婢子』と叢書—『五朝小説』を中心に」『近世文芸』67号
・＿＿＿(1998)「中国善書の受容と怪談・奇談の展開—仮名草子・浮世草子
　　　を中心に—」早稲田大学大学院博士学位論文
・冨士昭雄(1966)「『伽婢子』の方法」『名古屋大学教養部紀要』10輯
・＿＿＿＿(1967)「浅井了意の方法—狗張子の典拠を中心に」『名古屋大学
　　　教養部紀要』11号
・＿＿＿＿(1971)「伽婢子と狗張子」『国語と国文学』48巻10号
・＿＿＿＿(1980)「伽婢子—怪異と超現実へ—」『国文学解釈と鑑賞』45巻9号
・＿＿＿＿(1999)「仏教唱導書と西鶴作品」『駒沢大学仏教文学研究』2号
・＿＿＿＿(2001)「『奇異雑談集』の成立」『近世文学と出版メディア—近世小
　　　説を中心に—』所収，笠間書院
・前芝憲一(1980)「『伽婢子』論序説」『日本文芸学』15号
・＿＿＿＿(1989)「『百物語評判』の論理」『日本文芸学』29号
・前田勉(1998)「仮名草子における儒仏論争」『文芸研究』146号
・松本建(2005)「『浮世物語』における主人公の機能と巻第二の断層」『文学研
　　　究論集』23号
・楊永良(1994)「『伽婢子』の長生論—道教の「気」の思想—」『見えない世界の
　　　文学誌』，ぺりかん社
・渡辺憲司(2005)「十七世紀前半東アジアの遊女への視点」『江戸文学』33号
・渡辺守邦(2006)「『五朝小説』と『伽婢子』(一)」『実践国文学』70巻
・＿＿＿＿(2007)「『五朝小説』と『伽婢子』(二)」『実践国文学』71巻
・＿＿＿＿(2007)「『五朝小説』と『伽婢子』(三)」『実践国文学』72巻

・_____(2008)「『五朝小説』と『伽婢子』(四)」『実践国文学』73巻
・和田恭幸(1992)「浅井了意『伽婢子』−渡来した妖異−」『国文学　解釈と教材の研究』37巻9号
・_____(1994)「『伽婢子』考−序文釈義−」『見えない世界の文学誌』, ぺりかん社

▶ **일본의 연구서 및 1차자료**

・朝倉治彦編(1983)『狗張子』(『仮名草子集成』第4巻)東京堂出版
・朝倉治彦編(2001)『古老物語』(『仮名草子集成』第30巻)東京堂出版
・朝倉治彦・深沢秋男編(1991)『怪談全書』(『仮名草子集成』第12巻)東京堂出版
・麻生磯次(1957)『江戸文学と中国文学』三省堂
・今村与志雄訳(1986)『中国小説史略』(『魯迅全集』第二巻所収), 学習研究社
・上村観光(1992)『五山文学全集　第四巻』思文閣出版
・宇佐美喜三八(1952)『和歌史に関する研究』若竹出版株式会社
・江本裕(1980)『伽婢子』(教育社新書原本現代訳59)教育社
・_____(1987)『伽婢子1』(東洋文庫475)平凡社
・_____(1988)『伽婢子2』(東洋文庫480)平凡社
・_____(2000)『近世前期小説の研究』(近世文学研究叢書12)若草書房
・小和田哲男(2006)『甲陽軍鑑入門』角川ソフィア文庫
・川本邦衛(1988)『伝奇漫録刊本攷』慶應義塾大学言語文化研究所
・合山究(2006)『明清時代の女性と文学』汲古書院
・坂巻甲太(1990)『浅井了意怪異小説の研究』(新典社研究叢書35)新典社
・_____(1993)『浅井了意集』(『叢書江戸文庫』29)国書刊行会
・坂本幸男・岩本裕訳注(1976)『法華経　上・中・下』岩波書店
・澤田瑞穂(1988)『中国の伝承と説話』研文出版
・塩谷温訳注(1935)『国訳漢文大成　文学部第13巻』国民文庫刊行会
・下山弘(1993)『遊女の江戸−苦界から結婚へ−』(中公新書1123)中央公論新社
・鈴木紀子・林久美子・野村幸一郎編著(2007)『女の怪異学』晃洋書房
・竹内照夫(1977)『礼記(中)』(『新釈漢文大系』28)明治書院
・竹田晃・小塚由博・仙石知子校注(2008)『中国古典小説選8 剪灯新話』明治書院

- 太刀川清(1979) 『近世怪異小説研究』笠間書院
- _____(1988) 『牡丹灯記の系譜』勉誠社
- 徳田武(1987) 『日本近世小説と中国小説』(『日本書誌学大系』51)青裳堂書店
- 野田寿雄(1978) 『近世初期小説論』笠間書院
- _____(1986) 『日本近世小説史 仮名草子篇』勉誠社
- 長谷川強編(1987) 『あやしぐさ』(『古典文庫』第483冊)共立印刷株式会社
- 花田富二夫(2003) 『仮名草子研究―説話とその周辺』新典社
- 深沢秋男・菊池真一(2004) 『仮名草子研究文献目録』和泉書院
- 富士正晴(1974) 『日本の古典24 江戸小説集Ⅰ』河出書房新社
- _____(1977) 『怪談伽婢子・狗張子』河出書房新社
- 北条秀雄(1972) 『改訂増補浅井了意』笠間書院
- _____(1974) 『新修浅井了意』笠間書院
- 松田修(1963) 『近世文学の成立―異端の系譜』法政大学出版局
- 松田修・渡辺守邦・花田富二夫校注(2001) 『新日本古典文学大系75 伽婢子』岩波書店
- 松原秀江(1997) 『薄雪物語と御伽草子・仮名草子』和泉書院
- 水田潤(1981) 『仮名草子の世界―未分化の系譜』桜楓社
- _____(1989) 『近世文芸史論』桜楓社
- 村上知行(1954) 『全訳剪灯新話―美女と妖鬼の譚―』中央公論社
- 守本順一郎(1974) 『日本思想史の課題と方法』新日本出版社
- 諸橋轍次(2003) 『孔子・老子・釈迦「三聖会談」』(講談社学術文庫574)講談社
- 山口剛編(1927) 『怪談名作集』(『日本名著全集』江戸文芸之部第十巻)興文社
- 吉田賢抗訳注(2004) 『論語』(『新釈漢文大系』1)明治書院
- 和歌山大学紀州経済史文化史研究所編(1984) 『紀州藩石橋家家乗』清文堂出版

▶ 한국의 잡지논문 및 학위논문

- 곽정식(1991) 「베트남의 전문학에 관한 연구―『전기만록』 소재 작품의 우의성을 중심으로―」『한국문학논총』12권, 한국문학회
- 김춘해(1989) 「전등신화연구」 전남대학교대학원 석사학위논문

· 박성의(1958) 「비교문학적 견지에서 본 금오신화와 전등신화」『文理論集』3호
· 박애화(2009) 「동아시아에 있어서 『剪燈新話』의 수용양상—愛情類 작품을 중심으로—」고려대학교 대학원 석사학위논문
· 박일용(2001) 「『금오신화』와 『전등신화』에 나타난 애정 모티프의 형상화 방식과 그 의미」『민족문화연구』35호, 고려대학교 민족문화연구원
· 박희병(2000) 「한국·중국·베트남 전기소설의 미적 특질 연구—『금오신화』『전등신화』『전기만록』을 대상으로—」『베트남의 기이한 이야기』, 돌베개
· 변은전(2001) 「日本江戶時代에 있어서의 『剪燈新話句解』와 『金鰲新話』의 수용」『민족문화연구』35호, 고려대학교 민족문화연구원
· 신재홍(1999) 「『금오신화』의 환상성에 대한 주제론적 접근」『고전문학과 교육』1집, 청관고전문학회
· 안동준(2001) 「동아시아 초기소설의 성격」『배달말』28호, 배달말학회
· 윤채근(1998) 「『금오신화(金鰲新話)』의 미적 원리와 반성적 주체」『고전문학연구』14집, 한국고전문학회
· 이재성(2001) 「『金鰲新話』『伽婢子』의 비교연구」대구대학교대학원 박사학위논문
· 이학주(1999) 「동아시아 전기소설의 예술적 특성 연구—『剪燈新話』『金鰲新話』『伽婢子』『傳奇漫錄』을 중심으로—」성균관대학교대학원 박사학위논문
· _____(2000) 「동아시아 전기소설의 연원과 전파」『고전산문교육의 이론』, 집문당출판사
· 장개종(1994) 「한·중·월 전기소설의 비교연구—『金鰲新話』『剪燈新話』『傳奇漫錄』—」성균관대학교대학원 박사학위논문
· 전혜경(1991) 「베트남 전기소설 『전기만록』에 대한 연구—동양권 전기소설과의 비교적 관점에서—」『동남아연구』1호, 한국외국어대학교 동남아연구소
· _____(1994) 「한·중·월 전기소설의 비교연구—『전등신화』『금오신화』『전기만록』을 중심으로—」숭실대학교대학원 박사학위논문
· _____(1999) 「『금오신화』(韓)·『전등신화』(中)·『전기만록』(越) 염정류 작품군의 비교 연구」『동남아연구』8호, 한국외국어대학교 동남아

연구소

· 정용수(2002) 「奎章閣所藏 古本『剪燈新話句解』의 板本 研究」『고소설연구』제14권, 한국고소설학회

· 정유진(2002) 「한국·중국·베트남 애정전기의 여성과 애정─『剪燈新話』『金鰲新話』『傳奇漫錄』을 중심으로─」『여성문학연구』8호, 한국여성문학학회

· 정환국(2002) 「『금오신화(金鰲新話)』와『전등신화(剪燈新話)』의 지향과 구현화 원리」『고전문학연구』22집, 한국고전문학회

· 최용철·장본의(1999) 「『금오신화』 조선간본의 발굴과 판본에 관한 고찰」『민족문화연구』, 고려대학교 민족문화연구원

· 최용철(1997) 「중국 금서소설의 국내전파와 영향」『동아시아문학의 연구』, 국학자료원

· ＿＿＿(1999) 「『전등신화』의 간행과 판본의 전파」고려대학교 중국학연구소 추계학술대회 발표자료

· 최남선(1927) 「금오신화해제」『계명』19호, 계명구락부

· 한영환(1984) 「금오신화의 비교문학적 연구」경희대학교대학원 박사학위논문

· 황소연(2000) 「일본문학과『전등신화』『금오신화』─17세기를 중심으로─」『고전산문교육의 이론』, 집문당출판사

▶ 한국과 중국의 연구서

· 喬光輝(2006) 『明代剪燈系列小說研究』中國社會科學出版社

· 김대식(2005) 『淺井了意의 思想研究』제이앤씨

· 김명순(1986) 『고전소설의 비극성 연구』창학사

· 김일열(1991) 『조선조 소설의 구조와 의미』형설출판사

· 박태상(1996) 『조선조 애정소설연구』태학사

· 박희병(1997) 『한국 전기소설의 미학』돌베개

· ＿＿＿(2000) 『베트남의 기이한 이야기─전기만록─』돌베개

· 심경호(2000) 『매월당 김시습 금오신화』홍익출판사

· 설중환(1989) 『금오신화연구』고려대학교 민족문화연구소

· 이우성 편(1995) 『매월당집 상·하』아세아출판사

· 이재수(1973) 『한국소설연구』형설출판사

· 장효현(2002) 『한국고전소설사연구』고려대학교출판부

· 전규태(1993) 『한국고전문학사』(『월호문학전집』2), 백문사
· 정주동(1961) 『매월당김시습연구』민족문화사
· 정종대(1990) 『염정소설구조연구』계명문화사
· 조동일(1981) 『한국소설의 이론』지식산업사
· _____(1991) 『한국문학과 세계문학』지식산업사
· _____(1996) 『세계문학의 허실』지식산업사
· 陳慶浩·王三慶編(1987) 『越南漢文小說叢刊 傳奇漫錄』臺湾學生書局
· 陳益源(1990) 『剪燈新話与傳奇漫錄之比較研究』臺湾學生書局
· 최용철(2003) 『금오신화의 판본』국학자료원
· _____(2005) 『전등삼종(상·하)』(한국학술진흥재단 학술명저번역총서 동양
　　　　　　편69), 소명출판
· 한영환(1985) 『한·중·일 소설의 비교연구—『剪燈新話』『金鰲新話』『도기
　　　　　　보오꼬』를 중심으로—』정음사

초출일람(初出一覧)

　본서는 2010년에 필자가 가나자와대학교(金沢大学)에 제출한 박사논문 중에서 아사이 료이(浅井了意) 관련 논문 및 기발표 논문을 바탕으로 가필 수정한 것이다. 이하, 그 초출을 밝혀둔다.

제1장 일본에서의 『삼강행실도』의 수용과 아사이 료이의 번역

제1절 조선과 일본의 『삼강행실도』의 출판
2010.01 「浅井了意の『三綱行実図』翻訳－和刻本・和訳本の底本と了意－」『近世
　　　　文芸』91号、日本近世文学会
2010.06 「한국과 일본의 『삼강행실도』」 『인문학연구』13집, 인천대학교 인문학연
　　　　구소

제2절 화각본의 시훈자(施訓者)와 저본(底本)
2010.01 「浅井了意の『三綱行実図』翻訳－和刻本・和訳本の底本と了意－」『近世
　　　　文芸』91号、日本近世文学会

제3절 화역본에 나타난 오역과 개변(改變)의 양상
2010.01 「浅井了意の『三綱行実図』翻訳－和刻本・和訳本の底本と了意－」『近世
　　　　文芸』91号、日本近世文学会

제4절 일본에서의 『삼강행실도』 수용 양상
2010.08 「근세초기 『삼강행실도』의 수용양상 고찰」 『일어일문학연구』74집, 한국
　　　　일어일문학회

333

저자 김영호는 한국외국어대학교 일본어통번역학과에 입학하여 재학 중에는 일본문부과학성 초청 국
비유학으로 히로시마대학교(廣島)에서 일본어 일본문화 연수생으로 공부하였다. 한국
외국어대학교 일반대학원 석사과정 재학 중에는 니가타현 초청 현비유학생에 선발되
어 니가타대학교(新潟) 국어국문학과에서 연수하였으며, 한국외국어대학교 석사과정
을 졸업한 후 일본문부과학성 초청 국비유학으로 가나자와대학교(金澤) 대학원에서 석
사과정과 박사과정을 졸업하였다. 현재는 한국외국어대학교, 차의과학대학교, 인하대
학교에서 일본어와 일본문화 등의 과목을 강의중이다.

〈수상〉
2007년 니쇼가쿠샤(二松學舍) 대학교 창립 130주년 기념 현상논문 중국학부문 가작
2009년 니쇼가쿠샤(二松學舍) 대학교 창립 130주년 기념 현상논문 국문학부문 우수상

〈주요논문〉
2010.01 「淺井了意の『三綱行實図』翻譯－和刻本・和譯本の底本と了意－」『近世文芸』91号、日本近世
文學會

단국대학교 일본연구소 학술총서④

아사이 료이(浅井了意) 문학의 성립과 성격

초판인쇄 2012년 04월 04일
초판발행 2012년 04월 15일

저   자 김영호
발 행 인 윤석현
발 행 처 제이앤씨
등록번호 제7-220

우편주소 서울시 도봉구 창동 624-1 현대홈시티 102-1206
대표전화 (02) 992 / 3253
팩   스 (02) 991 / 1285
홈페이지 http://www.jncbook.co.kr
전자우편 jncbook@hanmail.net
책임편집 이신

ISBN 978-89-5668-908-1 93730   정가 24,000원